Elogios ao *A Arte da Gestão*

A Arte da Gestão traça um panorama abrangente de todos os aspectos da carreira em Engenharia de Gestão. Para cada etapa do percurso profissional, Camille oferece diversas orientações táticas. Como os gerentes de engenharia têm uma enorme responsabilidade diante dos seus colaboradores, precisam aprender boas práticas de gestão. Então, leia e aprenda tudo sobre o assunto neste livro.

Este livro é um manual prático para compreender e desenvolver uma carreira em Engenharia de Gestão.

— *Liz Crawford, Empreendedora e Consultora Independente, Genacast Ventures; ex-CTO, Birchbox*

Como Camille explica no Capítulo 5, "este livro é voltado para engenheiros de gestão. Não se trata de um livro genérico sobre gestão". Sem hesitação, recomendo este livro para todos os que trabalham com engenharia de softwares, em qualquer nível, apaixonados por técnicas de gestão ou não.

Na área da engenharia de softwares, é comum considerar a gestão como uma fatalidade a ser evitada, um obstáculo ou uma competição para premiar quem fala mais alto. Surpreende o fato de que a maioria de nós, depois de péssimas experiências com gestão de má qualidade, esteja em busca de meios para melhorar o desempenho dos gerentes do setor? Camille nos ensina em seu livro como resolver essa situação e ainda sair ganhando. Seu ponto de partida é o início da vida profissional de todos: um colaborador que precisa ser orientado e se desenvolve a partir desse contexto geral. Camille é uma das principais especialistas em engenharia do setor e suas orientações são práticas e profundas. Gostaria de ter lido este livro no início da minha carreira, mas fico feliz por ter tido essa oportunidade agora.

— *Kellan Elliott-McCrea, SVP de Engenharia, Blink Health; ex-CTO, Etsy*

Camille me ensinou mais sobre liderança em engenharia do que qualquer outra pessoa. Seu livro é uma excelente contribuição para que gerentes experientes e novatos não pensem apenas em fazer o trabalho, mas em encontrar a melhor abordagem para a empresa e as pessoas. Esta é uma obra que recomendarei a todos os gerentes no futuro.

— *Marc Hedlund, CEO, Skyliner;*
ex-VP de Engenharia da Stripe e da Etsy

A Arte da Gestão

Um Guia Prático para Integrar Liderança e Recursos Humanos no Setor de Tecnologia

Camille Fournier

ALTA BOOKS
EDITORA
Rio de Janeiro, 2018

A Arte da Gestão — Um guia prático para integrar liderança e recursos humanos no setor de tecnologia
Copyright © 2018 da Starlin Alta Editora e Consultoria Eireli. ISBN: 978-85-508-0371-5

Translated from original The Manager's Path by Camille Fournier. Copyright © 2017 O'Reilly Media. All rights reserved. ISBN 978-1-491-97389-9. This translation is published and sold by permission of O'Reilly Media, Inc., the owner of all rights to publish and sell the same. PORTUGUESE language edition published by Starlin Alta Editora e Consultoria Eireli, Copyright © 2018 by Starlin Alta Editora e Consultoria Eireli.

Todos os direitos estão reservados e protegidos por Lei. Nenhuma parte deste livro, sem autorização prévia por escrito da editora, poderá ser reproduzida ou transmitida. A violação dos Direitos Autorais é crime estabelecido na Lei nº 9.610/98 e com punição de acordo com o artigo 184 do Código Penal.

A editora não se responsabiliza pelo conteúdo da obra, formulada exclusivamente pelo(s) autor(es).

Marcas Registradas: Todos os termos mencionados e reconhecidos como Marca Registrada e/ou Comercial são de responsabilidade de seus proprietários. A editora informa não estar associada a nenhum produto e/ou fornecedor apresentado no livro.

Impresso no Brasil — 1ª Edição, 2018 — Edição revisada conforme o Acordo Ortográfico da Língua Portuguesa de 2009.

Publique seu livro com a Alta Books. Para mais informações envie um e-mail para autoria@altabooks.com.br

Obra disponível para venda corporativa e/ou personalizada. Para mais informações, fale com projetos@altabooks.com.br

Produção Editorial Editora Alta Books	**Produtor Editorial** Thié Alves	**Produtor Editorial (Design)** Aurélio Corrêa	**Marketing Editorial** Silas Amaro marketing@altabooks.com.br	**Vendas Atacado e Varejo** Daniele Fonseca Viviane Paiva comercial@altabooks.com.br
Gerência Editorial Anderson Vieira	**Assistente Editorial** Illysabelle Trajano		**Ouvidoria** ouvidoria@altabooks.com.br	
Equipe Editorial	Adriano Barros Aline Vieira Bianca Teodoro	Ian Verçosa Juliana de Oliveira Kelry Oliveira	Paulo Gomes Thales Silva Viviane Rodrigues	
Tradução Igor Farias	**Copidesque** Vivian Sbravatti	**Revisão Gramatical** Hellen Suzuki Thamiris Leiroza	**Revisão Técnica** Carlos Bacci Economista e empresário do setor de serviços	**Diagramação** Luisa Maria Gomes

Erratas e arquivos de apoio: No site da editora relatamos, com a devida correção, qualquer erro encontrado em nossos livros, bem como disponibilizamos arquivos de apoio se aplicáveis à obra em questão.

Acesse o site www.altabooks.com.br e procure pelo título do livro desejado para ter acesso às erratas, aos arquivos de apoio e/ou a outros conteúdos aplicáveis à obra.

Suporte Técnico: A obra é comercializada na forma em que está, sem direito a suporte técnico ou orientação pessoal/exclusiva ao leitor.

A editora não se responsabiliza pela manutenção, atualização e idioma dos sites referidos pelos autores nesta obra.

Dados Internacionais de Catalogação na Publicação (CIP) de acordo com ISBD

F778a   Fournier, Camille

A Arte da Gestão: Um Guia Prático para Integrar Liderança e Recursos Humanos no Setor de Tecnologia / Camille Fournier ; tradução de Igor Farias. - Rio de Janeiro : Alta Books, 2018.
240 p. ; 17cm x 24cm.

Tradução de: The Manager's Path: A guide for tech leaders navigating growth and change
Inclui índice.
ISBN: 978-85-508-0371-5

1. Administração. 2. Gestão. 3. Liderança. 4. Recursos Humanos. 5. Setor de Tecnologia. I. Farias, Igor. II. Título.

2018-1019   CDD 658.401
                      CDU 658.011.2

Elaborado por Vagner Rodolfo da Silva - CRB-8/9410

ALTA BOOKS
EDITORA

Rua Viúva Cláudio, 291 — Bairro Industrial do Jacaré
CEP: 20.970-031 — Rio de Janeiro (RJ)
Tels.: (21) 3278-8069 / 3278-8419
www.altabooks.com.br — altabooks@altabooks.com.br
www.facebook.com/altabooks — www.instagram.com/altabooks

Para CK

Sumário

Sobre a Autora   ix

Agradecimentos   xi

Introdução   xiii

1 | Noções Básicas de Gestão   1

2 | Mentoria   11

3 | Líder de Tecnologia   27

4 | Gestão de Pessoas   49

5 | Gestão de Equipe   75

6 | Gestão de Múltiplas Equipes   99

7 | Gestão de Gerentes   125

8 | O Grande Jogo   159

9 | Implementação da Cultura   191

10 | Conclusão   219

Índice   221

Sobre a Autora

Camille Fournier é uma líder experiente que reúne uma combinação única de qualificação técnica marcante e habilidades de liderança executiva e engenharia de gestão.

Agradecimentos

Gostaria de agradecer especialmente aos meus editores, Laurel Ruma e Ashley Brown, que ajudaram esta autora estreante a concluir o livro sem muito sofrimento.

Agradeço também a Michael Marçal, Caitie McCaffrey, James Turnbull, Cate Huston, Marc Hedlund, Pete Miron, Bethanye Blount e Lara Hogan pelas anedotas sobre liderança que compartilho com os leitores.

Meus agradecimentos a todos que comentaram o texto durante o processo de escrita, inclusive Timothy Danford, Rod Begbie, Liz Crawford, Cate Huston, James Turnbull, Julie Steele, Marilyn Cole, Katherine Styer e Adrian Howard.

Em especial, quero agradecer ao meu colaborador, Kellan Elliott-McCrea, pelas diversas contribuições eruditas em gestão e a todos os meus amigos do CTO Dinner pelas orientações que recebi ao longo dos anos, muitas das quais estão neste livro.

Ao meu professor de muitos anos, Dani Rukin, obrigada por me ajudar a sair da zona de conforto e sempre encorajar a minha curiosidade.

Por último, mas não menos importante, quero agradecer ao meu marido, Chris, pelos diversos debates à mesa de jantar que moldaram alguns dos pontos mais complexos do livro. Seus insights e dicas de edição me ajudaram a ser a escritora que sou hoje.

Introdução

Em 2011, comecei a trabalhar com uma pequena startup chamada Rent the Runway. Foi uma mudança radical para mim: deixei de atuar com os enormes sistemas distribuídos de uma grande empresa e passei a integrar uma pequena equipe de engenharia focada em criar uma excelente experiência para os clientes. Fiz essa opção porque achei brilhante a proposta da startup e queria ter a oportunidade de liderar. Com um pouco de sorte e muito trabalho, pensei na época, poderia aproveitar essa experiência de liderança que tanto queria.

Porém eu não fazia ideia do tamanho do desafio. Quando cheguei à Rent the Runway, eu era uma gerente sem equipe e diretora de engenharia só no nome. Na prática, minha função estava mais próxima de uma líder de tecnologia. Como é comum em startups, fui contratada para desenvolver grandes projetos, mas tive que encontrar o meu caminho por conta própria.

Nos quatro anos que se seguiram, passei de gestora de uma pequena equipe a CTO, assumindo toda a engenharia da empresa. Minha ascensão acompanhou o desenvolvimento da startup. Contei com excelentes conselhos de mentores, professores e amigos, mas não havia ninguém para me dizer especificamente o que eu devia fazer. Não havia rede de segurança, e minha curva de aprendizagem foi brutal.

Saí da empresa com uma grande vontade de transmitir informações. Como queria uma via criativa para isso, decidi participar do "National Novel Writing Month", um desafio em que autores do país inteiro tentam escrever 50.000 palavras em 30 dias. Nesse exercício, coloquei no papel tudo o que havia aprendido nos últimos quatro anos, minhas experiências pessoais e observações sobre diversos casos de sucesso e de dificuldades vividos por outras pessoas. Esse projeto deu origem a este livro.

A estrutura deste livro corresponde aos estágios de uma carreira típica em engenharia até a gerência. Dos primeiros passos como mentor aos desafios da liderança sênior, meu objetivo foi destacar os principais temas e lições que devem ser assimilados ao longo da trajetória. É impossível prever todos os detalhes, mas este livro se propõe a auxiliar o leitor a abordar cada nível individualmente, sem excesso de dados sobre desafios irrelevantes à sua situação atual.

Em minha experiência, grande parte do desafio da engenharia de gestão reside na intersecção entre "engenharia" e "gestão". É difícil lidar com pessoas, por isso não pretendo minimizar a importância das relações interpessoais. Na verdade, habilidades na gestão de pessoas são essenciais aos mais diversos setores e cargos. Para aperfeiçoar o aspecto da liderança ligado à administração de indivíduos, há livros excelentes, como o *Quebre Todas as Regras*[1].

Porém, a gestão de pessoas não é a única atribuição dos gerentes de engenharia. Somos responsáveis por gerenciar grupos de técnicos e a maioria de nós tem experiência prática no assunto. Esse ponto é essencial! Experiência prática atribui credibilidade e auxilia na tomada de decisões e na liderança eficiente de equipes. Várias seções deste livro são dedicadas aos desafios específicos da gestão como disciplina técnica.

A engenharia de gestão é um tema difícil, mas há estratégias de abordagem que podem facilitar seu estudo. Espero que o leitor, iniciante ou veterano, adquira neste texto ideias sobre como implementar a função desse tipo de gestão.

Como Ler Este Livro

Este livro está dividido em capítulos que cobrem níveis progressivamente mais complexos na área de gestão. O primeiro capítulo descreve noções básicas sobre como ser gerenciado e o que esperar de um gerente. Os dois capítulos seguintes tratam de mentoria e liderança de tecnologia, duas etapas críticas no caminho da gerência. Para gerentes experientes, esses capítulos trazem algumas observações sobre a gestão de pessoas nessas funções. Os próximos quatro capítulos abordam a gestão de pessoas, equipes, múltiplas equipes e gerentes. O Capítulo 8, última parte da Arte da Gestão, aborda exclusivamente a liderança sênior.

Para o gerente iniciante, talvez seja suficiente ler os primeiros três ou quatro capítulos por enquanto, conferir rapidamente os demais e retornar a esses capítulos quando surgirem os desafios correspondentes. Para o gestor experiente, é recomendável priorizar os capítulos pertinentes ao nível e às dificuldades atuais da organização.

Ao longo do texto, há seções que abordam três temas recorrentes:

Pergunte ao CTO
    Intervalos breves que abordam uma determinada questão que tende a aparecer em vários níveis.

---

[1] Marcus Buckingham e Curt Coffman, *Quebre Todas as Regras: Os Melhores Gerentes Não Têm Medo de Subverter os Lugares-comuns do Mundo* (Sextante, 2011).

Bom Gerente, Mau Gerente
   Seções que abordam disfunções comuns na atuação dos engenheiros de gestão e apresentam algumas estratégias para identificar e eliminar esses hábitos ruins. Cada seção está situada no capítulo/nível mais provavelmente relacionado à disfunção em questão, embora essas disfunções geralmente ocorram em todos os níveis de experiência.

Situações Desafiadoras
   A partir do Capítulo 4, há diversas discussões sobre possíveis situações desafiadoras. Novamente, embora estejam situadas no nível com que estabelecem maior relação, essas seções veiculam informações úteis ao leitor de qualquer nível.

O Capítulo 9 tem uma proposta mais eclética e trata do desenvolvimento, modificação e aperfeiçoamento da cultura de equipes. Embora escrito sob a perspectiva de uma líder de startup, penso que boa parte do texto se aplica a profissionais de empresas novas ou a cargos de equipes que precisam de mudanças positivas em sua cultura e processos.

Mais do que um livro de afirmação da liderança para um público genérico, meu objetivo era escrever algo que pudesse ser consultado regularmente ao longo dos anos, como o *Programming Perl*. Portanto, considere este livro como um manual de referência para gerentes de engenharia, contendo dicas práticas e possivelmente úteis para o leitor em sua carreira de gestão.

Noções Básicas de Gestão

> O segredo da gestão é manter seus inimigos afastados daqueles que ainda não se decidiram.
>
> — **CASEY STENGEL**

Você está lendo este livro porque quer ser um bom gerente, mas o que é um bom gerente? Você já teve um na vida profissional? Se alguém perguntasse o que se deve esperar de um bom gerente, qual seria a resposta?

O que Esperar de um Gerente

A experiência com a gestão começa do outro lado da mesa: ser gerenciado é a base para desenvolver a própria filosofia de gestão. Infelizmente, já vi casos em que as pessoas nunca tiveram um bom gerente em suas carreiras. Alguns amigos chegaram até a me dizer que seus melhores gerentes foram os que os trataram com uma "saudável negligência". Como se o engenheiro soubesse mais ou menos o que fazer e o gerente só fosse responsável por não incomodá-lo de forma nenhuma. No caso mais extremo, um profissional me disse que encontrou seu gerente apenas duas vezes em seis meses, sendo que uma delas foi para receber uma promoção.

Negligência saudável não é tão ruim quanto outras alternativas. Há gestores negligentes que ignoram os pedidos de ajuda e interesses dos colaboradores, evitam reuniões e nunca oferecem feedbacks, até que um belo dia comunicam que o profissional não atende às expectativas e não se qualifica para a promoção. Por outro lado, há microgerentes que questionam cada detalhe de tudo o que é feito e se recusam a deixar que os colaboradores tomem decisões por conta própria. Há casos ainda piores, em que gerentes abusivos mantêm uma conduta negligente até gritar com você por algum motivo. Infelizmente, esses personagens ainda rondam as empresas e provocam o caos na saúde mental das suas equipes. Quando essas são as únicas alternativas, um gerente que não incomoda na maior parte do tempo e que só aparece se for chamado não soa tão ruim assim.

Porém, há outras opções. Gerentes que tratam os colaboradores como seres humanos e que trabalham ativamente no desenvolvimento das suas carreiras; que ensinam habilidades importantes e oferecem feedbacks valiosos; que auxiliam na navegação em condições difíceis e na identificação de pontos para aprendizagem; que querem passar o cargo para outro profissional no futuro. Mais importante: gerentes que auxiliam a determinar o que deve ser priorizado e orientam o foco dos colaboradores para esse item.

Há um conjunto mínimo de tarefas que devem ser executadas pelo gerente para consolidar o foco da equipe. Depois que se aprende o que esperar do gerente, é possível começar a propor as próprias demandas.

REUNIÕES PESSOAIS

É essencial fazer reuniões pessoais com seu gerente direto para desenvolver uma boa relação de trabalho. No entanto, muitos gerentes não ligam para reuniões ou acham que é uma perda de tempo. Qual é a sensação de participar de uma boa reunião pessoal?

As reuniões pessoais têm dois objetivos. Primeiro, criam uma conexão humana entre colaborador e gestor, o que não significa passar o tempo inteiro falando de hobbies, questões familiares ou amenidades de fim de semana. É importante que o gerente conheça um pouco da sua vida para o caso de ocorrerem eventos estressantes (como mortes na família, nascimentos, separações e questões domésticas). Quando o gerente compreende seu contexto pessoal, é mais fácil pedir folgas ou outras concessões. Os melhores gerentes perceberão a queda no seu nível normal de energia e, espero, perguntarão o que está acontecendo.

Não mantenho contatos muito próximos no ambiente de trabalho. Digo isso porque penso que, às vezes, não damos a devida atenção aos colegas por pura introversão ou porque não queremos fazer amigos no local de trabalho. Talvez você tenha a impressão de que eu sou tipo de pessoa que adora fazer muitas amizades entre os colegas e que, portanto, não compreendo sua situação. Mas que fique claro: eu entendo o que é não ter um grande interesse no lado humano do ambiente profissional. No entanto, ser introvertido não é desculpa para não se esforçar para tratar as pessoas como seres humanos. O maior alicerce de uma equipe forte é a conexão humana, o que gera confiança. Para criar um contexto de confiança real, é necessário ter a capacidade e a disposição de se mostrar vulnerável diante dos colegas. Com sorte, portanto, seu gerente será alguém que trata os colaboradores como seres humanos que têm uma vida fora do ambiente de trabalho e dedicará alguns minutos para conversar sobre questões pessoais com cada um.

O segundo objetivo das reuniões pessoais é oferecer uma oportunidade regular para conversas particulares sobre questões pertinentes com o gerente. Suas reuniões pessoais devem ser programadas com antecedência de modo a permitir um planejamento prévio. Embora o controle da agenda de reuniões pessoais não caiba exclusivamente ao gerente, às vezes ele pode tentar impor alguma pauta. Nesses casos, antes das reuniões pessoais, é recomendável que o colaborador elabore os itens a serem discutidos. Pode ser difícil fazer isso quando não há encontros periódicos com o gerente, ou caso as reuniões pessoais sejam constantemente modificadas ou canceladas por ele. Talvez não seja o caso de fazer reuniões periódicas; uma reunião a cada poucas semanas pode resolver o assunto. Tudo bem, mas não elimine-as totalmente. Sempre que necessário, programe um encontro e, se for o caso, solicite ao gerente que aumente a frequência das reuniões.

Para a maioria das pessoas, boas reuniões pessoais não são apresentações de status. Em encontros com integrantes da gerência sênior, os gestores podem aproveitar a ocasião para discutir o status de projetos críticos ou que estejam em estágio incipiente e ainda sem muita documentação. Mas, para exposições individuais, reuniões pessoais com apresentação de status podem ficar repetitivas e provavelmente entediantes. Caso uma reunião pessoal seja encarada como uma horrível obrigação de apresentar um relatório de status, utilize e-mail ou chat para isso e ganhe tempo para levar suas próprias questões para a reunião pessoal.

Recomendo compartilhar a responsabilidade de fazer uma boa reunião pessoal com seu gerente. Traga sempre uma agenda com os itens a serem discutidos e se prepare para a ocasião. Caso o gerente cancele ou adie as reuniões com frequência, pressione até que ele encontre um horário mais estável. Se não for possível, confirme a reunião no dia anterior (ou de manhã, caso a reunião seja à tarde) e compartilhe com o gerente os pontos a serem discutidos para que ele conheça o motivo do encontro.

FEEDBACK E ORIENTAÇÃO PROFISSIONAL

A segunda coisa que se espera de um gerente é feedback. Não se trata apenas de avaliações de desempenho, embora isso também faça parte do conceito de feedback. Inevitavelmente, todo mundo acaba pisando na bola. Caso seu gerente seja um bom profissional, rapidamente deixará claro que notou o lapso. Essa situação é desconfortável, principalmente para os colaboradores que não estão acostumados a receber feedback comportamental de ninguém além dos pais. A sensação pode ser bem desorientadora.

No entanto, receber esse feedback é essencial porque não ouvir nada ou tomar conhecimento desses pontos durante a avaliação de desempenho é bem pior. Quanto antes os maus hábitos forem reconhecidos, mais fácil será corrigi-los. Isso também vale para os elogios. Um bom gestor observa e reconhece as boas práticas cotidianas dos colaboradores. Portanto, acompanhe o feedback, positivo ou negativo, e utilize essas informações para escrever sua autoavaliação anual.

Em tese, o feedback deve ser manifestado publicamente quando positivo e em particular se houver críticas. Quando o gerente aborda o colaborador logo após uma reunião para expressar feedback, isso não indica necessariamente uma falha terrível no seu comportamento. Bons gerentes sabem que manifestar feedback rapidamente é mais eficaz do que esperar o momento mais adequado de dizer algo. Nesse caso, elogiar em público é a melhor prática porque, dessa forma, o gerente comunica a todos que alguém fez algo louvável e destaca um comportamento positivo. Se você não gosta de ser elogiado em público, deve informar o gerente! Seria melhor se ele perguntasse, mas não sofra calado.

Há outros tipos de feedback que podem ser solicitados ao gerente. Em apresentações, peça ao gerente para avaliar o conteúdo e sugerir modificações. O gerente também pode oferecer ideias para aperfeiçoar design docs. Como engenheiros, grande parte do feedback de códigos que recebemos vem de colegas, mas há outras tarefas além de escrever o código, e o gerente deve atuar sempre como uma fonte de sugestões para melhorias. Pedir orientações ao gerente é um excelente modo de demonstrar respeito. Todo mundo gosta de se sentir útil, e os gerentes não são imunes a isso.

Quando o assunto é seu trabalho na empresa, o gerente deve ser seu principal aliado. Se a empresa dispõe de um plano de carreira, marque uma reunião com seu gestor e pergunte quais áreas devem ser priorizadas para fins de promoção. Isso geralmente é uma boa ideia quando ser promovido for sua meta. Em caso de conflitos com colegas da mesma ou de outras equipes, o gestor deve estar presente para auxiliar na situação apontada e trabalhar com os envolvidos para definir uma solução. Nesses contextos, em geral, é necessário se manifestar. Se não pedir informações sobre promoções ao gerente, não espere ser promovido em um passe de mágica. Caso não esteja satisfeito com um colega de equipe, seu gerente não fará nada a respeito disso a menos que tome conhecimento da situação.

É ótimo quando os gerentes identificam e atribuem projetos complexos que auxiliam no crescimento e aprendizagem dos colaboradores. No entanto, além de atribuir esses projetos, bons gestores também estimulam a compreensão do valor de um trabalho em andamento mesmo quando não for divertido ou fascinante. O gerente deve indicar como a atuação de cada colaborador se encaixa nas metas da equipe, consolidando um senso de objetividade no cotidiano dos profissionais. Mesmo o trabalho mais trivial pode ser encarado como uma fonte de orgulho quando se compreende o papel da contribuição individual para o sucesso geral da empresa.

Conforme se progride na empresa, a quantidade de feedback pessoal recebido, tanto positivo quanto negativo, tende a diminuir. Nessa situação, o colaborador opera em um nível hierárquico superior e o gerente está acima dele. Portanto, espere um tipo de feedback impessoal visando o aperfeiçoamento da estratégia e do desempenho das equipes. Para um colaborador sênior, é ainda mais importante se sentir confortável o bastante para programar reuniões pessoais, discutir tópicos e receber feedback do gerente. Isso porque, nesse caso, é improvável que o gerente dedique tempo suficiente para o colaborador além do necessário para suas avaliações de desempenho.

TREINAMENTO E CRESCIMENTO NA CARREIRA

Na condição de principal ligação entre o colaborador e a burocracia da empresa, o gerente é responsável por auxiliar os profissionais a aproveitarem oportunidades de treinamento e outros recursos voltados para o crescimento na carreira. Isso inclui a indicação de conferências, cursos, livros ou especialistas internos que podem ensinar algo pertinente.

A função do gerente como mentor e facilitador de qualificação não é uma expectativa universal. Em algumas empresas, essas áreas são administradas integralmente por um departamento de treinamento que pode ser abordado diretamente. Também há empresas pequenas demais para dispor dos recursos necessários aos eventos de qualificação ou que não acham importante oferecer treinamento aos colaboradores.

Em qualquer empresa, o colaborador é o principal responsável por definir quais tipos de treinamento são do seu interesse. Isso vale especialmente para colaboradores em busca de qualificação em áreas técnicas. É improvável que seu gestor tenha em mãos uma lista de conferências ou oportunidades de treinamento interessantes.

O gerente também contribui diretamente para o crescimento na carreira dos profissionais por meio de promoção e, provavelmente, remuneração. Quando a empresa dispõe de um processo de promoção, o gerente terá algum tipo de participação nesse procedimento. Nas empresas em que a promoção é concedida por um comitê, o gerente orienta o colaborador quanto ao processo de elaboração do pacote de promoção (conjunto de materiais que será avaliado pelo comitê). Caso as promoções sejam concedidas diretamente pelo gerente ou pela hierarquia gerencial, o gerente direto será essencial para promover e obter a aprovação de cada promoção.

Em qualquer procedimento para concessão de promoções, o gerente deve saber se o colaborador está devidamente qualificado para ser promovido. Quando se pretende obter uma promoção, é muito importante perguntar ao gerente quais áreas específicas devem ser priorizadas de modo que o profissional seja efetivamente promovido.

Em geral, os gerentes não podem garantir promoções, mas bons gestores conhecem as demandas do sistema e auxiliam os colaboradores no desenvolvimento de metas e habilidades. Mas, como já vimos antes, há algumas limitações. Em níveis profissionais mais elevados na estrutura hierárquica, as oportunidades de promoção são muito mais raras. Nessas situações, o gerente pode orientar o colaborador a definir e propor metas que irão qualificá-lo para o próximo nível.

Pergunte ao CTO: Grandes Ambições

Estou no início da minha vida profissional, mas já defini o cargo de CTO como o objetivo da minha carreira. O que devo fazer agora para viabilizar isso?

Primeiro, aprenda a trabalhar. Talvez não seja seu caso, mas, quando eu saí da universidade, não fazia ideia de como realizar o serviço. Como o cotidiano do setor tecnológico em relação ao da sala de aula é muito diferente, provavelmente há muito o que aprender sobre o processo de atuar como um engenheiro profissional. Especificamente, recomendo optar por um ambiente de trabalho em que seja possível obter mentoria e treinamento sobre cada aspecto das suas atribuições profissionais (como, por exemplo, colaboração e gestão de testes, projetos e produtos) e aprender novas habilidades técnicas. Para ser bem-sucedido, é necessário desenvolver uma base sólida de habilidades.

Outra recomendação é procurar os melhores gerentes e mentores disponíveis e observar o modo como trabalham. Tente encontrar profissionais que incentivem e recompensem seus êxitos e que inspirem seu desenvolvimento. Para se desenvolver, é necessário mais do que apenas aprender a utilizar novas tecnologias: excelentes CTOs possuem sólidas habilidades de comunicação e gestão de projetos, e noções avançadas sobre dinâmica de produtos e questões técnicas. Contudo, dedique muito tempo à programação e a compreender como se escreve um código de alta qualidade com competência.

Além disso, crie e desenvolva uma sólida rede de contatos profissionais. Geralmente, engenheiros em início de carreira não conseguem perceber como os contatos são oportunidades para futuros trabalhos. Esse grupo de contatos abrange todo o seu círculo social, como colegas de sala de aula, integrantes da sua equipe e pessoas conhecidas em conferências e encontros informais. Um pouco de timidez não atrapalha nada, mas a maioria dos CTOs deve aprender a se socializar com todos os tipos de pessoas e criar redes sólidas em diversas empresas.

Finalmente, é preciso destacar que grande parte dos CTOs trabalha em empresas de pequeno porte. Em geral, são técnicos e cofundadores de startups. Antes de seguir esse caminho, fique atento a esta dica: confirme se a empresa tem um histórico de profissionais que saíram dela para criar novas empresas. É aí que você encontrará futuros sócios e descobrirá oportunidades para se integrar a novas empresas nos estágios iniciais.

Como Atuar sob Gestão

Em parte, ser um bom gerente consiste em saber como atuar sob gestão. Trata-se de uma habilidade relacionada à função de gerência, mas não é exatamente a mesma coisa. Desenvolver um senso de propriedade e autoridade sobre suas experiências profissionais, e não depender do gerente para determinar integralmente o tom do seu vínculo com a empresa, é um passo importante para assumir a responsabilidade sobre sua carreira e construir um local de trabalho satisfatório.

PARE UM POUCO E PENSE NO QUE QUER

Seu gestor pode indicar oportunidades de crescimento, apresentar projetos e oferecer feedback em áreas de aprendizagem e desenvolvimento. No entanto, não vai ler sua mente nem determinar como conquistar sua felicidade. Novato na empresa ou profissional com vinte anos de carreira, é sempre *seu* o dever de definir um objetivo, o que quer estudar e o caminho para seu bem-estar.

Todos passam por períodos de indefinição na carreira. Muitos se sentem confusos nos primeiros dois a cinco anos depois da universidade, enquanto tentam se adequar a uma vida adulta independente. Cheia de incertezas, cheguei a frequentar um curso de pós-graduação por alguns anos. Estava em busca da segurança do mundo acadêmico, que já conhecia, e tentando escapar do universo profissional, em que não sabia navegar direito. Depois de subir alguns degraus na carreira técnica em uma grande empresa, novamente me senti insegura e impotente. Quando progredi na gerência e tive que encarar os desafios da liderança executiva, outra vez me deparei com a mesma sensação. Pelo meu histórico, acredito que, a cada cinco ou dez anos, terei a mesma experiência até me aposentar.

Ao passar pelos diversos estágios da carreira, é comum perceber a quantidade de incerteza que existe no mundo. Uma grande verdade universal se expressa quando conseguimos aquele emprego tão desejado, apenas para ver o entusiasmo inicial desaparecer e começar a procurar outras alternativas. É como aquela empolgação para trabalhar na startup do momento e, depois de chegar lá, se deparar com uma bagunça. Às vezes queremos ser gerentes, mas descobrimos que o trabalho é difícil e não tão satisfatório quanto pensávamos.

Em meio a toda essa incerteza, você só pode confiar em si mesmo para definir as coisas. Seu gerente não pode fazer isso em seu lugar, mas determinará as possibilidades à sua disposição. Contudo, é necessário autoconhecimento para estabelecer os próximos passos.

ASSUMA A RESPONSABILIDADE POR SUA VIDA

Autoconhecimento é o primeiro passo. O segundo passo é ir atrás do que você quer.

Quando quiser discutir algo, apresente seus tópicos nas reuniões pessoais. Quando quiser trabalhar em algum projeto, peça. Promova seus interesses. Quando seu gerente não estiver sendo útil, procure auxílio em outros lugares. Obtenha feedback e críticas construtivas sobre áreas em que pode melhorar. Ao receber o feedback, reaja com elegância mesmo que não concorde.

Quando estiver cronicamente insatisfeito, diga algo. Quando estiver com dificuldades, procure ajuda. Quando quiser um aumento, solicite. Quando quiser uma promoção, descubra o que precisa fazer para receber.

Seu gerente não pode comprometer o equilíbrio entre a vida profissional e pessoal do subordinado. Se quiser ir para casa, determine o que deve ser feito para concluir o serviço e vá para casa. Às vezes é necessário ir contra a corrente cultural para definir seus limites, o que pode ser incômodo. Por outro lado, se estiver em busca de um serviço maior, terá que trabalhar mais horas para conseguir.

Nem sempre ganhamos tudo que pedimos, e pedir geralmente não é uma experiência divertida ou confortável. Contudo, é o caminho mais rápido a seguir. Caso seu gerente seja profissional, apreciará sua honestidade. Se ele não for profissional e passar a estimá-lo menos por ter perguntado, essa situação pelo menos terá ficado evidente. Não posso garantir que tudo dará certo, mas, quando estabelecemos um objetivo, temos o dever de fazer o que estiver ao nosso alcance para sua concretização.

DEIXE SEU GERENTE RESPIRAR

Em um ambiente profissional, é comum que às vezes o gerente fique estressado. Humano e imperfeito, ele pode dizer bobagens ou agir de modo injusto ou prejudicial. Talvez atribua um serviço a você contra sua vontade e se irrite quando ouvir reclamações. O dever do gerente consiste em escolher o melhor caminho para a empresa e a equipe, e não fazer o que for preciso para deixar os colaboradores felizes o tempo inteiro.

Seu relacionamento com o gerente é como qualquer outro relacionamento interpessoal próximo: você só pode mudar sua própria conduta. É essencial manifestar suas opiniões para o gerente, mas tenha sempre em mente que ele pode não ouvir e continuar sem nenhuma mudança, apesar das suas expectativas. Caso perceba que está nutrindo ativamente algum ressentimento contra seu gestor, talvez seja a hora de mudar de equipe ou procurar outro emprego. Mas, se estiver com rancor de *todos* os gerentes para os quais já trabalhou, determine se a causa real disso é você ou eles. Talvez sua felicidade esteja em um trabalho que não seja supervisionado por um gerente.

Em especial, quanto mais o colaborador progride na carreira, mais o gerente espera que ele venha com soluções em vez de problemas. Suas reuniões pessoais não devem apresentar apenas exigências, erros e pedidos. Quando houver um problema, em vez de exigir uma solução do gerente, peça uma orientação para abordar a questão. Solicitar conselhos é sempre um bom modo de demonstrar respeito e confiança.

SEJA INTELIGENTE AO ESCOLHER SEUS GERENTES

O gerente pode fazer uma grande diferença na sua carreira. Portanto, além de considerar o emprego, a empresa e o salário, avalie seriamente o gerente quando estiver analisando oportunidades profissionais.

Os melhores gestores conhecem o funcionamento político interno da empresa em que trabalham. Podem viabilizar promoções e obter atenção e feedback dos superiores. Além disso, têm redes sólidas e podem recomendar ex-colaboradores para novos empregos.

Há uma diferença entre o melhor gerente e aquele que você considera como amigo ou respeita como engenheiro. Muitos engenheiros excelentes são gerentes ineficazes porque não sabem ou não querem lidar com a dinâmica política da liderança nas empresas. O melhor engenheiro pode ser um grande mentor para um profissional em início de carreira, mas será um péssimo gerente e promotor de interesses para um colaborador mais graduado.

Avalie Sua Experiência

Responda as perguntas a seguir em relação ao estágio em que se encontra sua carreira:

- Houve algum gerente bom na sua vida profissional? O que esse ele tinha de admirável?

- Com que frequência ocorrem suas reuniões pessoais com o gerente? Nas reuniões pessoais, você é quem apresenta os tópicos de discussão a ele? Em caso de reunião pessoal com apresentação de status, há outra forma de expressar o status em questão?

- Quando ocorre algum evento importante na sua vida, é viável informar o gerente? Seu gerente tem algum conhecimento sobre sua vida pessoal?
- Seu gerente já manifestou algum feedback, positivo ou negativo, sobre sua atuação profissional?
- Seu gerente auxiliou na definição das suas metas profissionais para o ano corrente?

Mentoria

Em geral, a primeira atividade de muitos engenheiros na gestão de pessoas não tem caráter oficial. É nessa situação que, por puro acaso, acabam sendo mentores de algum colaborador.

A Importância da Mentoria para Novos Membros de Equipes

É uma prática comum indicar mentores para novos membros de equipes, como colaboradores recém-contratados que acabaram de sair da universidade ou estagiários. Em muitas organizações, os mentores atuam como parte do processo de integração de colaboradores recém-contratados. Às vezes, o mentor é um membro integrado há um ou dois anos à equipe, com um conhecimento exato e recente do processo de integração ou estágio e, portanto, apto a estabelecer uma relação mais próxima com o recém-chegado. Outras vezes, o mentor é um engenheiro sênior, que pode atuar como instrutor técnico e auxiliar o colaborador recém-contratado a assimilar rapidamente o processo. Em uma organização saudável, essa função de mentoria e integração serve como uma oportunidade para todos os envolvidos. O mentor tem a chance de aprender a ser responsável por outra pessoa enquanto o mentorando conta com um supervisor com dedicação exclusiva, sem precisar disputar sua atenção com outros colaboradores.

Tenho uma lembrança nítida do meu primeiro mentor, que me orientou nos primeiros passos sérios como engenheira de softwares. Na época, eu trabalhava como estagiária na Sun Microsystems e integrava uma equipe que desenvolvia ferramentas JVM. Foi a primeira vez em que lidei profissionalmente com o desenvolvimento efetivo de um projeto de software e tive a sorte de contar com um excelente mentor, um engenheiro sênior. Kevin foi um excelente mentor porque, embora atuasse como líder técnico sênior na nossa área de trabalho, arranjava tempo para me orientar. Em vez de me deixar em uma mesa tentando descobrir tudo por mim mesma, ficava a meu lado junto a um quadro branco para discutirmos o código. Assim, eu ficava sabendo o que precisava ser feito, e quando tinha dificuldades pedia ajuda a ele. Aquele verão foi essencial para o meu desenvolvimento como engenheira de softwares, pois, sob sua orientação, comecei a perceber que poderia trabalhar de verdade e me tornar uma funcionária produtiva. Esse período com Kevin foi um dos primeiros grandes marcos da minha carreira. Com essa experiência, aprendi o valor da mentoria.

Como Atuar como Mentor

Caso tenha sido indicado para atuar como mentor, meus parabéns! Trata-se de uma experiência para poucos: aproveite essa oportunidade para assimilar, de modo razoavelmente seguro, a função de gerência e a sensação de ser responsável por outra pessoa. É improvável ser demitido por atuar mal como mentor (exceto, é claro, em caso de comportamento inadequado. Não agrida o mentorando!). Para muitos mentores, o pior cenário ocorre quando a) o mentorando toma muito tempo, diminuindo sua produtividade na escrita de códigos, ou b) fazem um péssimo trabalho e oferecem uma péssima experiência que leva o mentorando a não se integrar ou se desligar da empresa, que pretendia contratá-lo ou retê-lo. Infelizmente, este é um cenário comum. Muitos talentos fantásticos são desperdiçados por mentores ruins que ignoram suas capacidades, desperdiçam seu tempo em projetos triviais ou, pior ainda, intimidam e diminuem os candidatos a ponto de eliminar qualquer chance de integrá-los à empresa. Mas esse não é seu caso, meu caro leitor. Seja um excelente mentor! Talvez você já atue como gerente e esteja em busca de meios para otimizar o desempenho da sua equipe em mentorias. Então, como criar relações de mentoria eficazes e de boa qualidade sem comprometer muito a velocidade do desenvolvimento?

MENTORIA DE ESTAGIÁRIOS

Vamos começar pela mentoria de colaboradores temporários. Nos Estados Unidos, grande parte das empresas de tecnologia adota a prática de estágios de verão, em que estudantes brilhantes de graduação vão trabalhar para as empresas em busca de experiências valiosas. Há diversos processos de triagem para candidatos a estágio, e muitas empresas consideram essas oportunidades como meios para contratar talentos excelentes recém-saídos da universidade. Contudo, ao analisar a integração de alguém com mais de um ano pela frente até a conclusão do curso, é realista esperar que o candidato a) saiba muito pouco e b) provavelmente buscará estágio em outra empresa no próximo ano, a menos que tenha uma experiência incrível. *Sentiu a pressão*?

Muitas vezes, temos que atuar como mentores de universitários quase sem experiência profissional. Nesse caso, como oferecer a eles um estágio de primeira? Mesmo que sua empresa não morra de amores pelos estagiários, é preciso conquistá-los para que contem a seus amigos sobre o período em que trabalharam lá. Isso pode aumentar sua capacidade de contratar colaboradores diretamente entre os formandos, ainda mais pelo fato de que, ao selecionar estagiários de uma determinada universidade, sua empresa estará indicando um grande interesse nos alunos dela. Mas não se preocupe! Melhorar a vida dos estagiários não é tão difícil assim.

Primeiro, desenvolva um projeto no qual o estagiário possa atuar. É recomendável que o mentor não se envolva na elaboração da ideia desse projeto, que pode ser uma tarefa assustadora. Sem um projeto, o estagiário corre um sério risco de ficar completamente perdido e entediado. Se definir o que precisa ser feito no local de trabalho já é difícil para colaboradores recém-contratados com grande experiência, imagine o peso que é para um estagiário. Por isso, tenha em mente um projeto que conte com a participação do estagiário, pelo menos nas primeiras semanas. Caso não tenha nenhuma ideia, procure pequenos serviços em um projeto em andamento que possam ser concluídos em poucos dias e comece a partir daí.

Os primeiros dias de atuação do estagiário serão semelhantes aos dos colaboradores recém-contratados: integração, ambientação ao local de trabalho, apresentação aos colegas e estudo dos sistemas. Converse com ele o máximo possível nesses primeiros dias. Inicialmente, oriente o estagiário a instalar o IDE [uma suíte de softwares básicos] e verificar o código. Mantenha contato várias vezes ao dia para conferir se ele não está se sentindo perdido ou sobrecarregado pelo volume de informações novas. Enquanto isso, prepare-se para este projeto.

Com o projeto em mãos, comece a aplicar seu conhecimento incipiente de gestão de projetos à tarefa em questão. O projeto está dividido em etapas? Caso não esteja, dedique parte dos primeiros dias de trabalho do estagiário a estabelecer as etapas do projeto. Acompanhe com ele esse processo e confirme se o estagiário está entendendo tudo. Ouça e responda seus questionamentos. Lembre-se de que estará praticando habilidades necessárias caso opte, futuramente, pela função de gerente. Nesse caso, as habilidades empregadas são ouvir, comunicar o que deve ocorrer e se adaptar às reações do estagiário.

Ouça com atenção

Ouvir é a primeira habilidade e a prática mais básica na gestão de pessoas. Trata-se de uma condição essencial para a empatia, um dos principais recursos de um gerente de qualidade. Essa habilidade acompanha o profissional ao longo da carreira e até mesmo engenheiros chefes sem subordinados diretos devem ser capazes de escutar outras pessoas. Então, quando o aprendiz estiver falando, preste atenção a seu próprio comportamento. Você passa o tempo inteiro pensando no que vai dizer em seguida ou no seu trabalho? Você está fazendo algo além de ouvir as palavras do interlocutor? Caso esteja, está ouvindo mal.

Uma das primeiras lições da liderança, em gestão direta ou influência indireta, afirma que as pessoas não conseguem dizer precisamente o que pensam de modo que os outros possam compreendê-las com exatidão. Como ainda não temos acesso ao dom do Sr. Spock para ler mentes, nem à consciência coletiva dos Borg, precisamos constantemente empurrar ideias complexas pelo buraco da agulha da linguagem. Contudo, grande parte dos engenheiros não é exatamente especializada nas particularidades e na interpretação linguística. Portanto, ouvir vai além de apenas escutar as palavras ditas pelo estagiário. Quando estiver cara a cara com outra pessoa, interprete sua linguagem corporal e o modo como ela articula as palavras. Há contato visual? A pessoa está sorrindo, franzindo a testa ou suspirando? Esses pequenos sinais indicam se o colaborador se sente compreendido ou não.

Prepare-se para explicar algo complexo algumas vezes, de modos diferentes. Caso não compreenda uma pergunta do estagiário, reformule o questionamento e deixe que ele corrija o erro. Se necessário, utilize os quadros brancos espalhados pelo local de trabalho para desenhar diagramas. Use o tempo que for preciso para se fazer entendido e para entender o estagiário. Lembre-se de que, aos olhos dele você está em uma posição de imenso poder. Ele provavelmente está nervoso e com receio de estragar essa oportunidade, tentando com todas as forças agradá-lo sem parecer um idiota. Talvez nem chegue a fazer perguntas quando não compreender algo. Facilite sua vida e extraia do aprendiz esses questionamentos. A probabilidade de passar o tempo inteiro respondendo perguntas é pequena em comparação com a possibilidade de o estagiário se atrapalhar completamente caso não questione o suficiente.

Comunique-se com clareza

Porém o que acontece quando o estagiário passa o tempo inteiro pedindo ajuda e não busca soluções por conta própria? Bem, encare isso como uma oportunidade para desenvolver outra habilidade de gestão: comunicar o que deve ocorrer. Se o estagiário deve pesquisar por conta própria antes de fazer uma pergunta, diga isso a ele. Peça que o estagiário explique uma parte do código e indique os documentos que fundamentam a explicação. Se ele não souber explicar mesmo com as indicações, bem, isso expressa algo sobre o potencial do estagiário. Quando tudo falhar, atribua ao aprendiz a primeira etapa do projeto e diga a ele para trabalhar nesse serviço por conta própria durante um ou dois dias. Essa é uma vantagem de dividir o projeto em etapas antes do início da atuação do estagiário: boa parte do esforço cognitivo já foi resolvida. Talvez ele surpreenda e termine tudo muito antes do esperado, e isso seria realmente incrível! Em geral, é necessário oferecer estímulos e esclarecimentos ao longo do caminho para que o estagiário siga na direção correta.

Calibre sua resposta

Chegamos à última habilidade de gestão a ser desenvolvida: a capacidade de se adaptar às reações do estagiário. A relação de mentoria é cheia de possibilidades. O estagiário pode superar as expectativas ou se complicar com tarefas simples. Pode produzir com grande rapidez, mas com um resultado de baixa qualidade. Por outro lado, pode trabalhar bem devagar e apresentar algo absolutamente perfeito. Nas primeiras semanas do estágio, assimile a frequência de verificação e ajustes aplicáveis ao bom rendimento do estagiário. Talvez uma vez por semana ou dia seja suficiente. Pode ser menos frequente do que semanalmente, mas é recomendável verificar semanalmente, não importa o que aconteça. Além disso, dedique tempo adicional para conversar mais com o ele e promover a empresa.

Com sorte, o estágio terminará com um saldo positivo e o estagiário terá concluído um projeto de algum valor. Você terá praticado as habilidades de ouvir, comunicar e se adaptar. O estagiário ficará com uma boa impressão da sua empresa e você aproveitará a oportunidade para decidir se quer ingressar na carreira de gerência ou não. Meus parabéns!

Pergunte ao CTO: Mentoria para Estágios

Fui indicado para atuar como mentor de um estagiário, mas não faço ideia de onde começar. O que o estagiário deve fazer? Como posso me preparar para oferecer um excelente estágio para ele?

A preparação para receber um estagiário não exige muito tempo e é essencial para o sucesso da mentoria. A seguir, indico algumas orientações básicas para esse processo:

1. **Prepare-se para a chegada do estagiário.** Que dia ele chega? Se não sabe, descubra. Em seguida, verifique se o ambiente físico e digital estará adaptado na chegada do estagiário. A mesa dele será próxima à sua? Ele terá um computador e acesso aos sistemas e softwares? Mesmo empresas grandes ignoram muitos desses passos quando se trata de estagiários, e não há nada pior do que não ter acesso aos sistemas, nem uma cadeira no seu primeiro dia naquele emprego tão desejado.

2. **Desenvolva um projeto no qual o estagiário possa atuar.** Os melhores estágios são realizados com projetos definidos. Nesse caso, o truque é dispor de um projeto específico, mas sem urgência, para oferecer ao estagiário. Deve ser algo relevante para a equipe e que um

engenheiro em início de carreira possa concluir em, digamos, metade da duração do estágio. Portanto, se o programa durar 10 semanas, atribua ao estagiário um projeto que levaria cerca de 5 semanas para ser finalizado por um colaborador recém-contratado. Assim, dois objetivos serão concretizados. O estagiário terá tempo suficiente para se dedicar a outras atividades, como treinamento e eventos sociais promovidos pelo programa de estágio e, ainda assim, concluir a tarefa. Caso o projeto seja finalizado antes do término do programa, ótimo. Com sorte, o estagiário terá conhecimento suficiente da base de código para assumir outro serviço pelo tempo restante. Mas tenha em mente que se trata de um estágio, ou seja, o **estagiário** ainda estará estudando na universidade. Portanto, a expectativa deve ser por um trabalho mais lento, mas com possibilidade de uma surpresa agradável se o ritmo for mais ágil.

3. **Programe uma apresentação do trabalho realizado pelo estagiário para o final do programa.** Assim, o estagiário poderá expor o serviço para um público maior do que os mentores e terá uma expectativa definida para a conclusão do projeto. É bastante provável que você tenha um peso considerável na decisão da sua empresa de contratar o estagiário em tempo integral, ou propor um retorno para o próximo ano caso ele ainda não tenha concluído o curso. Possivelmente, será necessário orientá-lo para a apresentação, que não deve se estender demais nem conter detalhes em excesso. Na verdade, essa apresentação do estagiário à equipe é um excelente modo de convencê-lo da importância da sua contribuição. Certamente, estagiários que sentem que a empresa aprecia seu trabalho têm maior probabilidade de retornarem depois de formados.

MENTORIA DE RECÉM-CONTRATADOS

Depois da universidade, meu primeiro emprego foi em uma empresa de tecnologia de grande porte que vou chamar de Big-TechCo. Lá, fui designada para uma equipe que estava no meio do lançamento de um projeto em desenvolvimento havia vários anos. O gerente me conduziu a um escritório, onde tive que descobrir por conta própria o que devia ser feito. Eu não sabia pedir ajuda e tinha receio de parecer idiota se fizesse isso. Como já era esperado, fiquei desanimada e decidi que a melhor opção seria ingressar em um curso de pós-graduação, o que acabei fazendo.

Saindo da pós, o primeiro emprego que consegui foi completamente diferente. Em vez de ser abandonada em uma mesa, ganhei um mentor que me encorajava a perguntar. Fizemos um pouco de programação em dupla para que eu aprendesse a base de código e o modo como os testes eram aplicados ao projeto (meu primeiro contato com testes de unidade!). Em alguns dias, me tornei uma funcionária produtiva e assimilei mais naqueles poucos meses de atuação profissional do que em todo o tempo em que trabalhei na Big-TechCo. Quase todo o crédito deve ser atribuído à mentoria que recebi no início.

É essencial oferecer mentoria a colaboradores recém-contratados. Sua função como mentor de novos profissionais consiste em integrá-los e auxiliá-los na adaptação eficaz ao local de trabalho, bem como no desenvolvimento de uma rede de contatos na empresa tanto para você quanto para eles. Talvez seja mais fácil do que a mentoria de estagiários, mas essa relação entre mentor e aprendiz geralmente se estende por muito mais tempo.

Encare essa função como uma oportunidade de observar o mundo da sua empresa por uma nova perspectiva. Pode ser difícil recordar a sensação de experimentar esse ambiente pela primeira vez. Como fazer o serviço? Quais são as regras, expressas e tácitas? Por exemplo, talvez haja uma política padrão para férias no manual do RH; essa é uma regra expressa. Uma regra tácita seria a de não tirar férias na semana de Black Friday porque, para quem trabalha com e-commerce, esse é um período muito importante. Outra regra tácita, mais sutil, determina o tempo aproximado para lidar com uma questão por conta própria antes de pedir ajuda. Há diversos fragmentos de processos, cultura e jargão tão enraizados que ninguém percebe como são completamente incompreensíveis para um recém-chegado. Perceber esses pontos obscuros é o primeiro passo para esclarecê-los. Regras tácitas não só dificultam a integração de novos profissionais como atrapalham seu desempenho profissional. Portanto, aproveite ao máximo esse contato com uma nova perspectiva.

Equipes eficazes dispõem de boa literatura técnica para promover a integração. É essencial que os novos profissionais recebam manuais explicativos para organizar ambientes de desenvolvimento, estudar o funcionamento dos sistemas de acompanhamento e conhecer as ferramentas necessárias para o serviço. Esses documentos devem ser aperfeiçoados continuamente de acordo com as mudanças que ocorrerem no local de trabalho. O mentor tem a função de auxiliar o colaborador recém-contratado na compreensão desses documentos, que poderão ser modificados pelo novo integrante durante a mentoria. Isso transmite uma mensagem poderosa de compromisso porque demonstra que o colaborador tem o poder e a obrigação de aprender e compartilhar a lição para beneficiar a equipe inteira.

Parte da oportunidade da mentoria consiste em apresentar o recém-contratado aos demais colaboradores da empresa. As organizações são repletas de redes humanas cuja finalidade é transmitir conhecimento e informações rapidamente. Integrar o novo profissional a algumas das suas redes auxiliará na velocidade da sua adaptação ao local de trabalho e, quando o recém-contratado formar ou começar a participar de outras redes, você passará a ter acesso a elas. Os profissionais que planejam permanecer na mesma empresa por um longo período, particularmente em organizações de grande porte, geralmente encontram oportunidades por meio de redes informais. O mentorando pode, eventualmente, vir a integrar uma equipe do seu interesse ou talvez você queira trazê-lo futuramente para uma equipe que trabalha em outra área.

Mesmo que você não tenha nenhum interesse na função de gerência, é muito difícil desenvolver uma carreira em qualquer empresa com diversas equipes sem construir uma rede sólida de pessoas de confiança para compartilhar informações e ideias. O local de trabalho gira em torno dos seres humanos e das suas interações. Essas redes formam a base de qualquer carreira voltada para a atividade de gestão ou contribuições técnicas individuais. Talvez você seja introvertido ou não consiga se socializar facilmente, mas, com prática e boa vontade, verá que conhecer novas pessoas e ajudá-las a obter sucesso faz toda a diferença. Sua postura em relação a essa questão determinará seu sucesso ou fracasso. Portanto, adote uma mentalidade baseada no princípio de que desenvolver redes é um excelente investimento do seu tempo e energia.

MENTORIA TÉCNICA OU DE CARREIRA

Explicarei brevemente este tópico porque esse tipo de mentoria geralmente não tem relação direta com a atividade de gerência. Em dado ponto da carreira, a maioria de nós se envolve de alguma forma com mentoria técnica ou de carreira, ou mesmo ambas. Muitos ganham ou são encorajados a encontrar um mentor. Como melhorar a eficácia desse tipo de mentoria?

As melhores relações de mentoria se desenvolvem naturalmente em um contexto profissional mais amplo. Quando um engenheiro sênior atua como mentor de um engenheiro recém-integrado à equipe com o objetivo de melhorar sua produtividade, os dois podem trabalhar juntos em problemas pertinentes a ambos. O engenheiro sênior se beneficia por causa do código escrito pelo mentorando, que é melhor e desenvolvido com mais rapidez, exigindo menos revisões. Evidentemente, o engenheiro júnior se beneficia da instrução prática e do acesso a um superior com uma compreensão abrangente do contexto profissional. Esse tipo de mentoria geralmente não consiste em uma relação formal e pode ser considerada como parte do trabalho dos engenheiros seniores, pois agrega valor à equipe.

Muitas empresas dispõem de programas formais de mentoria para criar vínculos entre os integrantes das equipes. Embora essas iniciativas possam, às vezes, incrementar redes, geralmente são uma obrigação confusa para mentores e mentorandos. Caso participe de um desses programas, o melhor a fazer é definir exatamente suas expectativas e metas.

Quando você é o mentor

Explique ao mentorando suas expectativas. Caso ele deva comparecer às reuniões trazendo perguntas enviadas com antecedência, diga isso a ele. Seja claro quanto a seus horários e honesto quando responder aos questionamentos do aprendiz. Não tem sentido atuar como mentor de uma pessoa quase desconhecida sem, pelo menos, utilizar essa distância profissional para oferecer orientações sinceras que ela talvez não obtenha do seu gerente ou dos seus colegas.

Além disso, está TUDO BEM quando não quiser atuar como mentor. Às vezes nos sentimos obrigados a dizer sim para qualquer pessoa que esteja pedindo ajuda, mas o tempo é valioso. Não faça isso a menos que seja satisfatório para você e o interessado. Quando alguém pedir mentoria e você não puder aceitar, o melhor modo de dizer isso é falar que não pode. Não precisa se justificar só porque ouviu um pedido. Porém, dizer não é mais complicado quando seu gerente solicita sua atuação como mentor de alguém e você não tem tempo. Talvez seja necessário justificar sua recusa para o gerente, indicando seu volume de trabalho atual, férias programadas ou outros compromissos que impossibilitem a mentoria. Em todo caso, não diga sim para depois falhar como mentor.

Quando você é o mentorando

Defina o que deseja obter com a mentoria e se prepare antes das sessões. Esse conselho é especialmente importante quando se recebe mentoria de alguém de fora da empresa, que atua voluntariamente como um gesto de estima. É seu dever não desperdiçar o tempo do mentor. Caso esteja muito ocupado ou não ache necessário se preparar, determine se a mentoria é realmente necessária. Às vezes, nos ligamos a mentores por influências externas, mas há um limite para as horas empregadas em bater papo furado. Talvez você precise de um amigo, terapeuta ou professor. É fácil não dar o devido valor ao tempo do mentor, especialmente quando não estamos pagando. Portanto, seja consciente e considere a opção de contratar um profissional para ajudá-lo.

Bom Gerente, Mau Gerente: O Geek Alfa

Em alguns locais de trabalho, é comum encontrar um "geek alfa", em mentorias ou fora delas. O geek alfa pretende ser o melhor engenheiro da equipe, está sempre certo e tem todas as soluções para os problemas mais complexos. Valoriza inteligência e habilidades técnicas acima de tudo e acredita que esses atributos devem indicar o responsável pelas decisões. Geralmente, não consegue lidar com divergências e muitas vezes se sente ameaçado por pessoas que, na sua percepção, estão tentando roubar-lhe a posição de destaque ou atrair a atenção. Acredita que é o melhor e só responde a mensagens que concordam com essa opinião. O geek alfa tenta criar uma cultura de excelência, mas acaba estabelecendo uma cultura do medo.

Em geral, o geek alfa é um engenheiro excelente e eficaz que ascendeu à gerência por ter sido empurrado ou por acreditar que o gerente deve ser o integrante mais inteligente da equipe. Tende a prejudicar os colegas de trabalho depreciando seus erros e, no pior cenário, refazendo seu trabalho sem aviso. Às vezes, o geek alfa assume o mérito pelo trabalho da equipe sem reconhecer as capacidades dos integrantes.

Na melhor das hipóteses, os geeks alfa servem como fonte de inspiração para jovens desenvolvedores, embora sejam muito intimidantes. O geek alfa tem todas as respostas. Trabalhou na versão original daquele sistema há 10 anos e ainda conhece os autores, então, se precisar de ajuda, ele pode resolver a situação. O geek alfa sabe exatamente por que o que você está fazendo não dará certo. E, quando não der, pode ter certeza que ele irá lembrá-lo de que já tinha dito isso antes. Se você tivesse dado ouvidos e feito tudo do jeito dele, nada disso teria acontecido! Os geeks alfa têm muito a ensinar, se quiserem, e podem projetar sistemas excelentes e divertidos de desenvolver. Em geral, não teriam chegado tão longe se não fossem muito inteligentes, portanto, podem transmitir um grande conhecimento às suas equipes e diversos engenheiros respeitam tanto sua inteligência que acabam por tolerar seu lado negativo.

Na pior das hipóteses, os geeks alfa não deixam que ninguém receba qualquer elogio sem puxar uma parte da glória para eles mesmos. São sempre a origem das boas ideias, mas não têm nenhuma participação na criação das ideias ruins, exceto pela previsão do seu fracasso. Os geeks alfa acreditam que os desenvolvedores devem saber exatamente o que eles sabem e, quando alguém não sabe algo, ele animadamente destaca sua ignorância. O geek alfa pode ser muito rígido sobre o modo como as coisas devem ser feitas e fechado a novas ideias que não foram sugeridas por ele. Os geeks alfa se sentem bastante ameaçados quando ouvem reclamações sobre sistemas que desenvolveram ou críticas às suas decisões técnicas anteriores. Odeiam intensamente quando precisam da orientação de pessoas que não respeitam intelectualmente e podem tratar de forma degradante colaboradores que não ocupam cargos técnicos.

O geek alfa começa a aparecer quando os engenheiros atuam como mentores pela primeira vez. Quando estiver se perguntando por que não há pedidos de ajuda apesar das suas habilidades técnicas sólidas e evidentes, confirme se não há sinais de que está se tornando um geek alfa. Como engenheiro, sua conduta é marcada por um criticismo brutal e pela sinceridade? Você está sempre procurando lapsos e erros e tem dificuldades de admitir quando outra pessoa expressa uma boa ideia ou escreve um bom código? Em sua opinião, estar certo é sempre tão importante que vale a pena entrar em grandes brigas para provar seu ponto de vista?

Quando identificar traços de geek alfa no seu comportamento, a mentoria pode ser uma excelente oportunidade para sair dessa situação. Caso pretenda ensinar e orientar seu mentorando com o objetivo de auxiliá-lo a encontrar o caminho mais adequado, comece a perceber os pontos em que seu estilo agressivo dificulta o aprendizado. Praticar a arte de ensinar pode nos ajudar a aprender como encorajar, orientar e articular frases para que sejam realmente ouvidas, sem gritos desnecessários. Por outro lado, se não quiser mudar seu estilo para ajudar o aprendiz a obter sucesso, não se candidate para atuar como mentor!

Os geeks alfa são terrivelmente péssimos como gerentes quando não aprendem a se desligar da sua identidade como a pessoa mais inteligente da empresa e o técnico mais competente da equipe. Gerentes práticos e com alta capacidade técnica podem atender às demandas de equipes pequenas de engenheiros seniores, mas os geeks alfa funcionam bem melhor fora da gerência, em áreas com foco em estratégia técnica e design de sistemas. É comum observar geeks alfa como CTOs em startups voltadas para tecnologia, nas quais geralmente focam as áreas de design e desenvolvimento, e têm um Vice-presidente de Engenharia focado em execução.

Quando ocupar um cargo com poder de promover colaboradores para a gerência, tenha muito cuidado ao indicar geeks alfa como gerentes de equipes e acompanhe de perto seu impacto nessa função. A cultura dos geeks alfa pode prejudicar bastante a colaboração e abalar profundamente os integrantes que se sentem incapazes de revidar os ataques. Há geeks alfa convencidos da ideia de que seu valor decorre de saber mais do que os outros e que podem esconder informações para manter essa vantagem, diminuindo a eficácia da equipe como um todo.

Dicas para o Gerente de um Mentor

O que pode ser avaliado, pode ser melhorado. Como gestor, auxilie sua equipe a obter sucesso com a criação de metas claras, focadas e avaliáveis. Muitas vezes, não conseguimos aplicar esse princípio básico no processo de indicação de mentores, mas ele é válido para qualquer atividade. Antes de indicar um mentor para um colaborador recém-contratado ou estagiário, defina um objetivo para a criação da mentoria. Em seguida, encontre uma pessoa que auxilie na concretização dessa meta.

Primeiro, determine o motivo para estabelecer a mentoria. Nos dois casos que vimos antes, a mentoria foi criada com uma finalidade muito específica: auxiliar um novo integrante da equipe, contratado em tempo integral ou por alguns meses, a se adaptar e se tornar produtivo. Evidentemente, esses não são os únicos programas de mentoria oferecidos pelas empresas. Às vezes, programas de mentoria são criados para auxiliar profissionais juniores a se relacionarem com colaboradores seniores de fora da equipe, para fins de crescimento na carreira ou desenvolvimento de habilidades. Esses programas podem ser bons, mas geralmente o mentor e o aprendiz têm pouca orientação além do fato de terem sido reunidos. Quase sempre, iniciativas desse tipo trazem poucos resultados para os envolvidos. Caso o mentor não esteja comprometido ou não tenha tempo para se dedicar ao projeto, será uma decepção para o aprendiz. Caso o aprendiz não saiba pedir ajuda ou não tenha nenhuma utilidade definida para a mentoria, será como uma socialização forçada e um desperdício de tempo para os envolvidos. Portanto, quando sua empresa implementar programas de mentoria que não sejam voltados para colaboradores recém-contratados e estagiários, verifique se há orientação e estrutura suficiente no programa antes de indicar alguém.

Segundo, reconheça que essa é uma responsabilidade adicional para o mentor. Caso o mentor faça um bom trabalho, sua produtividade poderá cair durante o período da mentoria. Quando se trata de um engenheiro envolvido em um projeto com prazo definido, talvez não seja o caso de indicá-lo para a mentoria enquanto durar o serviço. Tenha em mente que atuar como mentor é uma responsabilidade adicional. Portanto, considere essa função como uma importante atribuição complementar a ser designada. Procure um profissional que possa obter sucesso e que queira se destacar em uma atividade que não seja programação.

Seja qual for a finalidade da mentoria, é comum ocorrerem alguns deslizes, como considerar a mentoria uma atividade de pouco status e "trabalho emocional", presumir que mentor e aprendiz devem ser iguais e deixar passar a oportunidade de identificar potencial na própria equipe antes de qualquer coisa.

Trabalho emocional é uma forma de pensar sobre as chamadas "habilidades intangíveis", tradicionalmente femininas e voltadas para as demandas emocionais de pessoas e equipes. Como seu resultado pode ser difícil de avaliar quantitativamente, o trabalho emocional geralmente é descartado como menos importante do que o desenvolvimento de softwares. Há uma ideia generalizada de que essa função deve ser executada sem a devida retribuição financeira. Não recomendo o pagamento de valores adicionais aos mentores, mas seu trabalho precisa ser reconhecido. O mentor deve ser tratado como um cidadão de primeira classe no que diz respeito às suas atribuições profissionais. Como vimos antes, é necessário planejar com antecedência e alocar tempo suficiente para que o mentor faça o trabalho corretamente. A criação da relação de mentoria envolve muitos investimentos: muito dinheiro e muitas horas dedicadas à contratação, além das despesas e atividades de coordenação indispensáveis para criar o programa de mentoria. Continue investindo até o fim sabendo que o trabalho do mentor exige tempo, mas gera produtos valiosos na forma de melhores redes de colaboradores, integração mais eficiente e alta taxa de conversão entre estagiários.

Quando digo para não presumir que mentores e mentorandos precisam ser iguais, estou contrariando a imposição de que mulheres atuem apenas como mentoras de mulheres, e o mesmo vale para homens e etnias específicas. Isso é bastante comum em programas de mentoria. Embora esse tipo de relação de mentoria tenha seu valor, como mulher trabalhando no setor tecnológico, me cansa a ideia de ser mentora exclusivamente de um determinado gênero. Ao desenvolver uma iniciativa como essa, a menos que a finalidade do programa de mentoria seja voltada para questões de diversidade, indique o melhor mentor para o aprendiz. Contudo, a mentoria entre iguais é útil no caso em que mentores e aprendizes ocupam cargos semelhantes. Quando a mentoria tiver um componente de treinamento em habilidades profissionais, os melhores mentores serão os colaboradores que já dominam as habilidades a serem desenvolvidas pelo aprendiz.

Finalmente, aproveite essa oportunidade para recompensar e treinar os futuros líderes da equipe. Como já vimos, interação humana é uma condição essencial para a liderança. Desenvolver paciência e empatia representa uma parte importante da carreira de profissionais que atuam em ambientes focados no trabalho em equipe. Desenvolvedores brilhantes, mas introvertidos, podem nunca optar formalmente pela função de gerência, mas encorajá-los a atuar como mentores em interações pessoais pode auxiliá-los no desenvolvimento de perspectivas externas sólidas e de redes próprias. Por outro lado, um engenheiro jovem e impaciente pode adquirir alguma humildade se receber a tarefa de ajudar um estagiário a obter êxito (sob sua supervisão).

Pergunte ao CTO: Contratação de Estagiários

Estamos discutindo na empresa se devemos contratar estagiários ou não. Nunca adotamos essa prática, mas agora pretendo implementar essa política para aumentar nosso potencial de contratação. Como devo abordar essa questão?

Programas de estágio são excelentes oportunidades para as empresas aumentarem suas possibilidades de contratação e encontrarem candidatos fortes antes de saírem da universidade. Contudo, muitas organizações acham que a meta do programa de estágio consiste em contratar os estagiários que mais trabalham, ignorando o valor real dessa iniciativa. Para essa situação, indico algumas orientações:

- **Não contrate estagiários que não concluirão o curso no prazo de um ano após o estágio.** Atualmente, como os universitários ligados a programas voltados para tecnologia têm muitas opções, é improvável que um estagiário que não esteja perto de se formar resolva voltar e trabalhar na sua empresa em tempo integral. Em vez de uma via para executar uma carga adicional de serviços, encare o programa de estágio como uma oportunidade para identificar e atrair talentos. Os estagiários que ainda estão a dois anos ou mais da formatura têm maior probabilidade de explorar outras alternativas antes de optar por um emprego em tempo integral. Quando contratar um grupo pequeno de estagiários, todos devem ter um alto potencial para ingressar na empresa como colaboradores.

- **Contratar estagiários é mais fácil do que profissionais graduados.** De fato, a demanda por estagiários é menor, o que abre muitas opções. Há diversos modos de aproveitar essa oportunidade, mas é recomendável contratar candidatos provenientes de grupos sociais minoritários. Quando se adota uma política de diversidade no programa de estágio, a contratação de novos profissionais e a organização com um todo se beneficiam disso, adquirindo maior diversidade.

Dicas Essenciais para o Mentor

Quando se atua como mentor, há três posturas importantes que devem ser priorizadas:

SEJA CURIOSO E FLEXÍVEL

Há muitos momentos de aprendizado ao longo de uma carreira, em que nos deparamos com lições sobre como as coisas devem ser ou não. Essas ocasiões nos ensinam as melhores práticas ou deixam o relevo de uma cicatriz causada pelos erros. É um desenvolvimento inconsciente que pode obscurecer o raciocínio e limitar a criatividade. Quando nos tornamos inflexíveis e paramos de aprender, começamos a perder uma habilidade crucial para manter e desenvolver uma carreira técnica bem-sucedida. A tecnologia está em constante mudança e devemos sempre acompanhar essas transformações.

A mentoria deve ser encarada como uma grande oportunidade de estímulo à criatividade e compreensão do mundo por uma nova perspectiva. Pelas perguntas do mentorando, é possível determinar quais pontos na sua organização não são tão claros a um recém-chegado. Talvez haja áreas que você achava que compreendia, mas não consegue explicar direito. Aproveite essa ocasião para pôr em xeque as suposições mais pertinentes adquiridas ao longo da sua vida profissional. Embora muitos considerem a criatividade como a capacidade de observar inovações, ela também consiste em perceber padrões ocultos para a maioria. É difícil identificar padrões quando os únicos pontos de dados à disposição vêm da sua própria experiência. Trabalhar com recém-chegados, que estão aprendendo o processo pela primeira vez, pode apontar esses padrões ocultos e auxiliar na identificação de conexões que não seriam reveladas de outra forma.

OUÇA E FALE NO MESMO IDIOMA

Quando eficiente, a mentoria inicia o processo de construção das habilidades necessárias aos futuros líderes. Mesmo quem não optará por uma carreira na gerência pode aproveitar os excelentes benefícios da atuação como mentor, aprender com essa experiência e aperfeiçoar suas habilidades de comunicação. Na mentoria, é especialmente necessário ouvir. Isso porque, se não ouvir as perguntas, você não conseguirá respondê-las adequadamente.

Os engenheiros seniores podem desenvolver hábitos ruins. O pior deles consiste na tendência a dar sermões e discutir com qualquer pessoa que não compreenda ou discorde do que estão dizendo. Para trabalhar de modo eficiente com um recém-chegado ou novo integrante da equipe, é preciso saber escutar e se comunicar de modo que o interlocutor possa compreendê-lo, mesmo que seja necessário tentar várias vezes até acertar o tom. Na maioria das empresas, o desenvolvimento de softwares é um trabalho em equipe. Portanto, as equipes devem ser eficazes na comunicação para concretizar suas metas.

CRIE CONEXÕES

Em última análise, o sucesso ou o fracasso da sua carreira depende da força da sua rede, e a mentoria é uma excelente ocasião para o desenvolvimento de redes. Nunca se sabe: o aprendiz pode recomendá-lo a um novo emprego ou trabalhar futuramente na sua equipe. Por outro lado, modere sua conduta na relação de mentoria. Ao atuar como mentor ou mentorando, tenha em mente que sua carreira se estenderá por mais tempo e que o setor de tecnologia pode ser muito pequeno. Portanto, sempre trate as pessoas com respeito.

Avalie Sua Experiência

Responda as perguntas a seguir em relação ao momento em que se encontra sua carreira:

- Caso sua empresa disponha de um programa de estágio, você pode se apresentar como voluntário para atuar como mentor de um estagiário?

- Como sua empresa lida com a integração? Há indicação de mentores para colaboradores recém-contratados? Se não houver, você pode propor essa medida para seu gerente e se oferecer como voluntário para atuar como mentor?

- Você já teve um excelente mentor na sua vida profissional? Qual era a característica extraordinária desse mentor? Como o mentor o ajudou a aprender e o que ensinou a você?

- Na sua vida profissional, houve alguma relação de mentoria que não deu certo? Por que não deu certo? Quais lições dessa experiência podem evitar insucessos parecidos no futuro?

Líder de Tecnologia

Cheguei ao cargo de líder de tecnologia há muitos anos. Na época, fui promovida a engenheira sênior e comecei a trabalhar em uma pequena equipe com outros engenheiros do mesmo nível. Minha promoção a líder de tecnologia foi uma surpresa porque eu não era a pessoa com mais experiência na equipe. Mas, pensando bem, eu tinha algumas vantagens. Em primeiro lugar, eu era mais do que uma boa engenheira: sabia me comunicar bem. Com eficiência, escrevia documentos precisos, fazia apresentações sem perder o controle, falava com integrantes de diferentes equipes e funções e explicava o que estava acontecendo. Também era boa em estabelecer prioridades. Tinha aptidão para desenvolver o trabalho e definir o que precisava ser feito em seguida. Além disso, estava disposta a resolver as coisas e fazer o que fosse necessário para desenvolver o serviço. Acredito que, em última análise, essa inclinação pragmática foi o fator decisivo. Afinal, a função do líder de tecnologia é de liderança, mesmo quando não ligada à gerência.

Nesse tempo, também vi líderes de tecnologia em grandes dificuldades. Em um episódio particularmente memorável, havia um engenheiro excelente que escrevia códigos fantásticos, mas odiava falar com pessoas e com frequência se distraía com detalhes técnicos. Por diversas vezes o observei perder-se em um emaranhado de situações confusas e, nessas ocasiões, o gerente de produtos se aproveitava da sua ausência para pressionar os demais integrantes da equipe a entregar resultados mal projetados e excessivamente agressivos. O projeto ficava um lixo, mas o que o líder de tecnologia podia fazer? Ele apostava todas as fichas na próxima refatoração, pois tinha certeza que os problemas estavam integralmente na estruturação do código. Você já deve ter visto isso antes porque acontece sempre. Há uma expectativa de que o cargo de líder de tecnologia seja ocupado pelo engenheiro mais experiente, capaz de lidar com as funcionalidades mais complexas e escrever o melhor código. Esse é um erro comum, cometido até mesmo por veteranos na engenharia. Ser um líder de tecnologia não é para aqueles que querem liberdade para se concentrar intensamente nos detalhes do próprio código. Quem atua dessa forma não está fazendo seu trabalho. Mas, então, o que faz um líder de tecnologia e o que esperar dele?

Como ocorre com muitos cargos na engenharia de softwares, não há uma definição universal para "líder de tecnologia". Nesse caso, o melhor a fazer é explicar essa noção a partir da minha experiência e de outras pessoas. Em meu trabalho como líder de tecnologia, ainda precisava escrever código, mas também era responsável por representar o grupo diante da gerência, avaliar os planos para a entrega de produtos e lidar com diversos aspectos do processo de gestão de projetos. Apesar de não ser a integrante mais experiente, eu podia atuar como líder de tecnologia porque estava disposta e apta a assumir as responsabilidades do cargo, enquanto os demais membros da equipe estavam mais interessados em se dedicar exclusivamente a escrever softwares. Quando a minha equipe na Rent the Runway criou seu plano de carreira para engenheiros, optamos deliberadamente por definir o cargo de líder de tecnologia como um conjunto de características que um engenheiro poderia reunir em qualquer nível. Adotamos essa abordagem para destacar que, de acordo com as mudanças e o desenvolvimento das equipes, o cargo de líder de tecnologia poderia ser ocupado por engenheiros em diferentes estágios e alternado entre eles sem modificação do nível profissional. O líder de tecnologia pode não ter as mesmas funções em todas as empresas ou mesmo entre as equipes de uma mesma empresa. Mas, pelo nome do cargo, podemos concluir que o serviço consiste em atribuições técnicas e de liderança, em geral designadas em caráter temporário em vez de permanente. Então, depois de toda essa história: o que é um líder de tecnologia? Na Rent the Runway, criamos a seguinte descrição:

> *O cargo de líder de tecnologia não é uma etapa do plano de carreira, mas um conjunto de atribuições que um engenheiro pode assumir quando chega ao nível sênior. Essa função pode ou não incluir a gestão de pessoas. Caso inclua, o líder de tecnologia deve atuar como gestor dos membros das equipes em conformidade com os padrões de gestão mais elevados aplicáveis ao setor de tecnologia da RTR, como:*
>
> - *Contatos pessoais regulares (semanais)*
>
> - *Feedback periódico sobre crescimento na carreira, progresso nas metas estabelecidas, áreas para melhoria e elogios, conforme o caso*
>
> - *Atuação junto aos colaboradores para identificação e orientação sobre áreas de aprendizagem e desenvolvimento dos pontos indicados pela atribuição de projetos, qualificação externa ou mentoria adicional*

Mesmo que o líder de tecnologia não gerencie diretamente a equipe, deve oferecer mentoria e orientação aos outros membros.

O líder de tecnologia está em contínua capacitação no cargo de gestor de projetos técnicos. Portanto, deve otimizar seu desempenho com a delegação eficaz de serviços, sem recair na prática de microgerência. Seu foco deve incidir na produtividade da equipe como um todo e no aumento do impacto do seu produto de trabalho. O líder de tecnologia deve tomar decisões independentes para a gestão de equipe e aprender a lidar com situações difíceis em matéria de gerência e liderança. Em constante aprendizado, deve desenvolver meios para estabelecer parcerias com os departamentos de produtos e análise e outras áreas da empresa.

O engenheiro não precisa atuar como líder de tecnologia para progredir na carreira, mas essa é a via mais comum para a promoção de engenheiros seniores do nível 1 para o nível 2. Contudo, para passar do nível 2 ao cargo de engenheiro-chefe, é obrigatório atuar como líder de tecnologia. Na prática, progredir após o nível 2 é muito difícil sem uma passagem pelo cargo de líder de tecnologia, mesmo quando se trata de um colaborador individual [assim definido como um colaborador brilhante que não atua em equipe]. Isso se deve à importância de liderança e responsabilidade nos níveis seniores.

Talvez o melhor modo de compreender esse conceito seja pela descrição contida no livro de Patrick Kua, *Talking with Tech Leads* (*https://leanpub.com/talking-with-tech-leads*) [conteúdo em inglês]:

Líder responsável por uma equipe de desenvolvimento (de softwares) e que dedica pelo menos 30% do tempo a escrever códigos com a equipe.

Os líderes de tecnologia devem atuar com consistência na liderança de projetos técnicos e utilizar sua perícia em grande escala para beneficiar a equipe como um todo. Além disso, podem tomar decisões independentes e têm um papel essencial na articulação de parcerias com agentes de fora do setor de tecnologia, eventualmente estabelecidas pela equipe. Observe que não há nenhuma atribuição técnica entre essas características. Embora o cargo seja ocupado por um engenheiro sênior, é um erro considerar que o líder de tecnologia deve ser necessariamente o engenheiro mais qualificado ou experiente da equipe. Como liderar depende absolutamente do estabelecimento de relações com outras pessoas, o líder de tecnologia deve dispor de habilidades interpessoais mais do que de conhecimentos técnicos. Contudo, também precisa desenvolver uma importante habilidade técnica em uma nova área: a gestão de projetos. A divisão de um projeto em etapas lembra bastante o design de sistemas. Dominar essa habilidade tem grande valor mesmo para engenheiros cuja função não seja gerenciar pessoas.

Caso tenha sido indicado para atuar como líder de tecnologia, meus parabéns! Alguém acredita na sua capacidade de coordenar uma equipe. Agora é hora de aprender novas habilidades!

Como Atuar na Liderança de Tecnologia

Atuar como líder de tecnologia consiste em exercer influência sem autoridade. Nessa função, é necessário liderar uma equipe em que todos os integrantes são subordinados ao mesmo engenheiro de gestão. Portanto, o líder de tecnologia exerce influência sobre os colegas e o gerente de modo a garantir que o serviço correto seja priorizado. Tive recentemente uma experiência bastante desafiadora. Em um dos meus primeiros projetos como líder de tecnologia, tive de interromper totalmente o desenvolvimento de produtos e dar prioridade à dívida técnica. Era evidente que se estava postergando decisões quanto a ajustes técnicos há muito tempo. Havia dificuldades de implementar códigos novos, operar os serviços existentes era caro e o rodízio do pessoal de plantão, péssimo. Percebi que precisávamos diminuir a velocidade agora para aumentá-la depois. No entanto, não foi fácil vender essa solução para os demais desenvolvedores, que queriam escrever funcionalidades novas e divertidas, e para o gerente, que recebia um fluxo constante de pedidos dos clientes. Consegui a aprovação da ideia quando abordei especificamente o impacto exclusivo que a medida traria para cada membro da equipe. Alguns integrantes queriam dispor de um serviço mais confiável; outros, velocidade de iteração. Também havia os interessados na redução do volume de trabalho do plantão para poder dormir a noite inteira. Quando conversei com o gerente, destaquei a diminuição das despesas operacionais e a possibilidade de aumento da produtividade da equipe no futuro.

Tive que mudar o foco quando comecei a atuar como líder de tecnologia. Minhas prioridades não são mais tão definidas pelos meus interesses, pela ideia mais tecnicamente desafiadora ou pelo projeto mais divertido. Agora, meu foco está mais direcionado à equipe. Como otimizar seu desempenho? Como remover os obstáculos que atrapalham o serviço? Trabalhar na reescrita de um código ou em alguma funcionalidade nova e incrível poderiam ser oportunidades divertidas para expressar integralmente as minhas habilidades técnicas, mas o que a equipe precisava, naquele momento, era resolver a dívida técnica e manter o foco nas operações. No final das contas, a iniciativa foi um grande sucesso. A equipe reduziu em 50% o número de alertas críticos nas páginas e, no trimestre seguinte, quase dobrou o número de implantações realizadas.

— *Caitie McCaffrey*

O Estranho Truque dos Grandes Líderes de Tecnologia

Como líder de tecnologia, você entende de softwares e tem, segundo seu gestor, maturidade suficiente para assumir uma responsabilidade maior pelos projetos. No entanto, maturidade e habilidades técnicas não são nada para quem não conhece o maior truque dos bons líderes de tecnologia: ter a ousadia de se afastar da programação e aprender a equilibrar compromissos técnicos e o trabalho junto à equipe como um todo. Pare de se apoiar exclusivamente nas suas *antigas* habilidades e comece a adquirir *novas* competências. Aprenda a arte do equilíbrio.

A partir de agora, em cada momento da sua carreira, um dos seus maiores desafios provavelmente será manter o equilíbrio. Para conquistar autonomia sobre seu trabalho e liberdade para escolher o que deseja desenvolver e quando, domine seu tempo e saiba como aproveitá-lo. Além disso, geralmente é necessário equilibrar atividades que sabemos e gostamos de fazer, como escrever códigos, com o que não conhecemos. Como os seres humanos naturalmente preferem as atividades que dominam, destine menos tempo a seus talentos atuais e mais a aprender novas capacidades, mesmo que se sinta desconfortável.

Pode ser difícil equilibrar a supervisão e a gestão de projetos com a produção técnica efetiva. Alguns dias você deve observar os prazos do engenheiro; em outros, os do gerente. Por tentativa e erro, é preciso aprender como administrar o tempo e obter blocos de extensão apropriada para trabalhar. O pior erro na formulação de agendas é ser arrastado para reuniões aleatórias. Muito dificilmente o profissional conseguirá entrar no clima de escrever códigos se for interrompido a cada hora para participar de uma reunião.

Mesmo com um planejamento rigoroso, é comum não sobrar tempo para resolver problemas na codificação que exijam vários dias de serviço. Com sorte, você deve ter aprendido alguns truques no passado e sabe como dividir seu trabalho em etapas. Desse modo, evitará dedicar vários dias ou trabalhar intensivamente para concluir tarefas técnicas. Além disso, já deve saber a importância de estabelecer um planejamento para que a equipe possa se concentrar no desenvolvimento durante longos períodos, pois essa concentração será necessária ao longo de vários dias para resolver problemas na codificação. Parte da liderança consiste em auxiliar outros interessados no processo, como seu chefe e o gerente de produtos, respeitar o foco da equipe e agendar reuniões em um calendário que não sobrecarregue os colaboradores.

Introdução à Liderança de Tecnologia

Digamos que você estabeleceu uma parceria com um gerente de produtos e uma equipe com quatro engenheiros para lançar uma iniciativa de grande escala em algumas semanas. Nesse cenário, o líder de tecnologia tem diversas responsabilidades de acordo com a posição que ocupa no ciclo de vida do projeto. Evidentemente, você terá que escrever parte do código e tomar algumas decisões técnicas. No entanto, essas são apenas algumas das suas atribuições nessa situação e provavelmente não serão as mais importantes.

AS PRINCIPAIS FUNÇÕES DO LÍDER DE TECNOLOGIA

A maior prioridade do líder de tecnologia é ter uma visão ampla do trabalho para viabilizar a dinâmica do projeto. Como ir de organizar e planejar um código a ser escrito por conta própria para organizar e liderar integralmente um projeto?

Arquiteto de sistemas e analista comercial

Nas funções de arquiteto de sistemas e analista comercial, identifica-se os sistemas críticos que precisam de alterações e os recursos críticos que devem ser desenvolvidos para a conclusão de futuros projetos. Aqui, o objetivo é criar uma estrutura para formular estimativas e distribuir o trabalho. Embora não seja necessário identificar exatamente cada elemento do projeto, dedique algum tempo a determinar as externalidades e problemas relacionados a ele. Essa função exige *uma boa percepção da arquitetura geral dos sistemas e um conhecimento sólido de design de softwares complexos*. Provavelmente, também será necessário *compreender demandas comerciais e sua correspondente tradução em software*.

Planejador de projetos

Os planejadores de projetos dividem o trabalho em produtos brutos. Nessa função, aprenda métodos eficientes de divisão do trabalho para que a equipe atue com rapidez. Aqui, parte do desafio consiste em executar paralelamente o máximo possível do trabalho. Isso pode ser difícil porque provavelmente você está acostumado a pensar apenas no seu trabalho e não no serviço a ser realizado coletivamente. Portanto, é essencial encontrar locais para aplicar abstrações preestabelecidas e viabilizar o trabalho paralelo. Por exemplo, caso seu front-end [interface] consuma objetos JSON [sigla de Javascript Object Notation, um formato compacto de troca de dados simples] de um API [conjunto de rotinas de programação], o desenvolvimento pode começar mesmo quando o API não estiver totalmente finalizado. Assim, estabeleça previamente o formato JSON e comece a codificar nesse formato utilizando objetos fantoches. Com sorte, você já deve ter visto isso antes e apenas implementará o padrão de trabalhos anteriores. Nesse estágio, *peça comentários aos especialistas da equipe* e converse com pessoas que tenham conhecimento aprofundado das partes pertinentes do software para obter ajuda com os respectivos detalhes. Além disso, *comece a identificar prioridades* como parte do processo. Quais são as peças críticas e as opcionais? Como trabalhar nos itens críticos nas etapas iniciais do projeto?

Desenvolvedor de softwares e líder da equipe

Os desenvolvedores de softwares e líderes das equipes escrevem códigos, comunicam desafios e delegam. No decorrer do ciclo, obstáculos inesperados surgem nos projetos. Às vezes, os líderes de tecnologia apelam para o heroísmo e tentam superar esses obstáculos por conta própria, trabalhando excessivamente em muitas horas extras para fazer o serviço. Como líder de tecnologia, *continue a escrever códigos, mas não exagere*. Mesmo que se sinta tentado a tirar leite de pedra, primeiro comunique o obstáculo. O gerente de produtos deve tomar conhecimento o quanto antes sobre os possíveis desafios. Quando necessário, peça ajuda ao gerente de engenharia. Em uma organização saudável, não é prejudicial nem constrangedor alertar sobre algo logo no início. Geralmente, as equipes fracassam porque trabalham excessivamente em um item facilmente negociável com o gerente de produtos. Quando um projeto de grande escala se aproxima do prazo de entrega, ocorrem muitas negociações a respeito da funcionalidade. Procure oportunidades para *delegar o trabalho*, especialmente se não teve tempo para concluir a parte do sistema que você deveria ter desenvolvido.

Como visto nessas descrições, atuar como líder de tecnologia envolve trabalhar nas funções de desenvolvedor de softwares, arquiteto de sistemas, analista comercial e líder da equipe, e saber quando resolver as coisas sozinho e quando delegar o trabalho para outras pessoas. Felizmente, você não tem que fazer tudo isso ao mesmo tempo. Pode ser difícil no início, mas é possível encontrar um equilíbrio com o tempo e a prática.

Pergunte ao CTO: Eu Odeio Ser um Líder de Tecnologia!

Pensei que chegar a líder de tecnologia seria excelente, mas agora o meu gerente espera que eu corra atrás de diversos detalhes sobre o status dos projetos e estabeleça prazos! Eu odiei a experiência. Por que ninguém me disse que o cargo de líder de tecnologia era tão horrível?

Eu sei como é difícil assumir todas essas novas responsabilidades. Costumo chamar esse problema de "Pedra da Vitória". (Os fãs dos Simpsons entenderão a piada.) A Pedra da Vitória é uma metáfora para descobrir o preço exorbitante do sucesso depois de alcançá-lo. Essa verdade desponta em diversos estágios da carreira em liderança de engenharia, mas o líder de tecnologia certamente carrega a maior das pedras. É muito raro que ele receba um aumento no salário ou um novo cargo, e os novatos na área geralmente não têm ideia da dificuldade inerente às suas novas atribuições. Como mencionei na definição, muitas empresas consideram essa função como um cargo temporário, um conjunto de responsabilidades atribuídas e revogadas diversas vezes ao longo da carreira. Embora possa ser um passo necessário na promoção para níveis mais seniores, não é uma etapa acompanhada por recompensas imediatas e tangíveis.

Por que a função de líder de tecnologia é um fardo tão pesado? O líder de tecnologia tem um escopo de responsabilidades muito mais amplo do que um engenheiro sênior trabalhando como colaborador. Além disso, deve auxiliar na arquitetura do projeto e, em seguida, analisar as etapas do planejamento efetivo do trabalho. O líder de tecnologia tem a função de garantir que os integrantes compreendam integralmente os requisitos do projeto e confirmar o planejamento do trabalho, além de verificar o desempenho e a eficácia da equipe, sem necessariamente assumir responsabilidades de gerência e, comumente, sem qualificação específica. Na prática, a maioria dos gerentes espera que seus líderes de tecnologia mantenham a mesma produtividade na escrita de códigos que tinham antes de assumir o cargo. Em geral, o exercício dessa função implica apenas em um aumento da responsabilidade e do escopo de trabalho. Quando se chega à liderança de tecnologia pela primeira vez, o profissional se depara com um excesso de serviço.

Portanto, meus parabéns! Você acaba de receber a Pedra da Vitória! Felizmente, ao carregá-la, você ficará mais forte e desenvolverá as habilidades necessárias para progredir na carreira. Nem sempre o peso será tão grande quanto parece agora.

Gestão de Projetos

Lembro com bastante nitidez da minha primeira experiência com a gestão de projetos complexos. Na época, eu estava começando como líder de tecnologia e a minha equipe tinha em mãos uma tarefa muito complexa. Nosso sistema havia sido ampliado até o limite. Depois de esgotar a cartilha de soluções, decidimos que era hora de determinar como operá-lo em diversas máquinas. Estávamos no início da era dos sistemas distribuídos, e a maioria dos desenvolvedores de softwares não sabia quase nada sobre os melhores métodos para criá-los. Mas a nossa equipe era composta de pessoas muito inteligentes e tínhamos certeza que podíamos resolver essa situação.

No final das contas, acabamos resolvendo tudo. Foi um processo lento, mas seguro. Passamos um bom tempo pensando sobre o design e os diferentes modos de fragmentar as computações de modo que ficassem coerentes quando computadas em múltiplas máquinas. Até que, um belo dia, meu chefe, Mike, me chamou a seu escritório e disse que devíamos elaborar um plano para o projeto.

Foi uma das piores experiências da minha vida.

Tive que assumir esse conjunto de tarefas incrivelmente complicado e determinar as relações de dependência entre elas. Pensei em todos os tipos de dependências. Como operar esse processo no nosso complexo ambiente de teste? Como implantá-lo? Quando requisitar hardware para testá-lo? Quanto tempo o teste de integração duraria? Conforme as perguntas se multiplicavam, ia ao escritório de Mike e sentava de frente para ele, do outro lado da sua imensa mesa de madeira, para discutir descrições de tarefas, datas e divisões. Ele me ajudava com uma parcela do serviço e eu voltava com as partes pendentes de resolução.

Não foi um período agradável. Ficou gravado na minha memória como uma série de etapas chatas e frustrantes, em que precisei superar a incerteza, o medo de cometer erros e o receio de ignorar algo importante para criar um plano que passasse pelo crivo do Mike. Em seguida, embarcamos em mais uma rodada de trabalho entediante para converter tudo em um formato que pudesse ser apresentado à equipe de liderança, que deliberaria sobre a aprovação. Quase morri ali mesmo, mas foi uma das experiências de aprendizagem mais importantes da minha carreira.

O desenvolvimento ágil [trata-se de uma determinada metodologia] de softwares não elimina a necessidade da gestão de projetos? Não. Ele é um excelente modo de pensar sobre o trabalho porque determina o foco na divisão das tarefas em fragmentos menores, no planejamento desses fragmentos e na entrega de valor de modo incremental em vez de total. Contudo, nada disso afasta a necessidade de compreender como implementar a gestão de projetos. Há projetos que, por qualquer motivo, não podem ser concluídos em um único sprint [um ciclo de tempo] ou mesmo dois sprints. É necessário estimar a duração do projeto para a equipe de gerência e justificar brevemente esse prazo. Geralmente descritos como de *infraestrutura*, *plataforma* ou *sistema*, alguns projetos exigem uma arquitetura ou planejamento avançado e expressivo. Ao se deparar com esse tipo de projeto, que inclui muitos pontos obscuros e prazos relativamente apertados, você observará que ele não é compatível com um processo ágil padrão.

Ao progredir na carreira, é necessário compreender como dividir trabalhos cuja complexidade ultrapassa o escopo da atuação individual dos profissionais. A maioria das pessoas não acha divertido lidar com a gestão de projetos de longo prazo e baseados em equipe. É entediante e, às vezes, assustador. Certamente, prefiro desenvolver e obter valor a pensar em um modo de dividir em etapas um projeto ainda repleto de detalhes de implementação confusos. Fico angustiada com a possibilidade de causar algum erro ou ignorar algo importante no processo que possa resultar no fracasso do projeto. Porém, a outra alternativa é assistir ao projeto fracassar lentamente.

A gestão de projetos não deve ser aplicada minuciosamente em cada ação e, de fato, é utilizada em excesso por algumas organizações. Pessoalmente, prefiro não contratar gerentes de projetos, pois acabam servindo de muleta aos engenheiros, que deveriam aprender a analisar cuidadosamente seu futuro trabalho e fazer perguntas efetivas sobre o que estão fazendo e por quê. Além disso, a presença de gerentes de projetos atrai mais projetos em cascata do que processos ágeis. No entanto, a gestão de projetos deve ser posta em prática e, como líder de tecnologia, é necessário implementá-la quando for preciso, especialmente em projetos de teor muito técnico.

Em última análise, o valor do planejamento não está em executar um plano perfeitamente, antecipando cada detalhe ou prevendo situações futuras. Na verdade, trata-se de consolidar a autodisciplina de pensar profundamente sobre o projeto antes de iniciar as atividades e observar o que acontece. O objetivo é adotar um grau de ponderação em pontos razoavelmente passíveis de previsões e planejamento. Quanto ao plano em si, por mais preciso que seja, tem menos importância do que dedicar tempo ao ato de planejar.

De volta à minha primeira experiência na gestão de projetos. O projeto se desenvolveu exatamente conforme o plano? É claro que não. Ocorreram contratempos, bugs, atrasos imprevistos e pontos que deixamos passar. Contudo, incrivelmente, ainda conseguimos finalizar o processo bem perto do prazo sem virar a noite para isso. Fizemos as mudanças necessárias para transformar esse sistema complexo em um artefato distribuído e implementável, operando um código mestre em que outros 40 desenvolvedores faziam modificações por conta própria. Isso só foi possível porque tínhamos uma excelente equipe e um plano. Havíamos determinado os meios para obter êxito e identificado alguns dos riscos que poderiam causar falhas.

Depois daquela série frustrante, tive a minha própria sequência de reuniões de planejamento de projetos, em que ocupei o lugar do Mike e lidei com Carlo, Alicia e Tim. Todos se sentiam frustrados com a falta de detalhes do plano e saíam para fazer o serviço desconfortável de pensar em coisas que não envolviam código e não podiam ser previstas com exatidão. Contudo, graças a esse trabalho, os três conseguiram orientar projetos complexos e obter resultados excelentes. Agora que já sabem como dividir um projeto em etapas, estão mais qualificados para desenvolver sistemas de grande escala e coordenar equipes maiores.

Explique Tudo com Calma

Uma das últimas etapas de um programa de doutorado é a defesa. Nessa ocasião, o doutorando, após anos de pesquisa, deve apresentar os resultados do seu trabalho a uma banca de especialistas da área, que avaliarão se os méritos dos resultados obtidos justificam a atribuição do título de doutor. Alguns anos atrás, tive a honra de receber o PhD de um dos programas de Matemática Aplicada mais conceituados dos Estados Unidos. Um dos membros da banca era um matemático renomado no campo da análise numérica, e algo que ele falou depois da minha (bem-sucedida) defesa vem acompanhando toda a minha carreira profissional (fora da matemática!). Ele disse: "Sua tese foi um dos textos mais lúcidos e claros que li em muitos anos. Muito obrigado!" Fiquei certamente entusiasmado, mas também muito surpreso com essas palavras. Pensava que um matemático mundialmente famoso como ele conhecia o assunto "de cabo a rabo" e apenas "passaria o olho" na minha tese. Ele me explicou que, na verdade, só pôde realmente ler a tese porque eu havia me dado ao trabalho de explicar as ideias básicas do espaço do problema e as respectivas motivações. Nunca esqueci dessa lição. Desde então, após muitos anos trabalhando com software em grandes organizações, passei a apreciar ainda mais seus comentários.

Pensamos que a gerência "saca" o que fazemos como tecnólogos. É só "ler o código, cara!". Vivemos e respiramos o software a cada dia, logo, ele deve ser óbvio para todos que trabalham com tecnologia, certo? Não é bem assim. Os gerentes de tecnologia (com sorte) contratam os melhores profissionais, que estão aptos a resolver problemas muito difíceis. Mas nem sempre "sacam" tudo. Sempre me surpreendo com a alegria dos gerentes técnicos seniores quando explico algumas ideias modernas bastante básicas (por exemplo, o que é NoSQL [termo que designa um banco de dados não relacional] e por que devo me importar com isso?) sem agressividade ou condescendência.

Recentemente, um gerente comercial sênior com quem trabalho me perguntou em particular por que era importante que a empresa migrasse nossa tradicional e pesada arquitetura de cliente implementada para uma plataforma hospedada. Ele estava sob muita pressão interna para financiar esse procedimento, mas não fazia ideia de por que era necessário. Além disso, provavelmente se sentia constrangido demais para perguntar em público. Passei duas horas bastante proveitosas explicando a ele (sem PowerPoint!). Hoje em dia, eu nunca hesito em aproveitar uma oportunidade para explicar noções básicas e motivação para membros, juniores ou seniores. Nessas ocasiões, eles aprendem, sem se sentirem diminuídos, a confiar nas minhas decisões e orientações e, juntos, promovemos mudanças. Portanto, é importante explicar tudo com calma.

— *Michael Marçal*

Como Gerenciar um Projeto

Gestão de projetos é a prática de decompor um objetivo final complexo em fragmentos menores, organizá-los na sequência de conclusão mais eficaz, identificar os que devem ser abordados em paralelo ou sequencialmente e tentar determinar pontos obscuros no projeto que podem retardar seu desenvolvimento ou provocar uma falha sistemática. É preciso lidar com a incerteza ao tentar encontrar esses pontos obscuros, reconhecendo que erros ocorrerão no processo e que alguns desses pontos não serão identificados apesar de todos os esforços. Indico aqui algumas orientações:

1. **Divida o trabalho em etapas.** Em uma planilha, diagrama de Gantt ou no recurso que preferir, divida o maior produto (a reescrita de um sistema de cobranças, digamos) em tarefas. Comece pelos fragmentos maiores: decomponha essas etapas em fragmentos menores e faça o mesmo com essas tarefas. Não é preciso fazer tudo sozinho. Se não compreender muito bem algumas partes do sistema, peça ajuda a quem conhece. Decomponha as peças de maior volume e, em seguida, determine a sequência do trabalho. O que pode ser iniciado imediatamente? Atribua para as pessoas que possam efetivamente desdobrar essas tarefas em serviços ainda menores.

2. **Avance pelos detalhes e pontos obscuros.** O truque da gestão de projetos é não parar quando nos sentimos um pouco engessados ou cansados. Como vimos antes, o processo pode ser cansativo e entediante. Provavelmente, não é algo que sabemos fazer direito. Portanto, avance por esses pontos que causam irritação, tédio e sofrimento. Um bom gestor se sentará com você e apontará o que não está funcionando, além de incentivá-lo com perguntas ou mesmo acompanhá-lo em algumas seções do trabalho. Não é algo que apreciamos, mas faz parte da função de ensinar. Avance pelos pontos obscuros até sentir que não há mais benefícios em usar seu tempo com eles.

3. **Desenvolva o projeto e ajuste o plano durante sua execução.** O valor de um bom processo de planejamento consiste em auxiliá-lo a determinar aproximadamente o nível de progresso do projeto e o prazo até sua conclusão. Quando as coisas começarem a sair do controle (como sempre ocorre), mantenha todos informados sobre o status. Contudo, em vez de adivinhar os próximos passos, agora é possível indicar objetivamente os marcos já atingidos e prever os demais estágios.

4. **Utilize os insights adquiridos no processo de planejamento para controlar mudanças nos requisitos.** Você aprende bastante com a divisão do projeto em etapas com base no conjunto original de requisitos. Porém, se os requisitos mudarem no meio do caminho, aproveite e aplique esses insights nas mudanças. Caso essas modificações impliquem em mais riscos significativos ao projeto, mais planejamento ou mais trabalho, determine objetivamente o custo dessas alterações. Quando o prazo for muito apertado, conhecer aproximadamente as etapas necessárias auxilia na priorização, corte e simplificação do trabalho e na obtenção dos melhores produtos, qualidade e data de entrega.

5. **Reexamine os detalhes ao se aproximar da conclusão.** Perto do final do projeto, o tédio retorna. Esse é o momento de realmente atentar para os detalhes finais. O que falta? O que testar? O que verificar? Faça um exame *pre mortem* e identifique tudo o que pode dar errado no lançamento do seu grande projeto. Determine um limite para a linha do "satisfatório", comunique essa medida e se atenha a ela. Corte as partes do trabalho que não atingem a linha do "satisfatório" e direcione o foco da equipe para os detalhes finais mais importantes. Elabore um plano de lançamento e um plano de recuperação. Quando tudo acabar, não esqueça de comemorar!

Pergunte ao CTO: Não Sei se Quero Ser um Líder de Tecnologia

Meu gestor vive me oferecendo o cargo de líder de tecnologia para que eu coordene um grande projeto. Sei que, se concordar, terei menos tempo para programar, pois precisarei ir a muitas reuniões e lidar com todo o serviço de coordenação. Não sei se quero isso. Como posso decidir?

Minha opinião sobre empurrar colaboradores para a gerência é taxativa: não se deve fazer isso. Se não está preparado para as responsabilidades de gestão, não assuma o cargo. Não há nada de errado em permanecer voltado exclusivamente para a tecnologia, especialmente quando achar que ainda tem muito a aprender até se tornar um especialista.

Bons gestores estão sempre em busca de profissionais talentosos para ocupar cargos importantes de liderança. Às vezes, porém, tendem a empurrar programadores despreparados para essas funções. Essa prática pode causar um impacto muito negativo sobre sua carreira, pois, em níveis mais seniores, aqueles "sem capacidade técnica suficiente" podem ter dificuldades quando progredirem para cargos de gerência de maior responsabilidade. É muito mais fácil continuar exclusivamente como colaborador e aprender o que for necessário do que tentar assimilar essas habilidades e as de gerência ao mesmo tempo.

Em algum ponto, para progredir na carreira, provavelmente será necessário assumir o cargo de líder de tecnologia, mesmo quando estiver interessado na carreira de colaborador (sem funções de gerência). Mas o momento para isso não é necessariamente agora. Quando achar que ainda há muito a aprender objetivamente na área técnica da equipe e preferir trabalhar individualmente no projeto sob a supervisão de outra pessoa, não assuma o cargo de líder de tecnologia. Por outro lado, se não achar o trabalho individual tecnicamente desafiador, talvez seja hora de se dispor a aprender novas habilidades. Para isso, tente atuar na liderança de tecnologia.

Ponto de Decisão: Permanecer na Área Técnica ou Atuar como Gerente

É muito difícil decidir entre se tornar gerente ou permanecer na área técnica. Tudo depende essencialmente do contexto, e eu não posso dizer o que você deve fazer nesse caso. Contudo, como alguém que sonhou e trabalhou nas duas áreas, posso contar como imaginei as funções e as minhas experiências e observações nas duas circunstâncias. Portanto, com a advertência de que essas são caricaturas e não a verdade definitiva, indicarei as diferenças que constatei entre imaginação e realidade.

VIDA IMAGINADA DE UM COLABORADOR SÊNIOR

Seus dias são dedicados a uma combinação entre raciocínio complexo, problemas difíceis e intelectualmente desafiadores, mas divertidos e inovadores, e colaboração com outros profissionais focados. Atuando no desenvolvimento de softwares, você já espera andar em círculos por algum tempo, mas também fazer serviços muito interessantes e ter bastante poder para escolher em que trabalhar. Sua grande paixão é escrever, consertar e aumentar a velocidade de códigos e programar computadores para que façam coisas novas, e você passa grande parte do tempo fazendo isso.

Devido à sua experiência, os gerentes pedem orientações sobre como abordar o desenvolvimento antes do início das atividades. Portanto, você conhece todo o processo, mas não precisa realmente lidar com os detalhes da atuação dos outros desenvolvedores. Além disso, participa da quantidade certa de reuniões, em que são tomadas decisões importantes, mas esse número nunca atrapalha sua produtividade. Você é admirado pelos desenvolvedores mais novos, que confiam em cada palavra do seu feedback, mas não consomem excessivamente seu tempo dedicado à reflexão profunda.

Sua trajetória profissional nunca é atravancada. Sempre há novos e complexos problemas a serem resolvidos, oportunidades para demonstrar seu valor para a organização. Você trabalha bastante, mas raramente precisa fazer horas extras ou passar os finais de semana programando. Isso porque, como todos sabem, é impossível fazer um serviço inteligente e de qualidade com uma carga horária semanal muito extensa. Quando trabalha até tarde, é porque você está tão imerso no fluxo que não pode esperar até concluir a funcionalidade que está desenvolvendo ou corrigir o bug que encontrou.

Você escreve livros, apresenta conferências e cria um software de código aberto. Com alguma sorte e persistência, conquista fama no setor. Ninguém liga para sua relativa esquisitice e timidez nem espera um grande desenvolvimento do seu estilo de comunicação, porque tudo que você diz é muito importante. Todos na sua organização sabem quem você é, compreendem o valor do seu trabalho e respeitam suas opiniões.

Resumindo, você atingiu um equilíbrio perfeito entre trabalho interessante, fama e conhecimento acumulado e se tornou um profissional de valor inestimável, respeitado, altamente remunerado e influente.

VIDA REAL DE UM COLABORADOR SÊNIOR

Quando você encontra o projeto certo com o ciclo de vida correto, sua vida é uma maravilha. Há muitos desafios e coisas novas a aprender. Você tem bastante controle sobre seus afazeres cotidianos e, certamente, participa de menos reuniões do que o pessoal da gerência. No entanto, não passa todos os dias em estado de graça profissional. Em cada projeto, há um período em que você tem uma ideia e deve convencer as pessoas de que é a abordagem correta. Ocorre também de implementar um sistema e precisar chamar outras equipes para utilizá-lo. Então, você se reúne com os integrantes durante vários dias para explicar os pormenores e a utilidade do sistema e tenta fazer com que as equipes influenciem os respectivos gestores a adotá-lo.

Seu desenvolvimento profissional não é tão rápido ou fácil quanto você esperava. Na verdade, caminha lentamente. Você dificilmente encontra projetos grandes que demonstrem seu valor inestimável como arquiteta. A equipe não precisa de uma nova linguagem de programação, de um novo banco de dados ou de uma nova estrutura da web. Seu gerente não se esforça muito para atribuir tarefas extraordinárias que ressaltem seus talentos para a organização inteira. Ao contrário, espera que *você* diga a *ele* onde estão essas oportunidades. Descobrir bons projetos parece uma questão de sorte. Quando escolhe o projeto errado, você passa meses ou mesmo anos trabalhando em algo que pode acabar sendo cancelado apesar de todo o seu investimento profissional. Fica até com um pouco de inveja dos seus amigos na gerência, que recebem promoções com mais rapidez enquanto desenvolvem suas equipes.

Os outros desenvolvedores formam um grupo diversificado. Você é uma pessoa legal e tem a admiração de alguns deles, que escutam suas opiniões. Outros parecem ter inveja da sua influência. Os novos desenvolvedores querem desperdiçar seu tempo ou parecem ter medo de você por qualquer motivo. De fato, há uma certa concorrência com seus colegas em torno da liderança dos projetos de maior porte ou mais interessantes.

Seu gerente é meio chato. Não apoia com muito entusiasmo sua proposta de desenvolver um sistema de código aberto para viabilizar uma nova perspectiva sobre autenticação que atenda às demandas do setor. Além disso, sugere que, se você quiser falar em conferências ou escrever livros, talvez tenha que dedicar seu tempo pessoal para isso. O gerente pede seu feedback em assuntos técnicos, mas, às vezes, esquece de mencionar novas iniciativas e você acaba sem conseguir expressar uma opinião. Você suspeita que não tem acesso a informações cruciais porque não participa das reuniões certas. No entanto, sempre que é convidada pelo gerente para uma dessas reuniões, você lembra que são extremamente entediantes e ineficientes e do valioso tempo de trabalho focado que está perdendo. O gerente não tem muita paciência com seu desejo de se ver livre de atividades chatas, como responder e-mails, fazer entrevistas ou responder prontamente às revisões de códigos.

Mesmo assim, você passa a maior parte do tempo trabalhando com desenvolvimento. Dedica-se exclusivamente a problemas técnicos, design de sistemas e questões de engenharia. Não tem que lidar com pessoas frequentemente nem participar de reuniões chatas. Em geral, pode escolher seus projetos e trafegar facilmente entre as equipes atrás de novidades. Além do mais, acaba de descobrir que ganha mais do que seu gestor! Logo, a vida não é tão ruim assim.

VIDA IMAGINADA DE UM GERENTE

Você controla uma equipe e finalmente tem o poder de tomar decisões e mandar que os outros façam as coisas do seu jeito. Além disso, tem o respeito de todos os integrantes, que se curvam obedientemente à sua autoridade em todas as questões. Você acha que eles devem escrever mais testes? Basta dizer: "Escrevam mais testes", e eles farão isso.

Quer eliminar qualquer discriminação com base em gênero, raça e por aí vai? Determine essa medida e demita aqueles que passarem dos limites e criarem um ambiente pouco saudável para a equipe.

Como você gosta de gente, os integrantes da equipe sabem que está fazendo o melhor por eles, mesmo quando discordam das suas medidas. Você sempre recebe um voto de confiança: nas reuniões pessoais, eles oferecem feedback objetivo quando está errada e estão sempre dispostos a ouvir seu feedback. Evidentemente, lidar com pessoas é estressante, mas, como sabem que você se preocupa com eles, a experiência é bastante satisfatória. Rapidamente, o impacto da sua influência se dissemina e você aproveita ao máximo sua autoridade.

Quando observa outro gerente fazendo algo que parece errado, você se sente livre para orientá-lo como falaria com qualquer engenheiro que precisasse de ajuda com o design de um sistema. Os outros gerentes estão sempre interessados em ouvir suas opiniões e reconhecem o desempenho eficiente da sua equipe, sua nítida preocupação com a saúde da organização e a legitimidade do seu interesse em melhorar a atuação das pessoas.

O seu gerente oferece muitas orientações, mas raramente manda você fazer algo. Logo que se sente preparada para assumir uma equipe maior, ele está disposto a indicar mais pessoas e ampliar sua organização. Ele estabelece metas claras e raramente altera alguma coisa. Apesar da grande quantidade de afazeres, você ainda tem tempo para postar no blog e falar em conferências. Para isso, recebe incentivos porque essas ações auxiliam na contratação de novos membros para a equipe e consolidam sua reputação no setor de tecnologia.

Resumindo, você toma decisões, cria a cultura e demonstra eficácia para todos os seus colegas, o que agiliza sua promoção e torna sua carreira interessante e lucrativa.

VIDA REAL DE UM GERENTE

Você tem algum controle sobre a equipe, mas rapidamente descobre que mobilizar as pessoas envolve muito mais do que apenas dizer a elas o que fazer. Parece que perdeu todo controle sobre sua rotina profissional. Dedica grande parte do dia às reuniões. Isso já era esperado, mas só passando pela experiência você realmente compreende essa realidade. Quando liderava uma equipe pequena, podia equilibrar as coisas e ainda escrevia códigos, mas, com o aumento do número de integrantes, nunca mais programou nada. Você sente que deveria estar fazendo isso, mas não tem tempo. Sempre que arruma algumas horas para escrever códigos, percebe a irresponsabilidade de fazer o serviço contando só com o suporte da equipe. Portanto, na melhor das hipóteses, você desenvolve um script ou corrige um bug. A época em que tinha o foco necessário para desenvolver alguma coisa grande por conta própria agora é só uma lembrança distante.

Você toma (algumas) decisões. Na prática, acaba filtrando algumas opções que serão definidas posteriormente. Você direciona o foco da equipe para determinados itens, como escrever testes melhores, mas ainda há o mapa de produtos a serem implementados e os integrantes têm ideias próprias sobre as tarefas técnicas a serem priorizadas. Portanto, mais do que decidir sozinho, você auxilia a equipe na tomada de decisões. O gerente determina metas, mas, às vezes, altera completamente os objetivos e cabe a você explicar as mudanças para a equipe.

Você define os parâmetros para a cultura da equipe, para o bem e para o mal. Isso é positivo quando os integrantes se orientam pelos seus melhores aspectos e negativo quando você percebe que a equipe está copiando seus defeitos.

A equipe não apresenta uma disposição natural para concordar, respeitar ou gostar de você, que percebe como a autoridade não vem automaticamente com o cargo. É necessário motivar os integrantes nos períodos difíceis em que os projetos não vão bem ou dizer a eles que ainda não podem ser promovidos, que não receberão um aumento, que não haverá gratificação esse ano. Alguns não se manifestam quando estão insatisfeitos: ficam saturados e se demitem antes que você perceba que algo está errado. Quando a empresa vai bem e há grande disponibilidade de recursos e projetos interessantes, a vida é uma maravilha. Porém, quando os níveis de estresse estão elevados, você nota que não pode fazer quase nada para melhorar a situação das pessoas. E o que é pior: não pode nem mesmo demitir colaboradores sem um absurdo processo de RH! No entanto, você sabe que seu trabalho importa para alguns integrantes, que estão mais satisfeitos e bem-sucedidos graças às suas orientações. Essas pequenas vitórias ajudam a superar as épocas difíceis.

Os outros gerentes não estão interessados no seu feedback. Na verdade, você é taxado de adversário intrometido se estiver invadindo a praia deles. Seu próprio gerente não acha que você está preparado para coordenar uma equipe maior, mas não sabe explicar por quê, pois suas habilidades em matéria de orientação profissional deixam muito a desejar. Será que ele tem receio de ser superado? Ele certamente não quer que você dedique tempo a palestras e fica irritado quando, por várias vezes, você deixa de ir ao escritório, mesmo que essas ações agreguem valor à equipe. A arte de liderar sem puxar o tapete dos colegas ou do chefe é mais complexa do que o esperado. Como o acesso a essa equipe maior é um passo essencial para a promoção, pelo menos, seu caminho está definido. Quando descobriu que um dos engenheiros da equipe ganha mais do que você, quase perdeu as estribeiras. Portanto, é melhor definir logo uma via para chegar à equipe maior. Afinal, para que servem todos esses disparates e situações tensas se não for para isso?

Minha última orientação é lembrar que sempre existe a possibilidade de mudar de rumo quando quiser. É comum tentar a gerência em algum momento, perceber que não gosta e voltar para a área técnica. Essa opção não precisa ter nada de permanente, mas preste bastante atenção à experiência. Cada função tem suas vantagens e desvantagens, e cabe a você definir o que prefere.

Bom Gerente, Mau Gerente: O Czar dos Processos

O czar dos processos acredita que existe um processo único e definitivo que, se implementado corretamente e executado como planejado, resolverá todos os maiores problemas da equipe. Os czares podem ser obcecados pelos métodos ágil, Kanban, scrum, lean ou cascata e têm uma ideia muito precisa de como o plantão deve ocorrer, como revisões de códigos devem ser feitas e como o processo de lançamento deve ser operado. Tendem a ser muito organizados, lidam muito bem com detalhes, conhecem as regras a fundo e as seguem com precisão.

Os czares dos processos são comumente encontrados nos grupos de controle de qualidade, helpdesk ou gestão de produtos. Também marcam presença constante em agências de consultoria e outros locais em que são muito bem-remunerados pela avaliação do progresso de trabalhos específicos. Sua atuação pode ser direcionada exclusivamente para o aspecto operacional. Porém, de acordo com a minha experiência, há relativamente poucos profissionais como esses na composição das tradicionais equipes de operações de sistemas. Os czares dos processos podem ser membros importantes em equipes de gestão de projetos, pois tendem a conferir a execução de cada tarefa e se tudo foi realizado como programado.

Os czares dos processos se frustram quando percebem que a maioria das pessoas não é tão boa quanto eles na execução de processos. Por isso, tendem a colocar a culpa por todos os problemas na incapacidade de executar o melhor processo, sem reconhecer a necessidade de flexibilidade e a inevitabilidade de mudanças inesperadas. Geralmente, priorizam itens de fácil avaliação, como horas de trabalho, e acabam ignorando outros aspectos.

Os engenheiros que acreditam na "ferramenta certa para o serviço" às vezes se tornam czares dos processos quando assumem o cargo de líder de tecnologia e partem em busca da ferramenta certa para resolver todos os problemas com base em planejamento, foco, gestão do tempo e priorização. Tentam interromper o trabalho enquanto procuram pelo processo perfeito, ou empurram constantemente novas ferramentas e processos como soluções a serem adotadas pela equipe diante dos piores problemas relacionados a interações humanas.

O oposto do czar dos processos não é um gerente que se desligue totalmente da noção de processo, mas um profissional que compreenda que os processos devem atender às demandas da equipe e do trabalho. Ironicamente, mesmo que o "ágil" seja geralmente implementado de forma rígida, os princípios do Manifesto Ágil [*http://agilemanifesto.org/*, conteúdo em inglês] são um conjunto excelente de princípios aplicáveis à liderança saudável de processos:

- Pessoas e interações em vez de processos e ferramentas
- Operação com softwares em vez de documentação abrangente
- Colaboração com clientes em vez de negociação de contratos
- Respostas a mudanças em vez de se ater a um plano

Como um líder de tecnologia novato, fique atento antes de utilizar um processo para resolver problemas decorrentes de lacunas na comunicação ou na liderança da equipe. Às vezes, é útil efetuar uma mudança no processo, mas isso raramente resolve tudo. Nunca ocorre de duas equipes excelentes terem exatamente os mesmos processos, ferramentas e estilo de trabalho. Também é recomendável utilizar processos autorregulatórios. Quando estiver na função de distribuir tarefas (criticando as pessoas que descumprem as regras ou não seguem o processo), confira se o processo em si deve ser alterado para que sua execução seja facilitada. É um desperdício de tempo brincar de paladino das regras, as quais a automação pode destacar com mais intensidade.

Quando atuar como gerente, auxilie o czar dos processos a se acostumar com a incerteza. Como ocorre em muitas armadilhas da gerência, essa obsessão por processos pode estar relacionada a um medo de fracassar ou um desejo de controlar tudo para evitar imprevistos. Seja honesto e deixe claro que fracassos e imperfeições são aceitáveis. Em geral, isso basta para que o czar dos processos relaxe um pouco e deixe a incerteza entrar na sua vida. É muito importante evitar que os czares dos processos passem o tempo inteiro em busca da ferramenta ou processo perfeito. Mais essencial ainda é verificar se não estão punindo suas equipes por não conseguirem executar os processos.

Como Ser um Excelente Líder de Tecnologia

Para ser um excelente líder de tecnologia, é necessário dispor de várias características. As mais importantes são:

COMPREENDER A ARQUITETURA

Quando estiver na liderança de tecnologia e não achar que compreende plenamente a arquitetura em processamento, dedique algum tempo a entender essa estrutura.

Aprenda. Capte a lógica. Visualize. Compreenda suas conexões, onde os dados vivem, como fluem entre os sistemas. Entenda como a arquitetura reflete os produtos processados, onde está a lógica principal desses produtos. É quase impossível coordenar projetos com eficiência sem conhecer a arquitetura a ser alterada.

TRABALHAR EM EQUIPE

Se estiver fazendo todo o trabalho interessante, pare. Observe as áreas irritantes, chatas e complexas da parte técnica do serviço e determine se pode resolver algum desses pontos. Trabalhar nas partes menos interessantes da base de código pode ensinar muito sobre as seções danificadas do processo. Em projetos chatos ou frustrantes, geralmente há algo óbvio que pode ser identificado e corrigido, se for observado por um profissional experiente. Por outro lado, se estiver fazendo todo o trabalho entediante, pare também. Como engenheiro sênior e desenvolvedor talentoso, é razoável assumir algumas das tarefas mais difíceis. Incentive os demais integrantes da equipe a conhecer o sistema inteiro e ofereça oportunidades de desenvolvimento, mas nem sempre se sacrifique ao escolher tarefas. De vez em quando, pegue uma tarefa divertida se tiver tempo para fazer um bom trabalho.

COORDENAR DECISÕES TÉCNICAS

Você participará da maioria das decisões técnicas importantes da equipe. Contudo, participar não significa exatamente ser o único tomador de decisões. Caso assuma todas as decisões técnicas sem pedir a opinião da equipe, os integrantes ficarão magoados e irão culpá-lo quando as coisas derem errado. Por outro lado, se não tomar nenhuma decisão e deixar tudo nas mãos da equipe, decisões que poderiam ser tomadas rapidamente talvez se arrastem indefinidamente sem resolução. Determine as decisões que cabem a você, as que devem ser delegadas a profissionais com maior especialização e as que devem ser resolvidas pela equipe. Em todo caso, sempre deixe claro o objeto em discussão e comunique os resultados.

COMUNICAR

A sua produtividade agora é menos importante do que a da equipe. Geralmente, isso significa pagar o preço de estabelecer comunicação frequente. Em vez de cada membro se reunir com a gerência, você deve representar a equipe, comunicar as demandas e transmitir as informações coletadas nas reuniões. Se há um talento que destaca os líderes bem-sucedidos do rebanho, são as habilidades de comunicação. Líderes eficientes escrevem bem, leem com atenção e falam com segurança em público. Absorvem todos os detalhes nas reuniões e testam constantemente os limites do conhecimento, tanto seu quanto da equipe. Agora é um excelente momento para praticar suas habilidades de escrita e oratória. Escreva documentos de design e peça feedback para os melhores escritores do local de trabalho. Escreva postagens no seu blog pessoal ou de tecnologia. Fale nas reuniões da equipe e em meetups e pratique sua postura diante do público. Não esqueça de escutar durante o processo de comunicação. Sempre dê a palavra aos interlocutores e ouça o que dizem, pratique repetir informações para confirmar se compreendeu e aprenda como ouvir e depois reformular o que escutou com suas palavras. Se não souber tomar notas com eficiência, é melhor aprender. Não importa se você optou por se aprofundar na área tecnológica ou assumir o cargo de gerente, se você não consegue se comunicar ou ouvir as outras pessoas, o crescimento da sua carreira a partir desse ponto será prejudicado.

Avalie Sua Experiência

- Há líderes de tecnologia na sua organização? Existe uma descrição profissional escrita para esse cargo? Caso exista, o que diz? Caso não exista, como você pode definir esse cargo na sua organização? Como um líder de tecnologia definiria o cargo?

- Você está pensando em se tornar um líder de tecnologia? Está pronto para dar tudo de si? Você se sente confortável em dedicar seu tempo a uma área que não seja programação? Você se considera tão especializado a ponto de poder liderar outras pessoas em trabalhos na sua base de código?

- Você já perguntou a seu gerente sobre suas expectativas em relação ao líder de tecnologia?

- Quem foi o melhor líder de tecnologia com o qual você já trabalhou? O que ele tinha de tão extraordinário?

- Você já trabalhou com um líder de tecnologia frustrante? O que ocorreu de frustrante na experiência?

| 4

Gestão de Pessoas

Novos engenheiros de gestão consideram o cargo como uma promoção, uma oportunidade para ganhar experiência em questões e tarefas de engenharia. Essa abordagem é excelente para permanecer como um novato na gerência e um líder malsucedido. Dificilmente se aceita a denominação de "novo gerente" como um cargo de iniciantes, sem experiência no serviço. No entanto, essa é a melhor atitude para quem está começando a liderar.

— MARC HEDLUND

Meus parabéns! Você atingiu um nível em que as pessoas depositam confiança na sua capacidade de gerenciar outros seres humanos. Talvez seu departamento de RH tenha oferecido algum treinamento em questões básicas de gestão. Talvez tenha tido contato com excelentes gestores no passado e queira copiar suas posturas. No entanto, agora é hora de pôr a mão na massa. Transforme todos os seus pensamentos e ideias em ações.

Primeiro, vamos falar sobre a gestão de pessoas. Há diversos livros no mercado que podem estimulá-lo a refletir sobre esse tópico. Contudo, meu objetivo aqui é transmitir os elementos básicos da prática da gerência, de acordo com a minha experiência. Então, ao chegar ao complexo cargo de gerente, como se deve pensar a execução das tarefas básicas da gestão de pessoas?

Parte da missão de se ajustar à função de gerência consiste em definir seu estilo pessoal de gestão. Muitos leitores terão que aprender a gerenciar pessoas tendo que, ao mesmo tempo, coordenar uma equipe. No próximo capítulo, veremos os desafios relacionados à direção de equipes e como o aspecto técnico da função pode sofrer alterações. Por enquanto, é importante falarmos sobre as pessoas. Afinal, a qualidade do desempenho da equipe depende dos seus integrantes e, como gerente de pessoas, você terá uma grande influência sobre cada uma delas.

Vamos abordar as principais tarefas da gestão de pessoas:

- Como receber um novo colaborador
- Como fazer reuniões pessoais regularmente

- Como oferecer feedback sobre questões relacionadas a crescimento na carreira, desenvolvimento de metas, áreas para melhoria e elogios, conforme o caso
- Como trabalhar com colaboradores na identificação de pontos de aprendizado e no desenvolvimento dessas áreas por meio de serviços em projetos, qualificação externa ou mentoria adicional

Como Iniciar uma Boa Relação com um Novo Colaborador

A primeira tarefa de um gerente iniciante é receber colaboradores. Podem ser pessoas que já trabalharam com você ou até mesmo completos desconhecidos. No decorrer de uma carreira na gerência, essa experiência de receber novos colaboradores ocorre repetidas vezes. Então, como conhecer rapidamente essa pessoa para oferecer a melhor gestão possível?

DESENVOLVA UM VÍNCULO DE CONFIANÇA E EMPATIA

Uma estratégia possível consiste em fazer uma série de perguntas com o objetivo de conhecer características pessoais que possam influenciar a gestão. Alguns exemplos de perguntas são:

- Você prefere ser elogiado em público ou em particular?

    É bom perguntar porque há pessoas que detestam ser elogiadas em público.

- De que maneira você prefere receber feedbacks importantes? Prefere por escrito e para ter tempo de digerir as informações ou pode recebê-los de forma verbal e menos formal?

- Por que optou por ingressar na empresa? Há algo que o incentive a trabalhar aqui?

- Como posso saber quando você está irritado ou de mau humor? Há algum fator que prejudique seu ânimo? Pode me dizer qual?

    Às vezes ocorre de um colaborador praticar jejum por motivos religiosos, o que pode deixá-lo de mau humor. Há também casos de estresse decorrente de plantões. Além disso, talvez o colaborador se aborreça com o período de avaliação.

- O que você não gosta na conduta dos gerentes?

    Se me fizessem essa pergunta, a resposta seria: Não comparecer ou adiar reuniões pessoais, negligenciar o oferecimento de feedback e evitar conversas difíceis.

- Você tem metas definidas para sua carreira? Pode me dizer para que eu possa ajudá-lo a concretizá-las?

- Desde que ingressou na empresa, houve algum fato surpreendente, positivo ou negativo? Pode me dizer qual?

    Exemplos de fatos: Cadê as minhas opções de ações? Ainda não recebi aquele bônus de realocação que você me prometeu. Por que estamos utilizando o SVN em vez do GIT? Nunca achei que pudesse ser tão produtivo em tão pouco tempo!

Para conferir mais ideias, acesse esse excelente post no blog da Lara Hogan em *http://lara.hogan.me/blog/first-one-on-one-questions/* [conteúdo em inglês].

CRIE UM PLANO DE 30/60/90 DIAS

Outra abordagem utilizada por muitos gestores experientes é auxiliar novos colaboradores na criação de um plano de 30/60/90 dias. Esse plano pode conter metas básicas, como aprender o código, corrigir um bug ou liberar uma nova versão, e é especialmente importante para colaboradores recém-contratados ou transferidos de outras áreas da empresa. Quanto mais experiente for o colaborador, maior deverá ser sua participação na criação do plano. Ele precisa definir metas que indiquem se o aprendizado está no caminho certo durante a adaptação. Você e a equipe devem trabalhar nesses objetivos, pois é raro que tudo esteja organizado de modo intuitivo, bem documentado e totalmente óbvio para um recém-chegado.

Infelizmente, às vezes ocorrem contratações equivocadas. Porém, é possível identificar rapidamente lapsos entre os novos colaboradores quando se dispõe de um conjunto definido de metas realizáveis nos primeiros 90 dias pelos recém-contratados, que devem ser informados objetivamente da necessidade de corrigir a situação. Portanto, crie uma sequência de marcos realistas levando em conta as contratações anteriores, o estado atual de projetos e tecnologia e o nível do colaborador a ser recebido.

ESTIMULE A PARTICIPAÇÃO COM A ATUALIZAÇÃO DA DOCUMENTAÇÃO DOS RECÉM-CONTRATADOS

Quando os colaboradores contratados estão no início ou na metade da carreira devem contribuir com a documentação aplicável da equipe como parte da sua integração. Para as equipes de engenharia, uma excelente prática é criar um conjunto de documentos de integração cuja edição será realizada pelos colaboradores recém-contratados durante a adaptação. Cada profissional deve editar a documentação de modo a indicar pontos confusos ou os processos e ferramentas que mudaram desde a última contratação.

Como gerente, não é necessário orientar detalhadamente o novo colaborador sobre o processo (esse serviço pode ser atribuído a um colega, mentor ou líder de tecnologia). Contudo, talvez você precise iniciar o processo ou enfatizar sua importância para os novos integrantes da equipe.

COMUNIQUE SEU ESTILO E SUAS EXPECTATIVAS

O recém-contratado deve compreender suas expectativas e seu estilo tanto quanto você precisa entender os dele. Ambos devem se ajustar às características do outro, mas o novo colaborador não poderá concretizar o que você espera dele se não tiver essa informação. Essa definição de expectativas deve abordar questões específicas, como a frequência das reuniões, a dinâmica de compartilhamento de informações e a frequência das avaliações de desempenho profissional. Caso espere que o colaborador envie por e-mail um relatório de atividades semanal, diga isso a ele. Auxilie o recém-contratado a determinar o tempo que deve dedicar a resolver um problema por conta própria e o ponto em que deve pedir ajuda. Para algumas equipes, esse período corresponde a uma hora. Para outras, uma semana.

RECEBA FEEDBACK DO COLABORADOR RECÉM-CONTRATADO

Uma última orientação: obtenha a maior quantidade possível de feedback do novo colaborador sobre a equipe nos primeiros 90 dias. Trata-se de um período raro, quando surge uma nova perspectiva que percebe pontos de difícil identificação pelos membros mais estabelecidos da equipe. Por outro lado, lembre-se de que, nos primeiros 90 dias, os novos profissionais não possuem o mesmo senso de contexto que a equipe. Portanto, seja cético em relação às suas observações e, certamente, não incentive críticas aos processos ou sistemas estabelecidos que talvez soem como ataques à equipe.

Como se Comunicar com a Equipe

> Reuniões pessoais periódicas são como trocas de óleo: se não fizer, é melhor se preparar para parar no acostamento no pior horário possível.
>
> — MARC HEDLUND

PROMOVA REUNIÕES PESSOAIS FREQUENTES

Certa vez tive uma conversa interessante com um amigo que também era CTO e muito experiente em gestão. Timidamente, ele admitiu que não gostava de conduzir reuniões pessoais frequentes porque se lembrava de quando tinha que ir a reuniões pessoais impostas por gerentes apesar de achá-las desnecessárias. "Reuniões pessoais frequentes são como estar com saúde, consultar um psiquiatra e descobrir que tem depressão." Sábias palavras. A diferença entre as pessoas e as equipes é um fato inegável: suas demandas, estilos de comunicação e focos são diferentes. Portanto, se não for um CTO com muitos anos de experiência como gerente, talvez seja melhor reconhecer a necessidade de agendar reuniões pessoais periódicas.

AGENDAMENTO DE REUNIÕES PESSOAIS

Por padrão, as reuniões pessoais são agendadas semanalmente. Recomendo começar com reuniões pessoais semanais e ajustar a frequência apenas quando os envolvidos concordarem que há excesso. Nesses encontros semanais, as conversas ocorrem com regularidade suficiente para que as reuniões sejam curtas e focadas, além de permitirem um cancelamento vez ou outra. Em frequências menores, as reuniões pessoais canceladas *devem* ser remarcadas, o que em geral é um inconveniente para ambos.

Tente agendar as reuniões pessoais nas ocasiões em que você e o colaborador provavelmente estarão presentes no local de trabalho. Segundas e sextas-feiras são ruins para reuniões pessoais porque as pessoas tendem, às vezes, a esticar o fim de semana e faltar nesses dias. Prefiro conduzir reuniões pessoais nas manhãs, antes que o ritmo das atividades acelere, para evitar atrasos na programação ou a necessidade de remarcar os encontros caso apareçam outras coisas. Contudo, as reuniões pessoais matutinas funcionam apenas para aqueles que chegam cedo ao trabalho e não têm que participar de reuniões gerais nas manhãs. Respeite a programação dos colaboradores e tente marcar as reuniões pessoais em horários que provavelmente não atrapalhem seu fluxo de trabalho.

AJUSTES EM REUNIÕES PESSOAIS

Como quase tudo na vida, as reuniões pessoais não são apenas uma questão de "marcar e esquecer". Há vários fatores a considerar:

Com que frequência você interage casualmente com esse colaborador durante a semana?
    Se interage frequentemente, talvez não seja necessário marcar um horário semanal para conversar.

Esse colaborador precisa de muita orientação?
    Um colaborador inexperiente e recém-integrado à equipe exige mais tempo do que um integrante sênior que opera em velocidade de cruzeiro. Por outro lado, um colaborador sênior que apresenta um projeto novo e complexo pode demandar um auxílio mais demorado em alguns aspectos do serviço.

O colaborador consegue levar informações a seu conhecimento?
O colaborador que não está apto a levar informações a seu conhecimento talvez precise de mais conversas pessoais.

Você tem uma boa relação com esse colaborador?
Tenha cuidado nesse ponto. Há quem pense que boas relações merecem o mínimo de atenção, dedicando todo o tempo a relações ruins. Mas muita gente, inclusive eu, sente uma forte necessidade de reuniões pessoais frequentes mesmo com aqueles com quem se mantém boas relações. Talvez nem tudo esteja sob controle na sua relação com esse profissional. Portanto, não cometa o erro fatal de dedicar todo o tempo aos colaboradores problemáticos e ignorar as estrelas da equipe.

A equipe ou a empresa passam por um período estável ou instável?
O que se passa com a empresa é um tópico que deve ser discutido nas reuniões pessoais. Especialmente em períodos marcados por rápidas mudanças ou incertezas, dedique parte do seu tempo a responder as perguntas dos colaboradores. Manter a regularidade das reuniões pessoais durante épocas de dificuldade ajudará a estabilizar a equipe e abrandará o ciclo de rumores.

Diferentes Estilos de Reuniões Pessoais

Depois de agendar as reuniões pessoais, já estabeleceu alguma utilidade para elas? Na minha carreira, observei diversos estilos de reuniões pessoais, e o tipo mais eficaz depende tanto do gerente quanto do colaborador.

REUNIÃO PARA LISTAR COISAS A FAZER

Os dois participantes, ou apenas um deles, apresentam uma lista de objetivos, que serão abordados em ordem de importância. Gerente e colaborador apresentam suas atualizações, tomam ou discutem decisões e fazem planos. Esse estilo observa o mandamento de "não desperdiçar tempo com reuniões inúteis" e executa aquilo a que se propõe. Evidentemente, o lado negativo às vezes consiste no questionamento da necessidade de se tratar de tudo na mesma ocasião. Geralmente, a lista é um pouco artificial e composta de itens que poderiam ser abordados em chats ou e-mails. Caso opte por adotar esse estilo, confirme se as listas, tanto sua quanto dos colaboradores, contêm questões pertinentes para as discussões pessoais. Observe se há aspectos que realmente exijam comunicação verbal no contexto de uma reunião pessoal.

Em geral, esse estilo é muito profissional e eficiente, embora às vezes seja um pouco frio. Nele, é necessário que os colaboradores pensem com antecedência na reunião e no que querem discutir. Conheci um gerente que utilizava uma planilha compartilhada do Google para manter uma lista atualizada de tópicos para discussão. Ele e os colaboradores tinham acesso a esse arquivo: todos podiam adicionar itens à lista sempre que quisessem e depois abordá-los durante a reunião pessoal. Nesse método, os participantes tinham a chance de conferir o que os outros pensavam antes da reunião pessoal e se preparar adequadamente para a ocasião.

REUNIÃO PARA PÔR A CONVERSA EM DIA

Como não sou muito organizada, reuniões pessoais com requisitos estritos e listas de afazeres não são as mais adequadas ao meu perfil. A pedido dos colaboradores, posso adotar com tranquilidade esse procedimento, mas prefiro um estilo mais fluido. Em reuniões pessoais, meu objetivo é ouvir tudo que os colaboradores quiserem discutir. Quero que a reunião seja conduzida por eles e sempre ofereço espaço para que digam qualquer coisa que achem importante. Na minha opinião, uma conversa pessoal é tanto uma discussão criativa quanto uma reunião de planejamento. Contudo, o grande problema dessas reuniões pessoais excessivamente discursivas é a perda do controle: nesse caso, podem se transformar em sessões de reclamação ou terapia. Às vezes, líderes empáticos se deixam levar e acabam estabelecendo uma relação de proximidade pouco saudável com os colaboradores. Se começar a dedicar muita energia a ouvir reclamações e se solidarizar com os colaboradores, possivelmente estará piorando o problema. Não é necessário formular uma lista de afazeres, mas os problemas do local de trabalho devem ser resolvidos ou ignorados por acordo entre todas as partes. Focar excessivamente no lado dramático não gera muito valor.

REUNIÃO DE FEEDBACK

Às vezes, as reuniões pessoais serão dedicadas a orientações e feedback informal. É bom realizar encontros como esses em intervalos regulares, especialmente no caso de colaboradores em início de carreira. Uma frequência trimestral deve ser suficiente para abordar o tópico sem passar a impressão de que o desenvolvimento da carreira é o único assunto entre vocês. Muitas empresas impõem a todos os profissionais processos de definição de metas específicos para cada colaborador. Aproveite essa oportunidade para avaliar o andamento das metas, institucionais ou pessoais.

Se tiver um colaborador com problemas de desempenho, conduza reuniões de feedback com mais frequência e, se estiver pensando em demitir alguém, recomendo documentar essas ocasiões. Essa documentação deve conter as questões discutidas e as expectativas explicadas e enviadas por escrito ao colaborador (geralmente por e-mail).

Sempre que possível, quando um colaborador fizer algo que resulte em feedback corretivo imediato (como insultar um colega, não comparecer a uma reunião crítica ou empregar linguagem indevida), não espere até a reunião pessoal para adverti-lo. Se vir ou ouvir um colaborador fazendo algo que deva ser corrigido, tente abordá-lo logo depois. Se esperar demais, ficará difícil tocar no assunto e o feedback será menos eficaz. O mesmo vale para os elogios! Quando alguém acertar, não economize elogios: enalteça o colaborador generosamente no mesmo instante.

RELATÓRIO DE PROGRESSO

Quando seus liderados forem eles próprios gestores, muitas das suas reuniões pessoais serão dedicadas a apreciar projetos supervisionados por eles, que apresentarão detalhes que você não teria tempo de examinar por conta própria. Para quem gerencia apenas um pequeno grupo de pessoas, a única ocasião em que se deve utilizar uma reunião pessoal para tratar de relatórios de progresso é quando há um colaborador designado para um projeto paralelo que você não esteja supervisionando pessoalmente. É um desperdício de tempo obter relatórios de progresso de colaboradores que já trabalham próximos a você. Isso porque tudo que será mencionado nessas ocasiões corresponde ao trabalho distribuído entre o presente e a última apresentação ou avaliação do projeto. Caso suas reuniões pessoais sejam frequentemente atualizações de status, tente acabar com esse hábito e peça para os colaboradores formularem repostas às perguntas que não estejam relacionadas ao status atual do projeto ou que tragam perguntas sobre a equipe, a empresa ou outro tema para serem respondidas por você na reunião. Para aqueles raros colaboradores com quem não há sobre o que falar a não ser sobre progresso, talvez seja o caso de encarar esse fato como um sinal para programar reuniões menos frequentes.

COMO SE APRESENTAR

Em qualquer tipo de reunião pessoal, abra espaço para conhecer a pessoa que se reporta a você enquanto ser humano. Não estou sugerindo vasculhar a vida pessoal dos profissionais, mas demonstre que você gosta deles como indivíduos. Ouça quando falarem sobre família, amigos, hobbies e animais de estimação. Conheça a carreira deles até o presente e pergunte pelas suas metas profissionais de longo prazo. Não aborde exclusivamente a próxima habilidade ou promoção. Demonstre que está empenhado em ajudá-los agora e no futuro.

MISTURE TUDO

Para variar um pouco você pode conduzir suas reuniões pessoais durante passeios a pé, tomando um café ou almoçando. Lembre-se de que, se não estiver tomando nota de tudo, talvez esqueça de itens importantes. Portanto, não confie apenas na memória quanto tiver conversas críticas. Como muitos de nossos locais de trabalho vivem entulhados de coisas e com poucas salas de reuniões privadas, sempre que possível, conduza suas reuniões pessoais em espaços privativos para ter a liberdade de discutir tópicos sensíveis sem se preocupar com a possibilidade de ser ouvido.

Uma última orientação: Tente *manter as notas em um documento compartilhado*, com a função de tomador de notas atribuída ao gerente, no caso, você. Para cada profissional sob sua gestão, desenvolva um documento compartilhado contendo notas, pontos relevantes e afazeres formulados nas reuniões pessoais. Esse procedimento é útil para fixar o contexto dos eventos e lembrar a ocasião e o teor dos feedbacks oferecidos. Também serve de registro histórico essencial para consulta no momento da escrita de avaliações ou oferecimento de feedback. Se ficar distraído com o computador ligado em sua frente, deixe para inserir as notas no final da reunião.

Bom Gerente, Mau Gerente: Microgerente, Delegador

Jane atribuiu um grande projeto para ser gerenciado por Sanjay, seu líder de tecnologia. Ele tem até o final do mês para concluí-lo, o que pode fazer sem problemas, mas Jane se preocupa com um eventual lapso no prazo. Então, passa a participar de todas as reuniões gerais, embora normalmente não faça isso, e pergunta diretamente à equipe se há algum obstáculo. Jane confere cada detalhe do projeto, faz vários comentários e até mesmo redistribui algumas tarefas para outros membros da equipe. Quando descobre que Sanjay e o gerente de produtos decidiram pela retirada do status de prioritário de um recurso, Jane determina que é hora de assumir o projeto e diz a Sanjay que a partir de agora ela ficará a cargo da gestão efetiva do trabalho.

Portanto, não causa surpresa quando, apesar da entrega bem-sucedida do projeto, Sanjay diz a Jane que não quer mais ocupar o cargo de líder de tecnologia. De fato, ele parece bastante desanimado: sua postura natural de comprometimento e empenho foi substituída por sair mais cedo e silêncio nas reuniões. O melhor integrante da equipe se tornou um profissional de baixo desempenho do dia para a noite. O que aconteceu?

É o fantasma da microgerência rondando sua porta. Diante do risco de falhar em um projeto altamente estressante que não pode atrasar, você decide tomar o controle da situação. Delega algumas tarefas, mas acaba descobrindo que não gosta das escolhas técnicas que a equipe fez para a implementação e manda os integrantes reescreverem o código. Todos devem se reunir com você antes de tomar qualquer decisão, pois ninguém tem capacidade de fazer a coisa certa. Talvez tenham ocorrido muitos erros e a culpa por tudo é sempre sua.

Agora, vamos conferir a história de Sharell, uma colega de Jane. Ela atribuiu a Beth seu primeiro projeto de grande escala como gerente, embora o prazo de entrega seja inadiável. Porém, em vez de participar de todas as reuniões e acompanhar cada detalhe, Sharell trabalha junto a Beth para determinar as reuniões a que deve comparecer e a auxilia a definir quais detalhes devem ser levados a seu conhecimento. Devido a essa postura, Beth se sente mais confiante na gestão do projeto, mas também sabe que conta com o apoio de Sharell. Perto do final do prazo, quando o ritmo fica mais estressante, Beth pede ajuda a Sharell para reduzir o escopo e entregar o projeto a tempo. Tudo acaba com Beth achando que ganhou confiança com a experiência e que está pronta para gerenciar projetos maiores, e trabalhar com mais entusiasmo para Sharell.

As decisões de Jane e Sharell indicam as diferenças sutis que existem entre um microgerente e um delegador eficaz. As duas tiveram a iniciativa de delegar a gestão de um projeto de alta prioridade para treinar um novo líder na equipe. Contudo, enquanto Jane, em última análise, nunca abriu mão do controle e enfraqueceu o desempenho de Sanjay, Sharell explicou objetivamente a Beth quais eram suas metas e responsabilidades e ofereceu o suporte e a orientação necessários para seu sucesso.

O pior da microgerência é ter que utilizá-la de vez em quando. Engenheiros juniores geralmente se dão melhor sob uma supervisão mais estrita porque precisam de instruções específicas. Quando os projetos saem dos trilhos, muitas vezes é necessário anular as decisões tomadas pelos colaboradores que possam trazer repercussões negativas e impactantes. Contudo, se você habitualmente pratica a microgerência como abordagem padrão à liderança da equipe, pode acabar como a pobre Jane, prejudicando acidentalmente as pessoas que devia recompensar e auxiliar a se desenvolverem.

Confiança e controle são os principais pontos da microgerência. Quase sempre atuamos como microgerentes quando não acreditamos que uma tarefa será executada corretamente, ou quando queremos controlar estritamente o processo para que o produto atenda exatamente aos padrões desejados. Isso é comum no caso de engenheiros talentosos promovidos a gerentes, especialmente se têm muito orgulho das suas habilidades técnicas. Quando seu valor para a equipe muda de algo em que você é bom (escrever código) para algo que ainda não sabe fazer direito (gerenciar pessoais), pode ser tentador tratar os colaboradores como se fossem apenas cópias suas. Em caso de estouro de prazo, um acontecimento muitas vezes inevitável, você explica o fato como sua incapacidade de controlar a situação de forma suficientemente precisa e intensifica o foco. Então, logo surge algo que não está saindo como o esperado, o que reforça sua crença de que microgerenciar a equipe é o melhor investimento do seu tempo.

Autonomia, a capacidade de exercer controle sobre parte do seu trabalho, é um elemento importante para a motivação e a razão pela qual os microgerentes têm dificuldades de reter boas equipes. Quando se elimina a autonomia de pessoas talentosas e criativas, elas acabam perdendo a motivação bem rápido. Não há nada pior do que não poder tomar uma só decisão por conta própria ou ter que apresentar cada trabalho para uma, duas ou mesmo três verificações pelo gestor.

Por outro lado, *delegação não é o mesmo que abdicação*. Ao delegar responsabilidades, você ainda deve participar delas na medida necessária para que o projeto seja bem-sucedido. Sharell não abandonou Beth, mas a ajudou a compreender as atribuições do novo cargo e estava presente sempre que preciso para dar suporte ao projeto.

Orientações Práticas para Delegar com Eficácia

É importante lembrar que um bom líder deve saber como delegar.

UTILIZE AS METAS DA EQUIPE PARA DETERMINAR QUAIS DETALHES DEVEM SER APURADOS

Quando sentir que está prestes a microgerenciar, pergunte aos integrantes da equipe como estão avaliando seu progresso e peça que o mantenham informado com regularidade. Em seguida, fique sem fazer nada, se puder, durante uma ou duas semanas e espere por essa informação. Se não compartilharem nada, é um sinal de que talvez seja preciso ajustar o rumo, o que provavelmente significa apurar mais detalhes.

Porém, antes de mais nada, como definir o momento de pedir essa informação? Tenho um princípio básico: quando a equipe está progredindo nas metas, os sistemas estão estáveis e o gerente de produtos está satisfeito, eu raramente apuro mais detalhes além de um breve panorama da situação. Contudo, isso requer metas e um plano pelos quais avaliar o progresso dos colaboradores e um gerente de produtos que possa oferecer outra perspectiva sobre o processo. Ao gerenciar uma equipe que não dispõe de um plano definido, utilize os detalhes que pretende monitorar para criar um plano. Quais são suas expectativas em relação à equipe para esse mês, esse trimestre ou esse ano? Se não conseguir responder a essa pergunta, o primeiro passo é auxiliar a equipe com a criação dessas metas.

EXTRAIA INFORMAÇÕES DOS SISTEMAS ANTES DE ABORDAR OS COLABORADORES

Saímos na frente como engenheiros, pois os sistemas podem fornecer informações essenciais sem que seja necessário mobilizar a equipe. Para conferir o status do trabalho, veja o sistema de controle da versão e o sistema de emissão de tickets [coleta de todo tipo de informações pertinentes]. Se quiser analisar a estabilidade dos sistemas, inscreva-se para receber informações sobre alertas, examine as métricas e acompanhe os eventos ocorridos nos plantões. Os piores microgerentes são os que pedem constantemente informações que poderiam obter facilmente por conta própria. É viável solicitar resumos de status e utilizar a equipe para extrair as informações mais importantes obtidas nessas fontes, mas vá com calma. A equipe não ficará mais produtiva ou satisfeita se tiver que dedicar metade do tempo à coleta de informações que você pode obter facilmente por si só. Lembre-se: essas informações são apenas parte do contexto e não a imagem completa, não tendo nenhum valor sem as metas de que falamos acima.

AJUSTE O FOCO DE ACORDO COM O ESTÁGIO DOS PROJETOS

Quando estiver gerenciando diretamente uma ou duas equipes, conheça todos os detalhes dos status dos projetos durante os processos regulares das equipes (como nas reuniões gerais matinais). Diferentes detalhes ganham importância em diferentes estágios dos projetos. Nos estágios inicial e de design, talvez seja necessário um maior envolvimento para facilitar o desenvolvimento de um bom conjunto de metas para um projeto ou um bom design para o sistema. Quando a data da entrega se aproxima, os detalhes do progresso se tornam mais importantes. Isso porque esses dados específicos transmitem uma maior quantidade de informações acionáveis que atendem ao aumento do número de decisões a serem tomadas. Contudo, durante o fluxo normal do serviço, geralmente é suficiente saber o que está se encaminhando e o que está demorando mais do que o esperado, especialmente se você puder utilizar essas informações para redistribuir o trabalho ou ajudar um membro da equipe em dificuldades.

ESTABELEÇA PADRÕES PARA O CÓDIGO E OS SISTEMAS

Pessoalmente, sou uma dessas gerentes que prezam intensamente pelos aspectos técnicos e tenho minhas opiniões sobre o modo como os sistemas devem ser desenvolvidos e operados. Como acho difícil me desapegar dessa área, tive que desenvolver algumas diretrizes para encarar melhor a estrutura baseada nesses pontos. Desenvolver padrões básicos em equipe auxilia na comunicação entre todos os envolvidos por meio do código e das revisões de design, além de despersonalizar o processo de transmissão de feedback técnico. Na minha perspectiva, padrões básicos são itens como a quantidade de testes de unidade que devem ocorrer a cada mudança (em termos gerais, pois é sempre necessário fazer alguns testes) e o ponto em que as decisões técnicas devem ser revisadas por um grupo maior de profissionais (como no caso de alguém solicitar a inclusão de um novo idioma ou estrutura ao bloco). Como a definição de metas, a implementação de padrões ajuda os envolvidos na determinação de detalhes importantes a serem considerados durante a criação da tecnologia.

ENCARE O COMPARTILHAMENTO DE INFORMAÇÕES, BOAS OU RUINS, DE FORMA NEUTRA OU POSITIVA

Imagine a seguinte narrativa: Jack está com dificuldades em um projeto, mas resiste em pedir ajuda para lidar com seus problemas até que, em dado momento, essa situação chega a seu conhecimento. Nesse ponto, é recomendável dizer a Jack que ele precisa ser mais proativo no compartilhamento do seu progresso, mesmo que isso implique em admitir que está com dificuldades. O objetivo aqui não consiste em punir sua incapacidade de comunicar o status do trabalho com a prática de microgerência, porque aí você só estará punindo a si mesmo e prejudicando a formação do senso de responsabilidade profissional dele. Em vez disso, oriente Jack sobre a necessidade, o momento e o modo de se comunicar. No entanto, aqui vai um aviso: se tratar os problemas de um engenheiro ou projeto como um fracasso estrondoso atribuível ao colaborador em questão ou ao gerente, o profissional absorverá a culpa e as críticas e, em vez de fornecer mais informações no futuro, irá escondê-las para evitar sua exposição até que seja tarde demais. Ocultar informações importantes intencionalmente é uma falha, mas ficar atolado em um problema ou cometer um erro geralmente representa uma oportunidade de aprendizagem.

Em longo prazo, se não conseguir se desapegar dos detalhes, delegar tarefas e confiar na sua equipe, provavelmente irá sofrer bastante. Mesmo que os integrantes não peçam demissão, você acabará trabalhando muitas horas adicionais, pois suas atribuições só aumentarão. Portanto, se já está nessa situação, tente limitar sua carga horária semanal. Se pudesse trabalhar apenas 45 horas nesta semana, o que você faria nesse tempo? Passaria mesmo cinco horas examinando obsessivamente o código de um desenvolvedor júnior? Analisaria minuciosamente os detalhes de um projeto que está indo bem em busca de um erro insignificante? Ou preferiria direcionar seu foco para problemas maiores? Não é melhor dedicar algumas horas a se preparar para o futuro em vez de examinar os detalhes do presente? Seu tempo é precioso demais para ser desperdiçado e sua equipe merece um gerente que confie nela para agir de forma independente.

Como Criar uma Cultura de Feedback Contínuo

Quando ouve a expressão *avaliação de desempenho*, o que passa pela sua cabeça? Desânimo? Pensa com irritação sobre o desperdício de tempo ou cansaço por ter de fazer todo o trabalho sozinho? Sente uma pontada de medo diante das novas e surpreendentes falhas que serão apontadas? Ou fica um pouco nervoso e animado para ouvir o que as pessoas pensam sobre você?

Se treme só de pensar em avaliações de desempenho, não se preocupe: você não está só. Infelizmente, o processo de avaliação não é levado a sério nem implementado com maturidade por todos os gerentes. No entanto, ao gerenciar pessoas, você dispõe do poder necessário para modificar a experiência dos colaboradores com as avaliações. Mas esse processo começa muito antes delas. Tem início no feedback contínuo.

Antes de mais nada, feedback contínuo é o compromisso de compartilhar feedback positivo e corretivo com regularidade. Em vez de deixar seus comentários para o ciclo de avaliação, gestores e colegas são incentivados a destacar o que está indo bem e expor eventuais problemas. Algumas empresas já vêm implementando softwares que facilitam a comunicação e o acompanhamento do feedback contínuo pelas equipes, mas o fator mais importante consiste em as equipes adotarem a cultura de expressar feedback com frequência. Para um gerente novato, investir no hábito de oferecer feedback contínuo é uma forma de treinar o direcionamento do foco para a atuação de cada indivíduo, o que facilita o reconhecimento e o incentivo a talentos. Além disso, é um modo de praticar a arte de ter conversas difíceis e, ocasionalmente, complexas sobre o desempenho dos colaboradores. Como poucas pessoas se sentem confortáveis quando têm que elogiar ou corrigir alguém pessoalmente, esse costume deve ajudar a superar esse constrangimento.

Indico aqui algumas orientações para uma excelente implementação do feedback contínuo:

1. **Conheça os colaboradores.** O primeiro requisito para se obter sucesso com o feedback contínuo é formar uma compreensão básica sobre os profissionais que integram a equipe. Quais são suas metas, se tiverem? Quais são seus pontos fracos e fortes? Em que nível operam atualmente e quais são as áreas em que precisam melhorar para atingir o próximo nível? É possível coletar essas informações nas respectivas avaliações de desempenho anteriores, quando disponíveis. Contudo, reúna-se com cada integrante da equipe e pergunte sua opinião sobre todas as questões pertinentes. Essa compreensão servirá de base para a elaboração do seu feedback, além de auxiliar na identificação de pontos que devem ser priorizados.

2. **Observe os colaboradores.** Se não prestar atenção neles, não conseguirá oferecer feedback. Em todo caso, acredito que o melhor resultado para um ciclo de feedback contínuo não corresponde necessariamente ao feedback gerado, mas ao empenho de direcionar seu foco para os integrantes da equipe. Adotar essa

prática logo no início da carreira, quando ainda há poucos colaboradores sob sua gestão, auxilia no desenvolvimento de habilidades de observação. Mais importante ainda é praticar o hábito de procurar talentos e conquistas na equipe. Bons gerentes tendem a identificar colaboradores talentosos e ajudar os profissionais a aproveitarem melhor seus pontos fortes. Evidentemente, também é necessário procurar pontos fracos e áreas a melhorar, mas se passar a maior parte do tempo mobilizando os colaboradores para que corrijam seus pontos fracos, seu estilo acabará mais parecido com um criticismo contínuo.

Às vezes, é bom fixar uma meta e atribuir a si mesmo a tarefa de identificar regularmente os colaboradores que merecem ser elogiados. Praticar o reconhecimento positivo reforça seu foco nas conquistas dos profissionais, o que, por sua vez, redobra sua atenção no que diz respeito às contribuições dos colaboradores aos projetos. Não é necessário fazer isso em público, mas a cada semana deve haver pelo menos um ponto a ser reconhecido e atribuído a um integrante da equipe. Melhor ainda: reconheça semanalmente alguma ação de cada profissional sob sua gestão.

3. **Ofereça feedback de teor leve com regularidade.** Comece pelo lado bom, pois é mais fácil e divertido comunicar feedback de teor positivo do que corretivo. Gerentes novatos não devem se precipitar e entrar de cabeça na parte final da orientação profissional. Como muitos reagem melhor a elogios do que ao feedback corretivo, utilize incentivos para orientar os profissionais no aperfeiçoamento do seu comportamento e destaque suas conquistas.

O feedback positivo também deixa os colaboradores mais dispostos a ouvir sempre que é necessário comunicar feedback crítico. Quando os profissionais percebem que os gerentes observam seu bom desempenho, ficam mais receptivos a observações sobre áreas em que precisam melhorar. Em caso de falha óbvia, é melhor oferecer feedback crítico rapidamente, mas o feedback contínuo implica em mais do que correções pontuais. A prática do feedback contínuo deve servir para conversar sobre pontos que não parecem estar indo bem, no momento em que são observados, em vez de deixar as conversas desconfortáveis para o ciclo de avaliação.

Bônus: Orientação profissional. Em última análise, o feedback contínuo funciona melhor quando combinado com orientação profissional pelo gestor. Sempre que surgir a ocasião, a orientação profissional deve servir para perguntar ao profissional quais são as alternativas para suas ações. Quando tudo estiver correndo bem, faça elogios, mas também dê sugestões para futuras melhorias. O feedback contínuo com base em orientação profissional vai além de dizer apenas "bom trabalho". Envolve um conhecimento efetivo dos detalhes e o estabelecimento de uma parceria com o colaborador para que ele e o gerente trabalhem juntos no seu desenvolvimento.

Então, por que citar a orientação profissional como um bônus? Porque ela nem sempre é importante para uma execução eficiente do serviço. De fato, muitas vezes você não tem a qualificação ou a capacidade necessária para oferecer uma orientação profissional que atenda às demandas da equipe. A orientação profissional é mais importante para colaboradores em início de carreira ou profissionais com potencial ou intenção de progredir. Muitos ficam satisfeitos ao fazer bem o que já sabem e, enquanto estiverem trabalhando com qualidade, não faz sentido dedicar tempo a orientá-los profissionalmente. Guarde sua disposição para a orientação profissional dos colaboradores que sejam mais receptivos a ela.

Avaliações de Desempenho

O feedback contínuo, mesmo quando se trata apenas do reconhecimento normal de um trabalho bem-feito, é uma importante ferramenta no kit de um gerente. Contudo, não substitui um processo mais formal de avaliação de desempenho em 360 graus.

O *modelo 360 graus* é um tipo de avaliação de desempenho que inclui feedback do gerente, de outros integrantes da equipe, de eventuais subordinados e de colegas de trabalho que interajam regularmente com o avaliado, além de uma autoavaliação. Por exemplo, um engenheiro que não tem subordinados diretos pode solicitar avaliações de outros dois engenheiros da mesma equipe: o colaborador recém-contratado para quem atuou como mentor e o gerente de produtos com quem trabalha. Avaliações de desempenho demandam muito tempo porque exigem o oferecimento e o recebimento de feedback de diversas pessoas. Como gestor, você deve obter feedback dessas fontes e resumir as informações para o avaliado.

As avaliações de desempenho retribuem o tempo investido com uma oportunidade valiosa de sintetizar muitas informações sobre um determinado profissional. Ademais, as avaliações 360 graus oferecem, no mínimo, um panorama de alto nível da percepção de outros profissionais sobre os colaboradores sob sua gestão. As autoavaliações indicam a opinião das pessoas sobre si mesmas, seus pontos fracos e fortes e as conquistas obtidas ao longo do ano. Ao escrever o resumo da avaliação, você tem a chance de se concentrar em cada colaborador por mais de alguns minutos e visualizar o quadro geral com mais calma. Esse procedimento auxilia na identificação de padrões e tendências que podem ter sido ignorados durante a rotina de feedback contínuo.

As avaliações de desempenho dão errado porque não se costuma atribuir tempo suficiente para executá-las e as pessoas têm dificuldades de escrevê-las. Além disso, tendemos a lembrar e destacar excessivamente fatos que ocorreram recentemente e esquecemos do que aconteceu há seis meses ou um ano. Nosso raciocínio é limitado por vieses que percebemos ou não, e que se expressam na avaliação dos colaboradores, que criticamos por comportamentos não identificados em outros profissionais. Tudo isso ocorre na vida real e você provavelmente observará esses fatores na prática. Apesar disso, esse processo é incrivelmente importante e o gerente tem a oportunidade de utilizar uma abordagem que pode destacar ou reduzir sua importância.

COMO REDIGIR E ENTREGAR UMA AVALIAÇÃO DE DESEMPENHO

Indico aqui algumas diretrizes para escrever e entregar uma excelente avaliação de desempenho.

Programe tempo suficiente e comece o mais cedo possível

Para ser bem feito, esse processo não pode ser finalizado em uma hora. Embora haja milhões de outros afazeres na sua agenda, programe-se para trabalhar consistente e ininterruptamente nas avaliações até mesmo em casa, se necessário. Estabeleça um prazo suficiente para que possa ler, digerir e resumir o feedback coletado pelos integrantes da equipe. Recomendo começar pela leitura das avaliações obtidas, tomando notas e processando as informações com calma, antes de tentar escrever um resumo completo. Dedique o tempo necessário para escrever e revisar o que escreveu pelo menos uma vez antes de enviar a avaliação.

A maioria das empresas prevê que os gestores lerão o feedback e, ao escrever o resumo, deixarão as informações anônimas. Contudo, algumas organizações adotam processos abertos em que o feedback original dos colegas pode ser visualizado e identificado pelo avaliado. Mesmo em um processo aberto, o gerente deve ler e utilizar o feedback para escrever a avaliação, pois essa análise ainda é considerada por muitos como o resumo mais importante dos feedbacks coletados.

Tente analisar o ano inteiro e não apenas os últimos meses

Registrar em notas o que ocorreu com o colaborador ao longo do ano facilita esse procedimento. Uma tática consiste em manter um resumo atualizado das reuniões pessoais que inclua o feedback transmitido. Se ainda não fez isso, recomendo examinar a caixa de entrada do seu e-mail para lembrar dos projetos iniciados e das atividades realizadas em cada mês de modo a formar uma imagem mais precisa desse período. O objetivo de analisar o ano inteiro é reconhecer não apenas as conquistas, mas também o crescimento e as mudanças observadas ao longo desse intervalo.

Utilize exemplos concretos e trechos das avaliações dos colegas

Deixe as avaliações dos colegas anônimas, se necessário. Caso não possa utilizar um exemplo concreto para ilustrar um ponto, determine se esse ponto deve realmente ser comunicado na avaliação. Quando nos empenhamos em ser específicos, diminuímos a tendência de escrever avaliações baseadas em vieses subjacentes.

Dedique muito tempo às conquistas e pontos fortes

Comemore conquistas, fale sobre o que está indo bem e elogie bastante os trabalhos bem-feitos. Isso vale não apenas para o processo de escrita, mas especialmente para a entrega. Não dê espaço para que os colaboradores pulem a parte boa por ter focado demais nas áreas a melhorar, como é bastante comum. Como esses pontos fortes serão utilizados para determinar a concessão de promoções, é importante documentá-los e pensar sobre eles.

Mantenha o foco quando abordar as áreas a melhorar

Escrever sobre áreas a melhorar geralmente é a parte mais complicada do feedback. No melhor caso, você observa e comenta alguns temas bem definidos, presentes no feedback dos colegas. Indico aqui alguns exemplos de temas que já chegaram ao meu conhecimento. Há profissionais que:

- Têm dificuldades de lidar com distrações e acabam dando uma mão em outros projetos em vez de concluir suas tarefas
- Fazem um bom trabalho, mas são de difícil convivência e apresentam uma postura excessivamente crítica ou agressiva nas reuniões, revisões de código e outras atividades colaborativas
- Têm dificuldades de dividir o trabalho em produtos intermediários e não sabem como equilibrar planejamento, design e execução de tarefas
- Trabalham bem com outros engenheiros, mas não sabem cooperar com outros departamentos ou equipes
- Têm dificuldades de seguir as melhores práticas estabelecidas para a equipe, agem de improviso ou fazem um trabalho ruim

Com frequência, você receberá uma grande quantidade de feedback genérico que, na melhor das hipóteses, tem utilidade razoável. Alguns profissionais se manifestam com hesitação enquanto outros expressam uma opinião particularmente dura que ninguém mais compartilha. Especialmente no caso do feedback genérico, confirme a viabilidade do feedback recebido antes de apresentá-lo. Por exemplo, se apenas um dos avaliadores menciona um trabalho mal feito, o problema está na qualidade do serviço ou nos padrões do avaliador, mais elevados do que os da equipe? Avalie essa questão com atenção. Caso o feedback pareça importante para o avaliado, compartilhe, mas não comunique todas as demonstrações de animosidade que receber.

E quando houver pouco feedback para sugerir melhorias? Isso indica que o colaborador já pode ser promovido ou receber trabalhos mais desafiadores. Caso o profissional atue de forma consistente no nível atual, mas não esteja pronto para a promoção, o feedback deve apontar uma ou duas habilidades a serem desenvolvidas para que ele seja promovido. Embora alguns colaboradores permaneçam sempre no mesmo nível, sem nunca obter promoção, dada a natureza do setor de tecnologia, as habilidades devem ser constantemente atualizadas. Portanto, você também pode priorizar oportunidades de aprendizagem técnica.

Evite surpresas inconvenientes

Formule expectativas adequadas antes da apresentação das avaliações. Caso o desempenho geral de um profissional esteja abaixo do esperado, a avaliação não deve ser a primeira oportunidade para transmitir esse feedback. Da mesma forma, se o colaborador tiver sido promovido recentemente, o gerente deve orientá-lo de que será avaliado de acordo com padrões mais elevados.

Programe tempo suficiente para discutir a avaliação

Em geral, entrego aos profissionais uma cópia impressa da revisão na noite anterior à avaliação. Essa prática permite que eles leiam o documento em casa e cheguem à reunião preparados para falar sobre seu teor. No entanto, embora tenham lido a avaliação, ainda explico com calma cada seção, começando por seus pontos fortes e conquistas. Novamente, não ignore essa parte e vá direto para as áreas a melhorar. Muitos se sentem desconfortáveis com excesso de elogios, mas pular essa seção diminui a importância da avaliação na consolidação e incentivo aos talentos dessas pessoas.

Algumas avaliações são organizadas de acordo com um método de classificação, como os números de 1 a 5 ou expressões equivalentes ("insuficiente", "satisfatório" e "ótimo"). Se optar por esse modelo, prepare-se para a pior parte da avaliação: discutir com os colaboradores que não obtiveram a nota máxima. Na minha experiência, observei que os profissionais se sentem desconfortáveis quando informados que seu desempenho foi meramente satisfatório, especialmente se estão em início de carreira. Nesse caso, é necessário fazer uma análise minuciosa dos motivos que justificam essa nota, inclusive utilizando exemplos de como o colaborador pode melhorar sua avaliação.

Pergunte ao CTO: Como Identificar Colaboradores com Potencial

Há algum modo eficiente de identificar potencial nos colaboradores? Os potenciais são sempre iguais? O que significa dizer que um profissional tem potencial?

Quando se trata de compreender o que é potencial, geralmente se comete um erro crítico. Existe uma tendência a considerar o potencial como uma característica inata ou algo que pode ser determinado exclusivamente pelos títulos indicados no currículo. "Ele estudou em uma excelente universidade. Logo, tem um grande potencial!", "Ela é muito articulada. Logo, tem um grande potencial!", ou ainda, mais diretamente: "Ele é bonito, alto e homem. Logo, tem um grande potencial!" Movidos pelos vieses, imaginamos potenciais e, pior ainda, passamos a duvidar deles apenas quando já revelaram ser uma ilusão.

Deixo aqui uma recomendação para todos os leitores. Se um colaborador nunca teve um desempenho razoável e está na empresa há tempo suficiente para que sua performance tenha sido avaliada, ele provavelmente não tem potencial real, pelo menos para a organização. Então, não importa se frequentou uma excelente universidade ou se é alto e articulado. Quando o profissional já trabalha para a empresa há um certo tempo e não mostrou serviço, todo o potencial que o gerente está imaginando não passa de uma invenção da sua imaginação (seus vieses).

O potencial real se manifesta rapidamente. Trabalho duro, vontade de se superar, sugestões inteligentes para os problemas e auxílio à equipe em áreas negligenciadas anteriormente são formas de manifestação desse potencial. Um profissional com potencial contribui de forma única para a equipe, mesmo que seu desempenho ainda não esteja à altura das suas habilidades e seu trabalho flua com lentidão.

É raro que um colaborador com potencial autêntico apresente um desempenho ruim em uma empresa, mas ocorrem casos de performance um pouco abaixo da média. Em geral, a solução para esse problema é transferir o profissional para um setor em que seu potencial seja melhor aproveitado. Quando o colaborador tem uma sólida habilidade de percepção visual de design, mas tropeça nas tarefas diárias de codificação, talvez seja melhor encaminhá-lo para uma função em UI/UX [design de interfaces]. Um excelente bombeiro que odeia planejamento pode ser melhor aproveitado em uma equipe dedicada a operações.

Não confunda "potencial", na definição de um professor de educação fundamental, com o tipo de potencial desejado pelo gerente. Você não está moldando mentes de jovens: está orientando os colaboradores a trabalharem e auxiliarem no desenvolvimento da empresa. Portanto, a noção de potencial deve estar relacionada com as ações e o valor produzidos, mesmo que não correspondam diretamente ao resultado previsto. Quanto antes você superar a decepção com um profissional de grande potencial que não deu certo, mais cedo poderá identificar os membros da sua equipe dotados de possibilidades extraordinárias esperando para serem desenvolvidas plenamente.

Cultivo de Carreiras

Uma das minhas promoções mais críticas ocorreu durante a época em que eu trabalhava no setor de finanças. O mundo financeiro tem um estranho procedimento para designar cargos. Herança de quando as empresas eram constituídas pelo modelo de sociedade, geralmente há poucos cargos "públicos": Vice-presidente, Diretor Executivo e Sócio. O cargo de Vice-presidente é um passo crítico. Chegar a esse nível é (ou era) sinal de que o profissional se provou merecedor de desenvolver uma carreira de longo prazo na empresa. Portanto, o tempo que leva para conquistar a Vice-Presidência é um forte indicativo de um futuro bem-sucedido. Essa promoção só pode ser obtida por um processo complexo, que os gerentes seniores promovem apenas uma vez por ano.

Ouvi duas vezes essa explicação do meu gestor. Na primeira, quando recebi a promoção para o cargo de Vice-presidente, ele descreveu todos os materiais que deviam ser reunidos como justificativa da indicação. Eram projetos finalizados, mas também sinais de liderança e desempenho que me destacavam da equipe em que trabalhava. Na segunda vez, tive que receber a explicação novamente para preparar os materiais para um colaborador que atuava sob a minha gestão. Reunimos todo tipo de evidência, inclusive a carta de recomendação que o candidato recebeu por ter exercido a função de brigadista de incêndio do andar. As duas promoções foram bem-sucedidas, mas não tenho dúvidas de que esse êxito se deveu em parte ao conhecimento preciso das regras do jogo pelo meu chefe/mentor.

O gerente exerce um papel essencial na promoção dos integrantes da equipe. Às vezes, cabe exclusivamente a você determinar quem será promovido. Mas, comumente, as promoções serão analisadas por seu gestor ou por um comitê. Portanto, além de conhecer bem os colaboradores que merecem ser promovidos, também é necessário trabalhar ativamente para sua promoção.

Como seria um processo típico como esse? Em geral, o gerente deve analisar os membros da equipe algumas vezes por ano, considerar seu nível profissional e determinar se alguns deles estão próximos do nível imediatamente superior. Quando a equipe está em início de carreira, provavelmente encontram-se assim. Atualmente, nos Estados Unidos, os colaboradores que acabaram de sair da universidade tendem a ser promovidos pelo menos uma vez nos primeiros dois anos no emprego, pois geralmente são contratados em um nível que prevê progressão obrigatória ou demissão.

Para ilustrar esse procedimento, vamos pegar o exemplo da Famous BigCo. Essa empresa contrata engenheiros recém-graduados no nível E2 (o E1 se destina a estagiários). Segundo a política da Famous BigCo, o engenheiro que não demonstrar sinais de progressão para o nível seguinte após dois anos no E2 não tem futuro na empresa. A norma abrange os níveis E2–E4, mas, quem chega ao E5, pode ficar nele para sempre.

Portanto, se a equipe for composta de integrantes nos níveis E2 e E3, prepare-se para trabalhar nas respectivas promoções a cada dois anos. Felizmente, essa dinâmica em geral é bem objetiva. Enquanto o gerente não interromper a progressão, os colaboradores escalarão a hierarquia no fluxo do processo. Sua função no grupo é verificar se os profissionais estão formulando estimativas adequadas para o trabalho, executando as tarefas no prazo estimado e aprendendo com seus erros. As justificativas para a promoção comumente consistem em projetos ou recursos finalizados de modo independente, participação em rodízios de plantões e outras atividades de suporte e atuação nas reuniões e no planejamento da equipe.

Para o gerente novato, o mais importante é conhecer as regras do jogo adotadas pela empresa. Cada organização utiliza sua própria variação do processo de promoção e você provavelmente chegou à gerência por ter sobrevivido a essa etapa. Se não souber o que fazer, peça ajuda a seu gestor. Como tomar essas decisões? Qual é o momento de preparar os materiais? Há algum limite para o número de promoções concedidas ao longo de um ano? Enquanto aprende a jogar, recomendo manter uma transparência total com a equipe. Quando os integrantes expressam o desejo de serem promovidos, mas não dispõem das condições ideais para a promoção, diga a eles que passar pelo processo irá ajudá-los a identificar os pontos que precisam modificar.

Prepare-se também para descobrir projetos com potencial para promoção e distribuí-los aos colaboradores próximos de serem promovidos. O gerente ocupa uma posição ideal para identificar novas missões para a equipe. Dependendo do modo de atribuição do trabalho, é possível alocar diretamente esses projetos aos integrantes ou incentivar os profissionais a se apresentarem como voluntários para projetos em que possam ajudá-los a se desenvolver. Fique atento ao surgimento de oportunidades de desenvolvimento e progressão, aplicáveis tanto a você quanto aos membros da equipe.

Esse procedimento muda conforme a equipe ganha experiência. Muitos não continuarão a progredir depois de um determinado nível, pelo menos não na mesma equipe ou empresa. Com o avanço na hierarquia, começam a rarear as oportunidades para demonstração de liderança ou atitudes impactantes, necessárias para se obterem promoções. Às vezes, não há nada a fazer nesse caso, salvo talvez indicar os colaboradores para mentoria ou orientação por líderes de diferentes departamentos da empresa. Pode ser bem doloroso se separar deles, mas quem sabe não se darão melhor com novos desafios em outra equipe ou empresa.

Muitas empresas esperam que o profissional atue no nível imediatamente superior ao seu antes da promoção. Essa prática busca evitar a ocorrência do chamado "Princípio de Peter" [ou Princípio da Incompetência, conceito formulado por Laurence Peter e Raymond Hull], que expressa a ideia de que as pessoas são promovidas até seu nível de incompetência. Também indica que há espaço para que outra pessoa atue nesse nível na equipe. Considere esse fator quando pensar nas carreiras dos integrantes da equipe. Se não houver potencial de crescimento na equipe por falta de espaço para que os membros trabalhem em um nível mais sênior, talvez seja o momento de repensar o modo de execução das atividades profissionais para que os colaboradores assumam responsabilidades maiores.

Situações Desafiadoras: Demissão por Desempenho Insuficiente

Um dos atos mais difíceis para o gerente é demitir um colaborador por desempenho insuficiente.

É difícil abordar esse tópico porque, atualmente, grande parte do processo de demissão fica a cargo dos departamentos de RH, mesmo em empresas pequenas. Há pontos positivos e negativos nessa tendência, mas, possivelmente, o melhor para um gerente é dispor de um processo e um procedimento para seguir. Ao tomar conhecimento do desempenho insuficiente de um colaborador, muitas empresas estabelecem a obrigação de desenvolver um documento chamado *plano de melhoria do desempenho*. Trata-se de um conjunto de objetivos claramente definidos que o colaborador deve concretizar em um determinado prazo. Se conseguir, o profissional conclui o plano e prossegue na empresa. Caso contrário, é demitido. Dependendo da empresa, esse plano pode ser uma tentativa genuína de ajudar o colaborador a voltar aos trilhos. No entanto, muitas vezes o texto cria obstáculos para o profissional, que não consegue concretizar os objetivos no tempo adequado, e consiste apenas em uma oportunidade generosa de procurar outro emprego antes da demissão.

Em qualquer procedimento adotado por sua empresa, o processo de orientar profissionalmente um colaborador deve ter início muito antes de se protocolar um documento de melhoria do desempenho junto ao RH e muito antes da demissão propriamente dita. Um dos princípios básicos da gerência é evitar surpresas, particularmente as negativas. Portanto, determine exatamente qual seria o resultado esperado do colaborador e, se for o caso, diga claramente e repetidas vezes no início do processo que ele não está atendendo às expectativas.

O ideal seria definir exatamente as atividades esperadas do profissional e, quando não estiverem sendo executadas, dizer a ele: "Você não está fazendo X, Y e Z. Precisa se esforçar mais." Evidentemente, como todas as circunstâncias perfeitas, isso raramente ocorre na realidade de forma tão simples.

É mais comum observar um cenário parecido com o que descrevo a seguir. Jane é uma funcionária que trabalha com você há alguns meses. No processo de integração, ela pareceu um pouco lenta, mas você decidiu pagar para ver, pois a base de código não era perfeita e havia muito jargão comercial a aprender nos primeiros meses de trabalho. No entanto, seis meses se passaram e, examinando esse período, até agora você não notou quase nenhum avanço na atuação de Jane. O pouco que ela fez não saiu muito bom: ocorreram atrasos, muitos bugs ou ambos.

No papel, a descrição da situação parece bem típica. Você diz a Jane que ela não está atendendo às expectativas. Também menciona que o trabalho dela é muito lento ou mal feito e atribui a ela uma tarefa específica. Mas Jane apresenta justificativas e, evidentemente, algumas são razoáveis. Sua integração não correu bem. O primeiro mês de trabalho dela foi interrompido pela festa da empresa. Em seguida, você tirou uma semana de férias e ela ficou sem ninguém para responder suas dúvidas. De fato, está parecendo que a culpa é sua e da equipe e não dela.

Essa situação demonstra a importância de oferecer feedback logo no início e regularmente, mantendo sempre registros de toda essa comunicação. Positivo ou negativo, o feedback deve ser um diálogo. Quando você segura o feedback negativo até o ponto de ebulição, recebe uma pilha de desculpas. Certo, mas e depois? Correndo um sério risco, alguns gerentes ignoram as desculpas e perdem diversos profissionais devido a uma equipe hostil e incapaz de integrar, orientar e definir metas claras para os colaboradores. Por outro lado, há gerentes que aceitam qualquer desculpa até que os problemas não possam mais ser varridos para debaixo do tapete. A equipe se irrita com esse cenário, agravado ainda mais pela inércia da gerência em relação ao colaborador problemático.

Mantenha sempre um registro do feedback negativo para poder demitir colaboradores em ambientes de trabalho com um departamento de RH ativo e em que seja obrigatório apresentar um plano de melhoria de desempenho padrão. Quando não houver RH, ainda assim recomendo comunicar o feedback de melhoria por escrito, fixando um prazo para o processo e confirmando o recebimento por meio de um documento formal (ou por e-mail). Assim, você ficará protegido do ponto vista jurídico e terá dado um tratamento justo aos colaboradores.

Um último aviso: Não crie um desses planos para colaboradores indispensáveis. Profissionais inteligentes encaram esse aviso formal como um sinal de que a organização não está correspondendo a seus interesses e tratam de se desligar o mais rápido possível. Já ouvi uma história em que um excelente engenheiro foi incluído de surpresa em um plano de melhoria de desempenho pelo seu gestor depois que alguém na organização reclamou que ele havia abandonado um projeto. O gerente, que não estava atento à situação e havia aprovado uma outra prioridade para o engenheiro, cedeu à pressão para instituir um plano que não serviu para nada além de extinguir qualquer interesse do engenheiro em trabalhar com o gerente e a empresa. Não causou surpresa o pedido de demissão do engenheiro logo depois disso, apesar de ele ter concretizado facilmente os objetivos indicados no plano de melhoria.

Pergunte ao CTO: Como Orientar um Profissional a Sair da Empresa

Tenho aqui um colaborador que parece travado. Ele está na empresa há uns dois anos e seu trabalho é satisfatório, mas não acredito que tenha potencial para obter outra promoção na equipe. Sempre que ele pergunta o que precisa fazer para passar ao próximo nível, eu digo a ele. No entanto, ele acaba voltando para a zona de conforto e nenhum incentivo parece ser capaz de produzir uma mudança. O que devo fazer?

Essa ocorrência é bastante comum entre os gerentes. Trata-se de um colaborador que atingiu seu limite na organização e parece estar perdendo energia. Embora tenha atendido às expectativas do seu nível, não consegue encontrar um modo de se desenvolver o suficiente para chegar ao próximo nível, apesar dos esforços do gerente. Nesse caso, talvez seja hora de uma orientação profissional.

Muitas organizações estabelecem uma regra de progressão obrigatória ou demissão para colaboradores em início de carreira. Os níveis iniciais da maior parte dos planos de carreira em engenharia estabelecem que os colaboradores nesses estágios devem progredir em um determinado prazo. Quando isso não ocorre, considera-se que não atendem às expectativas e são demitidos. Em geral, é necessário orientar os colaboradores de carreira para que executem sua rotina profissional de forma independente, sem muita ajuda ou supervisão. Contudo, depois que eles saem das etapas de progressão obrigatória ou demissão, o que fazer quando os colaboradores ficam travados?

Alguns profissionais ficam satisfeitos em permanecer como engenheiros seniores ou gerentes de determinado nível durante toda a carreira. Se todos os envolvidos estão contentes, não há nada de errado com isso. Por outro lado, há colaboradores como eu, que querem progredir, mas, por qualquer motivo, não conseguem isso na sua equipe. Nesse contexto, é seu dever explicar objetivamente o caso ao colaborador: para isso serve a orientação profissional. Esclareça a situação. Por diversas vezes, você explicou como é o próximo nível, mas ele não demonstrou que consegue trabalhar de acordo com as expectativas. Portanto, talvez sua equipe não seja o lugar certo para que ele cresça na carreira. Não é necessário demiti-lo, mas diga ao colaborador que ele precisa buscar outras alternativas se quiser progredir.

Dê ao colaborador a oportunidade de encontrar uma posição em outra área da organização ou empresa. Quando isso ocorrer, deixe ele ir tranquilamente e faça o melhor que puder para manter uma boa relação. Casais que se separam porque não se imaginam juntos no futuro podem ainda conservar a amizade. O mesmo vale para colaboradores que se desligam para brilhar em outra equipe ou empresa.

Avalie Sua Experiência

- Você faz reuniões pessoais regularmente com os colaboradores?
- Quando foi a última vez que você conversou com os colaboradores sobre desenvolvimento de carreira? Se foi há mais de três meses, você pretende abordar esse tópico nas próximas reuniões pessoais?
- Você ofereceu feedback aos colaboradores na semana passada? Quando foi a última vez que elogiou alguém diante da equipe?
- Quando foi a última vez que alguém se comportou de modo a merecer uma correção? Quanto tempo você demorou para oferecer feedback corretivo? O feedback foi comunicado em particular ou em público?
- Você já teve que fazer uma avaliação de desempenho que pareceu perda de tempo? O que você poderia ter incluído nela para aumentar seu valor?
- Qual foi a informação mais útil que já recebeu por meio de um feedback de desempenho? Como ela foi comunicada?
- Você conhece o processo de promoção adotado pela sua empresa? Caso não conheça, pode pedir a alguém para explicá-lo a você?

5

Gestão de Equipe

Rapidamente se vai da gestão de uma ou duas pessoas para o gerenciamento de uma equipe inteira. Contudo, gerenciar uma equipe implica em mais dificuldades do que a gestão de indivíduos. Nesse ponto, ocorre uma reviravolta no trabalho. Na verdade, nos estágios subsequentes a esse nível, você provavelmente terá que encarar critérios e desafios totalmente diferentes. Ao progredir na carreira, um dos aspectos mais difíceis consiste em se preparar para atuar em atividades completamente diversas. Por mais que se queira acreditar na gerência como uma progressão natural das habilidades desenvolvidas no cargo de engenheiro sênior, trata-se de um contexto que requer novas competências para lidar com desafios inéditos.

Reproduzo aqui a descrição profissional que utilizei para explicar a função do gerente da equipe, que chamei de "líder de engenharia":

> *O líder de engenharia dedicará menos tempo a escrever códigos, mas ainda participará de pequenos serviços técnicos, como correção de bugs e produtos de menor escala, sem que isso interrompa ou atrapalhe o progresso da equipe. Mais do que programar, o líder de engenharia é responsável por identificar gargalos no processo e obstáculos ao sucesso da equipe, eliminando os entraves apontados.*

> *O colaborador que atua nessa função deve exercer grande influência sobre o sucesso global [da organização]. Em especial, o líder de engenharia tem a capacidade de identificar os projetos de maior valor e direcionar o foco da equipe para esses trabalhos. Para isso, deve trabalhar junto ao líder de produtos na gestão do escopo dos projetos e na viabilização da entrega de resultados técnicos. Além de zelar pelo foco da equipe, o líder de engenharia deve determinar a demanda por novos profissionais, planejando e contratando conforme necessário.*

> *O líder de engenharia é um gestor independente. Atua com desenvoltura no gerenciamento de profissionais com habilidades diferentes das suas. Comunica suas expectativas de forma objetiva aos integrantes da equipe,*

pedindo e oferecendo feedback individual regularmente (e não apenas nos períodos de avaliação). Com sólidas habilidades de gestão, o líder de engenharia coordena a formulação do plano técnico para o (principal) grupo de produtos. Explica objetivamente os prazos, escopos e riscos aos parceiros mais importantes e viabiliza a entrega das maiores iniciativas em tempo hábil. Além disso, identifica áreas estratégicas de dívida técnica, analisa o custo/benefício da resolução das dívidas e comunica à equipe de gestão os prazos sugeridos para a devida priorização.

Agora que já vimos algumas noções básicas de gestão de pessoas, vamos falar sobre como gerenciar uma equipe com eficiência sem descuidar da parte técnica.

Este capítulo explora aspectos do cargo que estão além da gestão de pessoas. Facilmente, novos gerentes tendem a se concentrar excessivamente em tarefas individuais. Portanto, quero chamar sua atenção para as áreas mais técnicas, estratégicas e de liderança que caracterizam a prática de gerenciar uma equipe.

Como Comecei a Gerenciar Pessoas

Comecei como líder informal de equipe quando trabalhava em uma empresa que ainda não contratava gerentes tradicionais. Depois de algum tempo na função, percebi que havia chegado o momento de oficializar a minha atuação como gerente de pessoas. Contudo, esse cargo era inédito na organização, que encarou a novidade com nervosismo. Na divisão do setor de engenharia entre as gerências, tentamos identificar os profissionais que poderiam se incomodar com a nova estrutura. Nem todos se sentiam dispostos a trabalhar com antigos colegas, mas eu tive muita sorte. A maioria dos colaboradores que passei a gerenciar já trabalhava comigo há algum tempo e encarou com tranquilidade o fato de que eu agora era a responsável pela gestão. O apoio deles foi essencial. Não houve unanimidade, mas as críticas que recebi não eram significativas.

Na nova função, tive que gerenciar alguns colaboradores bem mais experientes do que eu no setor de tecnologia. Pela primeira vez, não podia recorrer à minha grande capacidade técnica como ferramenta de liderança. Porém, não era um caso típico da síndrome do impostor. Eu conhecia as minhas limitações. Eles conheciam as minhas limitações! Em dado momento, dois engenheiros-seniores que atuavam sob a minha gestão perceberam a situação. Conversamos sobre as atribuições de cada um e definimos que a minha era fazer o possível para ajudar os integrantes com as deles.

Um dos engenheiros continuou a me auxiliar e sempre me oferecia feedback. Tive que me esforçar bastante até aprender o que realmente importava para esse colaborador e o que a equipe precisava para obter sucesso. O outro engenheiro teve dificuldades de se ajustar à minha gestão e sua primeira reação foi pedir transferência para outra equipe. Meses depois, um pouco arrependido, ele voltou para a nossa equipe e concordou em trabalhar comigo. No final das contas, percebi que, para ser uma boa gerente, não é necessário ter um grande domínio sobre a área técnica. Orientar as pessoas é bem mais importante para o sucesso da gerência.

— bethanye Blount

Como Manter o Enfoque Técnico

Este livro é voltado para engenheiros de gestão. Não se trata de um livro genérico sobre gestão. A engenharia de gestão é uma disciplina técnica e não apenas um conjunto de habilidades interpessoais. Ao progredir na carreira, mesmo que deixe de escrever códigos, seu trabalho consistirá em coordenar as decisões técnicas a serem tomadas. Quando atuar junto aos arquitetos no design dos sistemas ou orientar os membros mais experientes da equipe a cargo dos detalhes, o gerente deve identificar os responsáveis por cada ação e verificar se as decisões atendem a requisitos técnicos mínimos, bem como sua pertinência ao contexto geral da equipe e da empresa. Para viabilizar esse processo, é muito importante dispor de instintos técnicos apurados em muitos anos de trabalho.

Além disso, se quiser realmente conquistar o respeito de uma equipe de engenharia, demonstre aos integrantes sua capacidade técnica. Sem credibilidade técnica, essa será uma luta inglória e, mesmo que você consiga chegar à liderança em uma empresa, suas opções serão limitadas. Portanto, não subestime o valor das suas habilidades técnicas ao trabalhar para obter sucesso como engenheiro de gestão.

Evidentemente, é preciso aprender a arte do equilíbrio, pois pode ser difícil preservar o enfoque técnico na transição para a gerência. As novas responsabilidades atribuídas ao gerente iniciante (mais reuniões, planejamento, tarefas administrativas) não criam oportunidades para dedicação intensa à programação. Em meio a esse turbilhão de afazeres, definir um método para lidar com código é bastante complexo.

Contudo, se não continuar programando enquanto estiver nesse nível, você corre o risco de ficar tecnicamente obsoleto muito cedo na carreira. Mesmo que tenha chegado à gerência, isso não significa que deva abrir mão das responsabilidades técnicas. Assim, indico expressamente na minha descrição do cargo de líder de engenharia que os gerentes desse nível devem implementar recursos pequenos e corrigir bugs.

Então, por que escrever código se você já estiver fazendo esses serviços de menor escala? Porque é preciso passar tempo suficiente lidando com código para determinar onde estão os gargalos e os problemas do processo. Isso pode ser feito com a análise das métricas, mas identificar esses problemas fica muito mais fácil quando você se dedica ativamente à programação. Quando o desenvolvimento está lento demais, a implementação do código demora muito e o plantão se revela um pesadelo, você está diante das dificuldades que um engenheiro experiente enfrenta para executar tarefas triviais de programação. Imagine a frustração dos membros da sua equipe! É muito mais fácil identificar dívidas técnicas e priorizar sua abordagem quando você mesmo trabalhou no código.

Além disso, o gerente responsável por uma única equipe sempre deve orientar sobre as possibilidades e impossibilidades dos sistemas. Quando o gerente de produtos do grupo apresenta uma ideia extravagante, é bem mais fácil realizar a gestão quando você confia na sua capacidade de avaliar a viabilidade da implementação do recurso nos respectivos sistemas (mas tenha cuidado com o excesso de confiança ao formular essas estimativas). Bons gerentes de engenharia apontam o melhor caminho para implementar os novos recursos nos sistemas. Na experiência como líder de tecnologia, aprendemos que entender suficientemente as partes do sistema de modo a determinar o melhor caminho para a implementação é essencial para a gestão de projetos complexos. Quanto melhor compreender o código do sistema, mais fácil será determinar esse caminho.

Infelizmente, algumas empresas não dispõem do cargo de "gerente que tem espaço na agenda para programar". Essas organizações separam a gestão da área técnica de modo tão bem definido que os gerentes já iniciam no cargo como responsáveis pela coordenação direta de equipes numerosas. Nesse modelo, o gerente se ocupa da administração e da gestão de pessoas e só à noite ou nos finais de semana, quando possível, dedica algum tempo à área técnica. Caso sua empresa seja desse tipo, recomendo *permanecer no cargo técnico* até dominar completamente o desenvolvimento de design e código de sistemas para só então decidir se quer uma carreira na gerência. É difícil recuperar o tempo desperdiçado sem programar e, se isso ocorrer muito cedo na carreira, talvez o profissional nunca consiga adquirir uma bagagem técnica suficiente para sair do cargo de gerente intermediário.

Se estiver horrorizado com a minha sugestão de que os gerentes se dediquem exclusivamente a programar, não se preocupe! Nos próximos capítulos, explicarei detalhadamente o ponto em que programar perde todo o sentido. Na minha opinião, esse ponto existe. Mas, por enquanto, continue escrevendo um pouco de código. Prometo que isso facilitará bastante seu trabalho.

Como Depurar Equipes Disfuncionais: Noções Básicas

Às vezes ocorre de pegarmos uma equipe disfuncional. Os integrantes não cumprem prazos. Estão satisfeitos. Pedem demissão. O gerente de produtos está frustrado. A equipe está frustrada com o gerente de produtos. Talvez os colaboradores estejam desanimados com o trabalho ou não tenham nenhum entusiasmo pelos projetos atuais. Há algo de errado, mas você não sabe com certeza o que é. Existem algumas disfunções básicas que podem acometer equipes de tecnologia. Apresentarei brevemente esses problemas para que você saiba o que procurar e como resolvê-los.

FALHAS NA ENTREGA

Você talvez não considere isso uma disfunção. Pode ser que a equipe esteja em modo de pesquisa intensa em torno de um novo problema, por exemplo. Contudo, mesmo equipes ocupadas com pesquisas em geral têm metas e produtos a entregar, ainda que seja na forma inicial. A esmagadora maioria dos seres humanos se sente bem quando define pequenos objetivos que pode concretizar regularmente.

O gerente pode hesitar em pressionar a equipe e acabar deixando os prazos serem estourados sem dizer nada. O truque aqui é aprender a equilibrar pressão e contenção. Se ainda estiver escrevendo código, esse pode ser um bom momento para arregaçar as mangas e ajudar a equipe a cumprir os prazos. Ou talvez seja o caso de mergulhar de cabeça na parte problemática do projeto e colaborar com os engenheiros responsáveis para compreender a situação.

Às vezes, a equipe apresenta falhas na entrega porque as ferramentas e os processos utilizados dificultam uma rápida execução do serviço. Um exemplo comum ocorre quando a equipe tenta liberar mudanças na produção apenas uma vez por semana ou em um prazo maior. Liberações irregulares podem ocultar pontos problemáticos, como ferramentas ruins nas versões liberadas, testes excessivamente manuais, recursos muito pesados ou desenvolvedores que não sabem como dividir o trabalho em etapas. Ao gerenciar a equipe, pressione até eliminar esses gargalos.

No meu último emprego, havia uma parte crítica do sistema que, durante um tempo, liberávamos apenas uma vez por semana. Essas ocasiões demoravam horas e eram muito frustrantes. Geralmente, os colaboradores tentavam incluir mudanças de última hora que prejudicavam os testes e atrapalhavam todo o trabalho. Então, identificamos isso como um problema e nos reunimos para melhorar a base de código e a automação a fim de aumentar a velocidade das liberações. Perto do final do processo, pressionei a equipe para implementar melhorias que permitissem liberações diárias. O impacto dessa mudança sobre a equipe foi imediato. Na verdade, percebemos que as liberações podem ser um ponto de conflito sobre os recursos. Quando há desentendimentos em torno de um recurso escasso, quase que inevitavelmente surgem disputas e insatisfação entre os integrantes. Diminuir a escassez do recurso necessário à entrega do código melhorou imediatamente o moral da equipe.

PESSOAS DRAMÁTICAS

Às vezes, passamos muito tempo cortejando um cretino brilhante. É uma velha história: aquele profissional que não pode ser substituído devido à sua grande produtividade e inteligência, embora não saiba trabalhar em equipe e deixe infelizes todos ao redor. (Para mais informações sobre esse tipo de colaborador tóxico, confira a seção "O Babaca Brilhante" mais adiante neste capítulo.) Uma versão menos crítica dessa situação ocorre quando um colaborador aciona o botão do drama e passa o tempo inteiro lembrando de experiências negativas, criando e ouvindo boatos ou participando do jogo do inimigo.

É preciso ter coragem para cortar as asinhas das pessoas dramáticas o quanto antes. Você pode pedir ajuda ao gerente para lidar com essa situação, especialmente na primeira vez. Contudo, tenha em mente que ele pode achar ainda mais difícil aturar o babaca brilhante do que você. O gerente não conhece o impacto imediato do colaborador sobre a equipe: vê apenas um colaborador fazendo seu serviço. Então, prepare-se para ter uma sequência de conversas com o colaborador e seu chefe. Talvez uma indicação para outra equipe resolva a situação.

É mais fácil lidar com uma pessoa negativa do que com o babaca brilhante. Explique a ela objetivamente que seu comportamento deve mudar, dê exemplos claros e ofereça feedback corretivo logo após os fatos apontados. Às vezes, a pessoa negativa está apenas insatisfeita e a melhor ação, nesse caso, consiste em ajudá-la a sair da equipe amigavelmente. É bom estar preparado para essa situação. Porém, há casos em que o colaborador não tem ideia do seu impacto sobre a equipe e uma rápida conversa será suficiente para reduzir o número de incidentes.

Como princípio, não permita que pessoas ostensivamente negativas permaneçam na sua equipe com essa postura por muito tempo. Até o melhor dos gestores acha difícil combater esse tipo de drama tóxico criado por vampiros de energia. Nesse contexto, a melhor defesa é um bom e rápido ataque.

INSATISFAÇÃO POR EXCESSO DE TRABALHO

Esse problema é muito fácil de resolver. Em geral, a causa da insatisfação por excesso de trabalho tem a ver com problemas que podem ser abordados. Por exemplo, se o excesso de trabalho decorre da estabilidade ou instabilidade dos sistemas de produção, seu dever como gestor é reduzir a velocidade de execução do mapa de produtos e se concentrar na estabilidade. Determine objetivamente e tente reduzir a quantidade de alertas, tempo de inatividade e incidentes. Recomendo dedicar 20% do tempo de cada sessão de planejamento aos serviços de sustentabilidade do sistema (utilize o termo "sustentabilidade" em vez de "dívida técnica", que é mais comum).

Caso o excesso de trabalho decorra de uma liberação urgente e com prazo apertado, lembre-se de dois fatores. Primeiro, incentive a equipe. Apoie os integrantes no que for necessário, especialmente dando uma mão no trabalho. Peça comida. Diga que você aprecia a dedicação deles ao trabalho. Indique que com certeza terão folga depois desse esforço. Crie um ambiente profissional descontraído. Às vezes, um período atarefado serve como uma experiência de integração para a equipe. Certamente, os profissionais se lembrarão se o gerente estava ao lado deles durante uma época estressante ou longe, cuidando dos seus afazeres.

Segundo, faça tudo o que puder para aprender com esse período atribulado e evitar novas ocorrências. Se possível, elimine recursos. Prorrogue o prazo caso a data de entrega não seja realista. Esses eventos ocorrerão no futuro, mas não há motivo para que sejam frequentes.

PROBLEMAS DE COLABORAÇÃO

A equipe não está trabalhando satisfatoriamente com outra equipe, seja de produtos, design ou tecnologia, e essa falha na colaboração cria um ambiente pesado para os profissionais. Não existe um antídoto de ação imediata para esse caso, mas é sempre bom demonstrar que você está disposto a melhorar a colaboração. Mantenha contatos pessoais regulares com os envolvidos para resolver os problemas. Obtenha feedback acionável da equipe e tenha conversas produtivas sobre possíveis melhorias. Como a situação tende a piorar se você criticar os profissionais diante da equipe, tente manter uma postura positiva, mesmo que esteja frustrado, e elogie publicamente o esforço dos integrantes.

Se a equipe não estiver cooperando direito com outra, tente criar oportunidades para reunir os integrantes de ambas em atividades não relacionadas ao trabalho. Organizar um almoço para os profissionais, liberar os colaboradores mais cedo na sexta-feira à tarde, incentivar demonstrações de humor mais adulto nos chats e se interessar pela vida dos integrantes são sempre modos de cultivar a unidade entre as equipes. Quando estava iniciando na gerência, eu relutava bastante em estabelecer esse tipo de vínculo, mas mesmo os mais introvertidos querem desenvolver algum sentimento de afinidade com a equipe. Se não tiver nenhum dos problemas relacionados a "pessoas dramáticas" de que falamos antes, algumas ações nessa área podem quebrar o gelo consideravelmente.

Pergunte ao CTO: Como Gerenciar um Antigo Colega

Acabei de ser promovido para coordenar uma equipe em que um dos integrantes é um antigo colega, um engenheiro sênior que também estava interessado na gerência. Como posso atuar como gerente sem criar um clima ruim com ele?

Como essa experiência pode ser profundamente estranha, primeiro é necessário reconhecer isso. Quando atuar como gestor de algum colega seu, admita que a transição pode ser um evento bem diferente. Seja honesto e transparente com esse profissional e explique que vai fazer o melhor trabalho possível, mas que precisará da sua ajuda. Ele deve ser honesto sobre o que vai bem ou não. É necessário baixar a guarda, pois sua atuação como gestor não será perfeita em um primeiro momento.

Em seguida, lembre-se de que sua função mudou drasticamente. O gerente tem o poder de anular as decisões dos colaboradores, embora deva proceder com muito cuidado. Em geral, utilizar os atributos da gerência para revogar decisões técnicas é uma má ideia. Então, resista à tentação de microgerenciar os profissionais, especialmente seus antigos colegas. Eles estarão sensíveis ao fato de que você foi "recompensado", mesmo que não queiram o cargo de gerente. Caso questione cada ação deles e tente tomar todas as decisões, essa sensibilidade só vai piorar.

Saiba também que você terá que abrir mão de alguns dos seus atributos profissionais ao assumir as responsabilidades adicionais da gestão de pessoas. A cada nível da carreira na gerência, novas funções são adicionadas e algumas das antigas, descartadas. No entanto, essa situação pode ser aproveitada: atribua expressamente a seus antigos colegas um controle maior sobre o trabalho técnico que costumava fazer. Também podemos encarar essa ocasião como uma oportunidade para propor novos desafios aos membros recém-integrados à equipe. Em muitas organizações, embora os gerentes continuem a escrever um pouco de código, esse serviço deve consistir, geralmente, de pequenos recursos, correção de bugs e incrementos em vez de sistemas novos e profundos.

Em meio a essas mudanças, a meta é demonstrar que você está comprometido com o sucesso da equipe. Sua nova função não retira nenhuma prerrogativa dos integrantes: no cargo de gerente, você recebe novas responsabilidades que estavam sendo negligenciadas ou que cabiam a outra pessoa, enquanto transmite algumas das suas atribuições anteriores aos demais membros da equipe.

A equipe não será bem-sucedida se seus antigos colegas pedirem para sair porque não suportam trabalhar com você. Eles estarão excessivamente sensíveis a discussões e perceberão qualquer movimento autoritário da sua parte. Talvez até tentem prejudicá-lo. Portanto, escolha suas batalhas. Em longo prazo, valerá a pena abordar essa transição com maturidade.

O Escudo

Muitos livros de orientação a gestores afirmam que parte de uma atuação profissional eficiente consiste em servir como um escudo (ou, de forma menos elegante, um "guarda-chuva de papo furado"). O gerente deve direcionar o foco da equipe para o que precisa ser feito sem se distrair com os dramas, dinâmica política e mudanças que ocorrem na empresa.

Tenho minhas dúvidas sobre essa abordagem à gerência. Com certeza, equipes expostas desnecessariamente a dramas tóxicos sem qualquer relação com seu trabalho tendem a ficar distraídas e estressadas. Os integrantes de uma equipe de engenharia não precisam ser informados pelo gerente sobre os incidentes interpessoais ocorridos no departamento de atendimento ao cliente. Já me surpreendi ao observar as minhas equipes atuando tranquilamente quando parecia que o mundo estava em chamas a meu redor. Portanto, é importante que todos saibam que podem e devem priorizar apenas os itens suscetíveis a impactos e mudanças, ignorando todo o resto. Os dramas no local de trabalho quase nunca são mais do que um foco de desperdício de energia e diversão de egos.

Então, sim, servir como um escudo contra distrações para a equipe tem grande importância. Ou seja, o gerente deve ajudar os profissionais a compreenderem as metas importantes e essenciais e, fundamentalmente, direcionar o foco da equipe para esses pontos. Contudo, não é realista achar que podemos ou devemos proteger totalmente a equipe. Às vezes, pode ser bom deixar um pouco de estresse se infiltrar entre os profissionais. O objetivo não consiste em deixar os colaboradores esgotados, mas incutir neles uma ideia do contexto mais amplo em que trabalham. Gerentes excessivamente protetores acreditam que definir metas claras é a melhor forma de orientar o foco e motivar as equipes. Mas, geralmente, os seres humanos precisam de alguma *noção* do contexto em que as metas foram estabelecidas e dos problemas que devem resolver. Se um determinado sistema não estiver funcionando corretamente em novembro e acabar prejudicando o planejamento operacional, a equipe precisa entender as consequências. Com uma noção mais adequada do contexto, os profissionais podem tomar decisões melhores sobre como e onde concentrar sua energia. Como gestor, não é sua função concentrar toda essa responsabilidade em suas mãos.

Outro erro que eventualmente ocorre no caso do escudo é negar a existência de dramas no mundo exterior. Caso a empresa esteja fazendo demissões em outros departamentos e a equipe saiba desse fato por outra pessoa, em vez de proteger os integrantes do drama, você criou uma situação em que se tem a sensação de que algo ruim está acontecendo e ninguém quer admitir. Por outro lado, se você comunicar essas informações de modo direto e sem exageros, pode reduzir os boatos e neutralizar rapidamente o impacto das notícias sobre a equipe.

Você pode atuar como escudo, mas não como pai ou mãe dos profissionais. Às vezes, trabalhando como mentores e escudos, estabelecemos uma relação paternalista com a equipe. Tratamos os colaboradores como crianças frágeis que devem ser protegidas, incentivadas e repreendidas conforme o caso. *Mas você não é pai nem mãe de ninguém.* A equipe reúne adultos que precisam ser tratados com o devido respeito, um requisito importante para manter a sanidade, tanto sua quanto a dos profissionais. Facilmente levamos seus erros para o lado pessoal quando consideramos os colaboradores como extensões infantis de nós mesmos, ou nos envolvemos tanto emocionalmente que cada discussão se torna um ataque moral.

Como Incentivar Boas Decisões

Você conhece sua função no processo de tomada de decisões da equipe? Talvez haja um gerente de produtos que trabalhe com o grupo e seja responsável pelo mapa de produtos ou pelo conjunto de recursos comerciais em que a equipe esteja operando. Você provavelmente dispõe de um líder de tecnologia, como abordamos no Capítulo 3, profundamente envolvido em atividades de tecnologia, mas que também pensa na gestão de projetos e na execução do serviço. Então, em que ponto da cadeia você está como gerente de engenharia?

Há mais responsabilidades em jogo do que costumamos pensar inicialmente. Enquanto o gerente de produtos e o líder de tecnologia são responsáveis pelo mapa de produtos e pelos detalhes técnicos, respectivamente, você em geral é encarregado de orientar a equipe nesses elementos. Dada a natureza da liderança, embora tenha autoridade para coordenar, e não impor, decisões, o gerente ainda é avaliado pelo resultado obtido a partir delas.

CRIE UMA CULTURA FOCADA EM DADOS NA EQUIPE

Os diretores das áreas comercial e de produtos já estão acostumados a tomar decisões com base em dados sobre a empresa, clientes, comportamento atual e potencial de mercado. Adicione outros dados a essa mistura. Por exemplo, ofereça dados sobre a produtividade da equipe (como o tempo necessário para finalizar recursos) ou medidas de qualidade (como o tempo necessário para resolver interrupções ou o número de bugs verificados no controle de qualidade ou após as liberações). Esses pontos de dados sobre eficiência e questões técnicas podem dar suporte à avaliação de decisões sobre recursos de produtos e eventuais alterações técnicas.

INVISTA EM EMPATIA COM A EQUIPE

O foco de uma liderança forte deve estar em cultivar o sucesso e desenvolver uma equipe competente na conclusão de projetos, o que significa compreender precisamente o que é importante para o cliente. Ao escrever código para um cliente externo, desenvolver ferramentas para outros engenheiros ou coordenar uma equipe de suporte, você tem um grupo que depende do resultado do seu trabalho. Trate esses profissionais como clientes. É importante se dedicar a estabelecer uma relação de empatia com os clientes, pois os engenheiros precisam de contexto para o trabalho. Quando construir essa afinidade, você poderá definir as áreas do setor de tecnologia de maior impacto sobre os clientes. Compreender esse ponto indicará onde concentrar as ações de engenharia.

OLHE PARA O FUTURO

Quando se trata de tecnologia e produtos, é necessário se preparar com bastante antecedência. Conhecer o percurso do mapa de produtos pode ajudar na orientação do mapa técnico. Muitos projetos técnicos são baseados na sua enorme capacidade de produzir novos recursos com grande facilidade. Alguns exemplos incluem a reescrita de um sistema de checkout para plugar em plataformas de pagamento como o Apple Pay e a migração para um novo modelo de estrutura do JavaScript que processe alterações no streaming de dados por meio de WebSockets [tecnologia de comunicação bidirecional] e auxilie no desenvolvimento de uma experiência mais interativa. Pergunte à equipe de produtos sobre o futuro e fique por dentro dos desenvolvimentos técnicos que podem mudar o modo como você pensa sobre o software que está escrevendo e sua operação.

ANALISE O RESULTADO DAS SUAS DECISÕES E PROJETOS

Determine se as hipóteses utilizadas para justificar os projetos se provaram verdadeiras no final das contas. A equipe realmente passou a atuar com mais rapidez depois que você reescreveu aquele sistema? Após a inclusão daquele novo recurso, o comportamento dos clientes mudou de acordo com a previsão da equipe de produtos? O que você aprendeu com os testes A/B? É fácil esquecer de analisar as suposições depois da conclusão do projeto, mas, se implementar esse hábito na rotina da equipe e na sua, você sempre aprenderá com suas decisões.

FAÇA RETROSPECTIVAS DE PROCESSOS E ESTABELEÇA ROTINAS DIÁRIAS

Em geral, nos processos baseados no método ágil, há uma reunião de retrospectiva ao final de cada sprint de desenvolvimento de duas semanas. Essas ocasiões servem para discutir o que aconteceu durante o sprint e selecionar alguns eventos (positivos, negativos ou neutros) para uma análise mais detalhada. Mesmo para quem não trabalha com a metodologia ágil, o processo de retrospectiva periódica tem grande utilidade para detectar padrões e forçar uma avaliação do resultado das decisões. Qual é a opinião da equipe sobre o modo como recebe os requisitos? E sobre a qualidade do código? Aprenda nesse processo como as decisões tomadas ao longo do tempo influenciam a rotina diária da equipe. Essa abordagem é mais subjetiva do que coletar dados sobre a saúde dos integrantes e talvez ofereça resultados bem melhores do que muitas medidas objetivas, pois decorre das observações, dificuldades e conquistas da equipe.

Bom Gerente, Mau Gerente: Supressor de Conflitos, Apaziguador de Conflitos

A equipe de Jason está com excesso de trabalho. Mas todos sabem que, em vez de reescrever aquele sistema enorme, Charles há alguns meses vem se dedicando a um projeto pessoal. Depois de ouvir reclamações sobre a omissão de Charles quanto ao novo sistema, Jason reúne a equipe e propõe uma votação para definir os projetos que devem ser deixados de lado para diminuir o volume de trabalho. Ninguém se surpreende quando a equipe vota em peso para colocar de molho o projeto pessoal de Charles, que se espanta com a situação, pois nunca ouviu uma palavra de Jason sobre isso e pensava que estava fazendo a coisa certa.

A equipe sentiu o baque, em parte porque Jason não parece disposto a defender o grupo diante das outras equipes. Ele não sabe dizer não para novos projetos, mas também nunca aprendeu a pedir ajuda para dar conta do serviço. Jason é um cara legal, todos concordam com isso, mas quase nunca atua de verdade na resolução de conflitos ou tomada de decisões difíceis. Como resultado, a equipe está com excesso de trabalho, enfrenta grandes dificuldades de priorizar suas próximas ações e sofre com rixas entre diversos membros.

A equipe de Lydia também está passando por uma situação complexa que envolve, entre outros fatores, lidar com seu próprio Charles. Lydia prometeu que ele teria tempo para trabalhar no seu projeto, mas, com a mudança nas prioridades, Charles também terá que alterar suas atividades. Na reunião pessoal, Lydia explica a ele sobre o volume de trabalho atual e diz que a equipe precisa da sua ajuda para reescrever o sistema. Charles fica insatisfeito e Lydia não gosta da conversa, mas sabe que, como gerente da equipe, é responsável por direcionar o foco do grupo para os projetos mais importantes.

Lydia sabe que esse é um projeto importante para a equipe. Então, enquanto tenta incentivar os profissionais, reitera para a equipe o motivo de ter escolhido esse grande projeto. Ela trabalha junto ao grupo para estabelecer prioridades e orienta os colaboradores quando divergem sobre qual tecnologia utilizar, apresentando opções e solicitando feedback. A equipe descreve Lydia como dura, mas justa, e, apesar das discussões, os profissionais conseguem superar os desafios e colaborar de modo eficiente.

Observando ambas as situações fica bem claro que Jason não lida bem com os conflitos que Lydia, por sua vez, consegue apaziguar. Embora o estilo democrático de Jason visasse aumentar a eficiência da equipe, sua incapacidade de dizer não e de assumir a responsabilidade pelas decisões transmite insegurança aos profissionais. Na sua equipe, é difícil saber o que vai acontecer em seguida, pois, em vez de orientar o grupo, Jason deixa a coordenação a cargo dos integrantes.

É angustiante e potencialmente disfuncional quando a equipe passa o tempo inteiro envolta em brigas e desavenças. Mas existe também a chamada harmonia artificial, que os gerentes supressores de conflitos tendem a prezar em detrimento de relações profissionais funcionais. Criar um ambiente seguro e favorável à resolução de disputas é muito melhor do que fingir que os conflitos não existem.

O QUE FAZER E O QUE NÃO FAZER NA GESTÃO DE CONFLITOS

- **Não atribua um peso excessivo a consensos e votações.** O consenso pode passar uma imagem de autoridade moral, mas pressupõe que todos os envolvidos no processo de votação são imparciais, têm o mesmo interesse nos diversos resultados e conhecem igualmente o contexto. Porém, raramente essas condições estão presentes nas equipes formadas por pessoas de diferentes níveis, funções e qualificações. De fato, o consenso pode ser bastante cruel, como demonstrou a votação que preteriu o projeto de Charles. Portanto, não convoque votações que certamente trarão dificuldades para um profissional. Em vez disso, assuma sua responsabilidade como gestor e comunique as notícias ruins.

- **Estabeleça processos objetivos para despersonalizar as decisões.** Para decidir questões coletivamente, o grupo precisa de um conjunto definido de padrões para avaliar as decisões. Portanto, compartilhe e explique informações sobre as metas, riscos e perguntas a serem respondidas antes de se tomar uma decisão. Quando atribuir a responsabilidade sobre uma decisão para um membro da equipe, indique expressamente os integrantes que devem ser consultados e quem deve ser informado sobre a decisão ou plano.

- **Não faça vista grossa para potenciais problemas.** Outro modo de evitar conflitos consiste na incapacidade de abordar dificuldades até que a situação tenha se estendido por muito tempo. Como gestor, ofereça feedback negativo durante a avaliação de desempenho para não pegar o colaborador de surpresa. Nesse caso, talvez você perceba aspectos que ignorava até começar a escrever a avaliação. No entanto, se ocorrer algum problema grave com o trabalho de um profissional, comunique o fato assim que tomar conhecimento. Quando souber desses eventos por meio de feedback oferecido pelos colegas durante o processo de avaliação, isso não é um bom sinal. Provavelmente, será um indicativo de que você não está prestando atenção nem criando oportunidades nas reuniões pessoais para que a equipe discuta eventuais problemas entre os integrantes.

- **Aborde problemas sem incentivar dramas.** Há uma diferença entre lidar com conflitos e cultivar disfunções. É necessário dar espaço para que os colaboradores expressem sua frustração, mas permitir desabafos não significa resolver problemas interpessoais. Decida com inteligência o que deve ser abordado ou deixado de lado. Nesse caso, as principais perguntas são: Esse é um problema recorrente? Você presenciou o fato? Muitos integrantes da equipe enfrentam essas mesmas dificuldades? Há alguma questão política ou potencial viés em jogo? O objetivo é identificar e resolver os problemas que estão prejudicando a eficácia coletiva da equipe, sem dar uma de terapeuta do grupo.

- **Não se vingue das outras equipes.** Ironicamente, os gerentes supressores de conflitos em geral tendem a provocar desavenças com outras equipes. Como têm uma forte identificação com sua equipe, reagem agressivamente diante do que percebem como ameaças de agentes externos. Quando algo dá errado, como um incidente com implicações para outras equipes, o gerente mostra suas garras, exigindo justiça para seu grupo ou culpando outra equipe pelos problemas. Às vezes esse comportamento é uma via de escoamento para sentimentos que o gerente reprime sobre sua própria equipe. "Eu nunca citava os 10% de itens a melhorar por medo de que os profissionais ignorassem a mensagem sobre os 90% que estavam bons. Então acabei manifestando a minha vontade de responsabilizar alguém em outra equipe. Queria sinceramente que todos assumissem suas responsabilidades e precisava descobrir um modo de expressar isso de forma saudável, tanto interna quanto externamente", disse um amigo meu.

- **Seja sempre amistoso. O desejo de ser estimado pelas pessoas é natural e perfeitamente humano.** Para conquistar essa estima, muitos acreditam que é necessário ser considerado uma pessoa simpática e estabelecem esse padrão como meta. Contudo, o objetivo do gerente não é ser *simpático*, e sim *amistoso*. O termo "simpático" pertence à linguagem de uma sociedade civilizada, em que tratamos bem as pessoas, conhecidas ou não. Para ser simpático, diga "por favor" e "obrigado" e segure as portas para pessoas atrapalhadas com sacos e carrinhos. Quando perguntarem como vai, diga "estou bem" em vez de "meu humor está um lixo hoje e não quero ser incomodado". É bom ser simpático em conversas casuais. Porém, o gerente mantém relações mais profundas, em que precisa ser amistoso. Ser amistoso é abrir o jogo com um profissional que não está pronto para ser promovido e apontar o que ele deve fazer para isso. Não é amistoso incentivar esse colaborador utilizando comentários como "talvez você seja promovido" e depois assistir seu fracasso. Ser amistoso consiste em chamar a atenção de um integrante quando seu comportamento estiver prejudicando o grupo. Talvez seja estranho e desconfortável, mas essas conversas difíceis fazem parte das funções do gerente.

- **Não tenha medo.** Quem evita conflitos geralmente está com medo. Ficamos apreensivos diante da responsabilidade de tomar uma decisão. Temos medo de parecer muito exigentes. Talvez os colaboradores peçam para sair quando receberem um feedback desconfortável. Talvez os profissionais passem a nos detestar. E, mesmo quando corremos esse risco, temermos o fracasso. Porém, ter um pouco de medo é natural e ser sensível aos resultados dos conflitos, um hábito inteligente.

- **Seja curioso.** Pensar sobre suas ações é a melhor forma de combater o medo de conflitos. Estou atribuindo essa decisão para a equipe porque os integrantes são os mais indicados para analisar a questão ou estou só com medo de tomar uma decisão impopular, mas necessária, que irá irritá-los? Estou evitando lidar com esse problema com o meu colega devido à sua personalidade complicada ou estou apenas esperando que a situação se resolva por si mesma, sem que eu tenha que discutir e, possivelmente, expressar uma opinião errada? Estou segurando esse feedback porque o colaborador apenas teve um dia ruim e o problema foi uma exceção ou porque estou com medo de perder seu apreço? Pensar bastante sobre seu comportamento diminui a possibilidade de causar conflitos desnecessários.

Situações Desafiadoras: Destruidores da Coesão da Equipe

Um elemento crítico para a criação de equipes funcionais é formar grupos que trabalhem bem e se sintam felizes de estar juntos. Uma vez, alguém me recomendou um teste para verificar o nível de felicidade de uma equipe de engenharia: "Se você pedir pizza à noite, os integrantes vão ficar e se socializar ou dar o fora assim que puderem?"

Tenho as minhas dúvidas sobre esse procedimento. Os profissionais que têm obrigações fora da empresa, em dias e horários definidos, não são mais ou menos comprometidos do que os colaboradores dispostos a ficar no escritório e conversar. Mas, no geral, o experimento tem lá sua validade. Nas equipes mais entrosadas, há uma grande camaradagem entre os integrantes, que contam piadas, tomam café, compartilham almoços e nutrem uma relação de amizade. Até podem ter obrigações e interesses a serem desenvolvidos fora do ambiente de trabalho, mas não ficam ávidos por fugir da equipe todo dia.

Aqui, a verdadeira meta é a segurança psicológica, ou seja, formar uma equipe cujos integrantes estejam dispostos a correr riscos e cometer erros diante do grupo. Esse princípio tem uma importância fundamental para o sucesso da equipe. Então, se quiser montar um grupo coeso, comece pela criação de afinidades que viabilizem a segurança psicológica. Conheça o lado humano dos profissionais e suas vidas e interesses fora do trabalho para incentivar a formação desses vínculos. Ouça o que os colaboradores estiverem dispostos a compartilhar. Pergunte como foi a festa de aniversário dos filhos, se esquiaram bastante naquela viagem e sobre o treino para a maratona. Esse tipo de conversa é mais do que papo furado: consolida a integração e a ideia de que os profissionais são pessoas e não apenas peças anônimas da engrenagem.

Além de cultivar essas ligações, o gerente deve orientar os integrantes da equipe a estabelecerem vínculos entre si. Quando as empresas falam sobre contratar "sob medida para a cultura", geralmente estão expressando um desejo de priorizar a integração de candidatos pessoalmente compatíveis. Mesmo que esse procedimento possa trazer efeitos colaterais, como discriminação, é bastante inteligente. Equipes compatíveis em um plano pessoal se entrosam mais rápido e tendem a produzir melhores resultados. Pense nisso: Você realmente quer trabalhar todo dia com um monte de gente que odeia?

Por isso, os colaboradores que prejudicam a coesão da equipe são tão problemáticos. Quase sempre seu comportamento mina a sensação de segurança da equipe. Portanto, podemos nos referir a esses colaboradores como "tóxicos", pois tendem a diminuir a eficácia dos profissionais com quem entram em contato. Uma boa gestão necessariamente implica em lidar com essa situação rapidamente.

O BABACA BRILHANTE

Uma das espécies de colaborador tóxico é o babaca brilhante. Como falamos antes, esse profissional apresenta resultados individuais extraordinários, mas seu egocentrismo sem limites desperta uma mistura de medo e animosidade em quase todos a seu redor. Eis o desafio do babaca brilhante: ele provavelmente foi recompensando por tanto tempo pelo seu talento que se agarra a isso como se fosse o último bote do naufrágio. Reconhecer que existe valor no mundo além da sua enorme inteligência ou produtividade poderia tirar esse profissional da zona de conforto e seria assustador para ele. Então, o babaca brilhante segue sendo intelectualmente agressivo, tratando rispidamente quem discorda dele, ignorando seres inferiores e expressando abertamente sua frustração com pessoas e ações estúpidas.

Atualmente, a maioria das empresas declara não tolerar babacas brilhantes, mas, pessoalmente, não acredito nisso. É incrivelmente difícil para um gestor justificar a demissão de um colaborador que apresenta ótimos resultados, mesmo que ele seja um peso para os demais integrantes da equipe e especialmente se agir como babaca apenas esporadicamente. Dito isso, existe uma medida para babaquice? Acabamos remendando diversas vezes uma ideia até justificar a permanência desse colaborador. Oferecemos feedback e ele melhora um pouco. Mas, em seguida, tudo piora.

A melhor forma de evitar a síndrome do babaca brilhante é não contratar um deles. Depois de contratados, é muito raro que o gerente tenha confiança suficiente para se livrar dos babacas brilhantes. Felizmente, eles geralmente acabam se enforcando na própria corda, pois, mesmo que não seja possível demiti-los, você provavelmente não será tão estúpido a ponto de promovê-los. Entendeu? Espero que sim.

O gerente precisa ter um pulso firme para lidar com um babaca brilhante na equipe. Nesse caso, prepare-se para ouvir cobras e lagartos quando oferecer feedback. Não será fácil para nenhum dos dois. Como o babaca brilhante não enxerga a inconveniência do seu comportamento, não altera nada e complica tudo. É improvável que você sozinho consiga convencê-lo de que o problema está na conduta dele. Todos os argumentos do mundo não bastam para mudar uma pessoa que não quer mudar.

Ao lidar com um babaca brilhante, o melhor que você pode fazer pela equipe é deixar claro e expresso que não admitirá nenhum comportamento indevido. Esse pode ser um dos poucos casos em que a regra de "elogiar em público, criticar em particular" não se aplica. Quando um profissional se comporta de forma tão negativa a ponto de causar um impacto visível sobre a equipe, para não deixar que essa conduta influencie a cultura, é necessário apontar o fato na hora e reiterar o padrão. "Não fale com as pessoas desse jeito. É falta de respeito." Mantenha suas reações sob o mais estrito controle, pois expressar essa mensagem diante da equipe é uma situação delicada. Escorregar para o lado emocional pode prejudicar sua atuação. Talvez o colaborador criticado descarte o feedback como um impulso emotivo. Por outro lado, talvez você passe a imagem de estar perseguindo o profissional. Portanto, o feedback deve ser neutro e direto quando comunicado na hora e em público. Observe que essa abordagem deve ser utilizada apenas quando o comportamento for considerado nocivo para o grupo como um todo. Se achar que o colaborador está tentando atacá-lo pessoalmente, discuta a questão em particular. Seu primeiro objetivo é proteger a equipe e o segundo, defender cada um dos integrantes. Proteger a si mesmo deve ser sua última prioridade.

O ANTICOMUNICADOR

Outro membro problemático muito comum nas equipes é o anticomunicador: o colaborador que esconde informações de você, dos colegas e do gerente de produtos. Esse profissional prefere trabalhar secretamente até revelar um projeto mágico quando tudo estiver concluído e perfeito. Em vez de conversar com os colegas, o anticomunicador reverte seus compromissos, assume sua parcela e faz todo o trabalho para eles. Ele não gosta de revisões de código e não solicita revisão de design para projetos grandes.

Esse integrante irrita toda a equipe. Então, quando gerenciar um anticomunicador, corte pela raiz, o mais cedo possível, esse mal de esconder informações. Se necessário, deixe claro que o trabalho desse colaborador não está atendendo às expectativas fixadas. Isso em geral causa uma certa apreensão: o profissional fica com medo de ser tachado como negligente ou de ser indicado para trabalhar em algo que não tem interesse. Independentemente da causa, o anticomunicador prejudica a coesão da equipe por não colaborar com os colegas. Não se sente suficientemente seguro para compartilhar o andamento do seu serviço, e essa insegurança muitas vezes é transmitida para a equipe.

Se possível, descubra o motivo por trás da ocultação de informações. Se o anticomunicador está com medo de ser criticado, não seria a cultura agressiva da equipe que deveria ser abordada? Em geral, a equipe consegue criar um ambiente de segurança psicológica? Os demais integrantes estão tratando o anticomunicador como um intruso por, talvez, vir de um contexto diferente ou dispor de outro conjunto de habilidades? Se a equipe estiver rejeitando esse profissional, determine se tentará corrigir a equipe ou irá transferi-lo para outro grupo. Às vezes, realocar o profissional é a atitude mais amistosa. No entanto, há casos em que a melhor solução consiste em trabalhar junto à equipe como um todo para alterar a cultura e eliminar hábitos que promovam a exclusão de novos integrantes.

O COLABORADOR DESRESPEITOSO

O terceiro tipo de profissional tóxico é o colaborador que não tem o mínimo respeito pelo gerente ou pelos colegas. Pode ser difícil abordá-lo, sendo muitas vezes necessário pedir ajuda ao gerente, mas a capacidade de lidar com essa situação indica um excelente caráter. Para ir direto ao ponto, se o integrante da equipe não tem respeito por você e pelos colegas, por que está no grupo? Pergunte a esse profissional se ele ainda quer trabalhar na equipe. Se responder que sim, diga calma e claramente quais são suas expectativas. Se a resposta for não, inicie o processo de transferência para outra equipe ou oriente o colaborador a se desligar da empresa.

Isso é tudo? Sim. Não é viável trabalhar com um colaborador que não tem respeito por você e pela equipe. Essa situação acaba prejudicando a coesão do grupo, pois os integrantes podem questionar se o profissional sem respeito não está com a razão. Portanto, é melhor resolver o problema o quanto antes, doa a quem doer.

Gestão Avançada de Projetos

O gerente de engenharia deve auxiliar no desenvolvimento de um cronograma para a equipe. Enquanto a administração da empresa define os planos para o trimestre ou ano, você deve determinar os projetos específicos que a equipe pode assumir, o respectivo volume de trabalho e os profissionais necessários para realizar o serviço. Talvez a equipe precise atuar no suporte de sistemas antigos além de concluir as operações em andamento. Ocorre também de termos que definir o número de colaboradores a serem contratados para atender a uma nova iniciativa. A organização espera que o gerente seja capaz tanto de fazer estimativas de improviso quanto de promover o planejamento mais concreto de projetos. Quando discutimos o que significa ser um líder de tecnologia no Capítulo 3, resumimos de forma bastante eficiente o processo de gestão de projetos. Mas agora vamos nos aprofundar em um aspecto mais avançado dessa área. Como gerente da equipe, embora seja possível delegar parte do planejamento dos projetos para os líderes de tecnologia, você provavelmente também ficará a cargo dessa atividade. Talvez tenha que decidir quais projetos serão assumidos ou recusados e, possivelmente, deverá fixar prazos aproximados para a conclusão do serviço, mesmo que sejam planejados e iterados de acordo com a metodologia ágil.

É necessário conhecer muito bem o ritmo e a produtividade da equipe para gerenciar o volume de trabalho com eficiência. Mas, felizmente, há algumas dicas que podem ajudá-lo.

REGRAS PRÁTICAS DA GESTÃO DE PROJETOS

Indico aqui algumas regras de ouro para a gestão de projetos.

Nenhuma dessas orientações deve substituir a gestão ágil de projetos

Antes de começar, quero esclarecer que não estou sugerindo aplicar o modelo de cascata [método sequencial de desenvolvimento de softwares] e planejar cada projeto minuciosamente desde o início. Contudo, a maioria das equipes estabelece metas de longo prazo e alto nível, que devem ser viabilizadas pela execução de objetivos de curto prazo. Para planejar efetivamente os detalhes das seções menores, um processo ágil, em que a equipe colabora na divisão e estimativa aproximada do volume de trabalho, é bastante eficaz para suavizar e organizar a rotina diária. O gerente não deve interromper ou assumir essa parte do processo de execução. Todavia, você é responsável pelo quadro maior (ou seja, as conquistas determinadas em meses e não semanas). Nesse momento, portanto, comece a desenvolver um planejamento de alto nível.

Cada engenheiro tem 10 semanas de engenharia produtiva por trimestre

Um ano tem 52 semanas, ou seja, 13 semanas por trimestre. Contudo, na prática, a equipe acaba desperdiçando muito tempo. Férias, reuniões, período de avaliação, interrupção na produção e integração de novos colaboradores são algumas das ocorrências que distraem os profissionais. Então, por trimestre, não espere mais do que 10 semanas de atividade intensa de cada integrante nos principais projetos. É provável que o primeiro trimestre do ano seja o mais produtivo [isso nos EUA, no Brasil a maior produtividade tende a acontecer no segundo e terceiro trimestres] e que a produtividade caia no quarto trimestre (quando ocorrem as festas de fim de ano).

Aloque 20% do tempo para serviços genéricos de suporte à engenharia

A expressão "serviços genéricos de suporte à engenharia" abrange testes, correção de bugs, limpeza de código herdado, migração entre versões de plataformas e idiomas e outros serviços eventualmente necessários. Adote esse hábito para abordar uma parte do código herdado intermediário a cada trimestre e implementar melhorias satisfatórias. Além disso, a limpeza contínua conserva a operabilidade dos sistemas e permite que a equipe avance na produção de novos recursos. No pior caso, é possível aproveitar essa oportunidade para compensar atrasos imprevistos no desenvolvimento de recursos. Contudo, se o cronograma for preenchido totalmente com o desenvolvimento de recursos, a produtividade tende a diminuir devido à sobrecarga.

Aprenda a dizer não quando estiver perto do fim do prazo

Quase sempre temos que cumprir algum prazo mais cedo ou mais tarde, que poderá ser uma data estabelecida pelo gerente como meta ou imposta pelos seus superiores. O único modo de concretizar esses objetivos é reduzir o escopo ao final do projeto. Em outras palavras, o líder da equipe de engenharia deve atuar junto ao líder de tecnologia e o representante comercial/líder de produtos para identificar os itens que podem ser cortados. É preciso dizer não para todos os envolvidos. Às vezes, a equipe de engenharia aponta a impossibilidade de se implementar um recurso sem realizar outro trabalho técnico. Nesse caso, você deve determinar o momento de iniciar a implementação do hack [uma linguagem de programação] ou esperar pela implementação correta. Como alguns recursos exigem ações complexas e significativas de engenharia para serem implementados, é necessário colaborar com a equipe de produtos para definir os itens essenciais e explicar o respectivo custo. Quando a situação apertar, você terá que oferecer à equipe opções que possam ser efetivamente implementadas e informar o tempo necessário para resolver tudo.

Utilize a regra do dobro para estimativas rápidas, mas planeje com calma as tarefas mais extensas

A popular "regra do dobro", aplicável às estimativas no setor de softwares, tem o seguinte comando: "Sempre que alguém pedir uma estimativa, pense em um número e multiplique por dois." Esse princípio é mais adequado e eficaz para expressar um palpite de improviso. Contudo, ao falar sobre projetos cuja duração prevista seja superior a duas semanas, vá em frente e dobre a estimativa, mas indique expressamente que você precisará de tempo de planejamento para definir o cronograma. Às vezes, as tarefas mais extensas demandam mais do que o dobro do prazo estimado. Portanto, é bom planejar com calma antes de atribuir um projeto grande e obscuro à equipe.

Selecione criteriosamente os projetos a serem estimados pela equipe

Em parte, destaco o papel do gerente no processo de estimativa e planejamento porque os engenheiros reclamam de estresse e distração quando são chamados recorrentemente para avaliar projetos aleatórios. Como gestor, você é responsável por controlar e limitar o volume de incerteza que comunica à equipe. Portanto, não sirva de telefone entre os engenheiros e a empresa, transmitindo mensagens para lá e para cá e distraindo profissionais ocupados com tarefas importantes e previamente estabelecidas. Porém, não é preciso ser um buraco negro. Tente implementar um processo que envolva toda a equipe na comunicação de novos recursos e reclamações de clientes e limite as estimativas formuladas fora deste procedimento.

Pergunte ao CTO: Como se Integrar a uma Equipe Pequena

Recentemente, fui contratado para gerenciar uma equipe com cinco engenheiros. Embora já tenha atuado como gerente em outras empresas, sou novato na organização e na equipe. Como devo administrar o meu tempo nas primeiras semanas?

É difícil se integrar a uma nova equipe como gerente. Ao contrário do engenheiro de softwares que recebeu uma promoção e deve equilibrar o trabalho técnico com as funções de gerência, nesse caso o profissional recém-integrado deve gerenciar a equipe e aprender um novo código.

Há diversas formas de ficar por dentro do software sem perturbar a equipe. Primeiro, peça que algum colaborador explique os sistemas, a arquitetura e o processo de teste e liberação do software. Se houver um processo normal de integração para que os novos desenvolvedores aprendam a analisar o código e implementar os sistemas, aproveite essa oportunidade. Dedique seu tempo a conhecer as bases de código, verifique as revisões e confira as solicitações, se existirem.

Programe-se para trabalhar em ao menos dois recursos nos primeiros 60 dias, dando prioridade a um produto já especificado. Colabore com um dos engenheiros no desenvolvimento de um recurso em que ele esteja trabalhando e peça a colaboração dele quando começar a trabalhar no seu recurso. Solicite uma revisão do seu código por um membro da equipe. Realize uma liberação e participe de um plantão rotativo de suporte aos sistemas por, no mínimo, dois dias, se a equipe for responsável pelo suporte.

Provavelmente, sua integração à gerência será mais lenta porque você estará aprendendo a trabalhar com os sistemas. Mas essa lentidão vale a pena. Ao conhecer o código e os processos de programação, bem como as ferramentas e sistemas utilizados diariamente pela equipe, você formará a compreensão necessária para gerenciar a equipe e ganhará a credibilidade técnica essencial a um líder competente.

Avalie Sua Experiência

- Quais responsabilidades você adquiriu quando foi promovido a gerente da equipe? Quais tarefas você parou de executar ou distribuiu para outro colaborador a fim de ganhar tempo para lidar com essas novas atribuições?
- Você conhece bem os desafios enfrentados diariamente pela equipe ao escrever, implementar e dar suporte ao código?
- Com que frequência sua equipe classifica os serviços como finalizados?
- Quando foi a última vez que você escreveu um recurso, corrigiu um problema ou colaborou com um membro da equipe em um código que apresentava dificuldades?
- Há na equipe algum integrante que dissemine negatividade? Qual é seu plano para resolver o problema e seguir em frente?

- Os integrantes da equipe parecem entrosados? As reuniões são bem-humoradas? Os profissionais fazem piadas no chat? Saem para tomar um café ou almoçar? Quando foi a última vez que todos se reuniram e não trataram de trabalho?

- Como as decisões são tomadas na sua equipe? Existe um processo para a atribuição de responsabilidade pela tomada de decisões? Por quais decisões você é responsável?

- Quando foi a última vez que você revisou um projeto finalizado para conferir se as metas haviam sido concretizadas?

- A sua equipe compreende bem por que está trabalhando nos projetos em andamento?

- Quando foi a última vez que você reduziu o escopo de um projeto? Qual critério você utilizou para essa redução?

6

Gestão de Múltiplas Equipes

Seja bem-vindo ao mundo da gestão de múltiplas equipes! Vamos falar sobre como gerenciar várias equipes antes de abordar a gestão de gerentes porque, embora estejam relacionadas, essas duas atividades não são necessariamente correspondentes. Provavelmente você já deve estar trabalhando com alguns líderes de tecnologia e fazendo malabarismo com as obrigações de gerenciar diretamente grupos com mais de três ou quatro pessoas e o processo de compreender minuciosamente os detalhes da situação de algumas equipes. Isso provavelmente tem uma implicação crucial: você não está escrevendo código (de produção, digamos, suficiente).

No plano de carreira que criei no meu emprego anterior, o profissional geralmente começava a gerenciar múltiplas equipes grandes na função de diretor de engenharia. Vamos analisar uma parte da descrição do meu plano de carreira em engenharia:

> *O diretor de engenharia é responsável por uma área importante da equipe de tecnologia. Em regra, coordena engenheiros ligados a diversas áreas de produção ou funções de tecnologia. Além disso, os líderes de tecnologia e colaboradores individuais são subordinados ao diretor de engenharia.*
>
> *O diretor de engenharia, via de regra, não deve escrever código diariamente. Contudo, é responsável pelo desempenho técnico geral da organização, orientando e desenvolvendo a performance da equipe como um todo, no que for necessário, por meio de treinamento e contratações. Deve possuir uma sólida experiência técnica, inclusive com histórico de pesquisa de novas tecnologias e acompanhamento de tendências no setor de tecnologia. Como eventualmente terá que auxiliar na correção de bugs e triagem de sistemas críticos, precisa compreender os sistemas que supervisiona bem o suficiente para executar revisões de código e colaborar na resolução de problemas de pesquisa, quando necessário. Além disso, a principal contribuição do diretor de engenharia nas etapas de arquitetura e design consiste na expressão de demandas técnicas, transmitindo as perguntas dos engenheiros das equipes sobre questões comerciais e produtos, e zelando para que o código*

a ser escrito corresponda às exigências comerciais e produtivas e possa ser ampliado de forma adequada à medida que as demandas crescerem.

O objetivo principal do diretor de engenharia é viabilizar a execução eficiente de produtos complexos. Para isso, deve priorizar a consolidação e continuidade da nossa capacidade de avaliar e aperfeiçoar processos e padrões de desenvolvimento/infraestrutura, a fim de criar tecnologia que consistentemente gere valor para a empresa. É responsável pela criação de organizações ágeis e de alto desempenho, avaliando e reproduzindo processos ao longo do desenvolvimento e evolução da empresa. Deve atuar como líder no recrutamento e gestão de pessoal, bem como no planejamento, crescimento na carreira e treinamento dos membros da organização. Quando necessário, o diretor deve coordenar relações com fornecedores e participar do processo de elaboração do orçamento.

O impacto da atuação do diretor de engenharia deve abranger diversas áreas da organização de tecnologia. É sua responsabilidade criar e desenvolver a próxima geração de líderes e talentos para a gestão da organização, bem como auxiliar esses profissionais a aprenderem a equilibrar as funções de gerência e liderança na área de pessoal e em questões técnicas. Tem a missão de criar organizações motivadas, participativas e altamente operacionais e estabelecer suas próprias metas de retenção para elas. Além disso, é responsável por equilibrar estrategicamente os serviços relacionados a produtos ou negócios, imediatos e de longo prazo, a dívida técnica e o desenvolvimento técnico estratégico.

Diretores são líderes fortes que definem o padrão para colaboração interfuncional entre os departamentos de tecnologia e outras áreas da empresa e entre as divisões de tecnologia. O objetivo dessa colaboração é criar um mapa de ações estratégicas e táticas para o setor de tecnologia que indique as demandas da empresa, pontos relacionados à eficiência e receita e inovações tecnológicas fundamentais. O diretor utiliza suas excelentes habilidades de comunicação para simplificar e explicar conceitos técnicos a parceiros sem especialização na área, bem como para expor determinações empresariais de forma didática e instigante à equipe de tecnologia. Os diretores de engenharia auxiliam o setor de tecnologia da Rent the Runway a projetar uma imagem pública positiva e têm a capacidade de promover a empresa e seu departamento diante de potenciais candidatos.

> *Em razão da sua ampla exposição à tecnologia e aos fatores comerciais, os diretores são responsáveis por coordenar o processo de definição de metas para todas as equipes da organização e auxiliá-las na articulação de objetivos alinhados às iniciativas, tecnologia e qualidade organizacional da empresa.*

Tive que suar a camisa para deixar claro que os diretores de engenharia não seriam obrigados a escrever código todo dia, pois acredito que é muito difícil programar quando o profissional está a cargo da gestão efetiva de múltiplas equipes. Nesse ponto, a agenda do "autor" dá lugar definitivamente à do "gerente". Nos intervalos entre reuniões pessoais ou com outros líderes de engenharia, sessões de planejamento das equipes e encontros com colegas da gestão de produtos ou de outros departamentos da empresa, você provavelmente estará muito ocupado. Então, seja realista sobre sua agenda nesse momento. Se não tiver ou não puder fazer uma reserva não negociável de períodos de tempo por ao menos alguns dias, qualquer tentativa de escrever código será muito lenta.

Felizmente, há várias maneiras de pôr a mão na massa sem escrever muito código de produção. As revisões de código são uma boa oportunidade para participar da execução do serviço, pelo menos como revisor secundário. Se você criou sistemas quando atuava mais na escrita de códigos, continue trabalhando com eles, pois se lembrará dos detalhes melhor do que a maioria dos profissionais e poderá ajudar os engenheiros que atuam nesses sistemas, com revisões de código e perguntas. As atividades de depuração e suporte à produção também são importantes. Portanto, continuar ligado na execução do serviço depende das suas habilidades. Se você não era um depurador muito bom antes de chegar à gerência, encarar incidentes de uma hora para outra pode ser mais irritante do que útil. Talvez seja mais interessante programar em dupla ou corrigir pequenos bugs ou recursos. Comumente, não damos o devido valor a essas pequenas ações, mas elas são oportunidades muito boas para manter uma ligação com a prática do desenvolvimento de software e demonstrar às equipes a nossa disposição e capacidade de auxiliar significativamente nas atividades cotidianas.

O risco de perder o contato com o lado prático do trabalho aumenta consideravelmente quando o profissional não dedica tempo suficiente à programação antes de assumir a gerência e, portanto, não domina fluentemente e em profundidade pelo menos uma linguagem de programação. Recomendo seriamente que você obtenha uma excelente especialização em programação antes de exercer o cargo de gerente. No meu caso, demorei 10 anos para chegar a esse nível, contando com graduação e pós-graduação. Talvez você faça tudo mais rápido do que eu, mas analise a situação com muita atenção. Você se sente fluente o bastante em pelo menos uma linguagem de programação a ponto de poder contribuir de forma produtiva com uma boa base de código escrita na mesma linguagem, utilizando um ambiente de desenvolvimento padrão e trabalhando com bibliotecas e estruturas padrão? Eventualmente, até mesmo a qualificação mais sólida pode atrofiar, mas a fluência operacional em uma linguagem (que inclui um bom domínio das ferramentas, bibliotecas e tempos de execução padrão) é um atributo que nos acompanha por um longo tempo.

Uma fluência útil também requer uma compreensão intrínseca do que significa trabalhar de forma produtiva nessa linguagem em uma equipe composta de outros profissionais que atuem no desenvolvimento de software de produção. Sem essa noção dos ritmos do desenvolvimento de software, você terá dificuldades com um dos pontos críticos desse nível do trabalho: depurar os problemas das equipes e contribuir para que elas produzam software de qualidade com eficiência.

Por último, mesmo que você não pretenda escrever muito código, recomendo seriamente que programe pelo menos uma boa metade de um dia de trabalho por semana, livre de reuniões e outras obrigações, e tente utilizar esse horário para desenvolver uma meta criativa. Escreva posts para seu blog de engenharia, prepare palestras para conferências ou participe de um projeto de código aberto. Faça algo para aplacar sua sede criativa, pois a gerência não dá muito espaço para isso.

Pergunte ao CTO: Sinto Falta de Programar

Estou encarregado da gestão de duas equipes complexas, mas as atribuições da gerência estão me afastando do trabalho técnico. Descobri que sinto uma falta terrível de programar. Será que isso é um sinal de que eu não devo ser gerente?

Quase todo mundo que sai de um cargo focado no trabalho técnico para a gerência passa por um período de transição em que se pergunta recorrentemente se teria cometido um erro. Além disso, muitos ficam preocupados com a possibilidade de perderem todas as suas principais habilidades no processo. Pergunte a si mesmo se você internalizou a ideia de que a gerência não é um emprego. O setor de tecnologia está repleto de profissionais que desprezam a gestão, pois acreditam que essa não é uma atividade tão importante quanto a programação. Mas a gerência é um cargo realmente muito importante e, para falar a verdade, é seu cargo agora.

Escrever código traz muitas vitórias rápidas, especialmente para um desenvolvedor experiente. São testes bem-sucedidos, novos recursos implementados, uma compilação, a solução de um problema. Já a gerência proporciona poucas vitórias rápidas e óbvias, especialmente para novos gerentes. É natural sentir saudades de épocas mais simples, quando havia só você e um computador, sem essa obrigação de lidar com todos esses seres humanos confusos e complicados. Talvez você tenha nutrido esse mesmo sentimento pela época em que era universitário quando começou a trabalhar em tempo integral. Isso porque, ao sair da universidade, você sabia exatamente o que esperar de um emprego. Não há nada de errado em sentir saudades de épocas mais simples e um pouco de medo por abrir mão de algumas coisas. Mas não é possível fazer tudo ao mesmo tempo. Para se tornar um bom gerente, você precisa dar prioridade às habilidades de gestão e, para isso, deve abrir mão de parte do seu foco na área técnica. É uma troca, e cabe a você decidir se vai topar fazê-la.

Como Administrar o Tempo: Afinal, o que É Importante?

Quando há tantas tarefas de gestão que sobra pouco tempo para programar, começamos a achar que o dia de trabalho foi sequestrado pelas manias dos outros. As reuniões vão se acumulando: reuniões pessoais, de planejamento, atualizações de status. Todos em pé. Todos sentados. Até que tudo termina em pancadaria!

Não, calma no recinto: nada de briga na corte de justiça!

É chegado o momento de aprender a administrar seu tempo. Caso contrário, os dias passarão e você não terá nada para apresentar aos colaboradores. O gerente tem muitas responsabilidades. Há produtos que exigem mais do que apenas participar de uma reunião: é necessário definir metas para a equipe, auxiliar a equipe de produtos a incluir detalhes nos mapas de produtos e confirmar a efetiva conclusão de uma tarefa atribuída. Essa última atribuição, o acompanhamento da conclusão de uma tarefa, pode se tornar o maior foco de desperdício de tempo e distrações do dia quando não se toma cuidado.

A gestão do tempo é um assunto pessoal. Algumas pessoas são muito organizadas e desenvolvem estratégias complexas para controlar agendas e listas de afazeres. Merecem meus aplausos, embora eu, via de regra, não esteja entre elas. No entanto, descobri boas ideias no livro *A arte de fazer acontecer*[1], de David Allen, sobre as quais vale a pena pensar. Recomendo a leitura do livro mesmo para quem não pretende adotar o processo inteiro.

Até lá, o meu princípio geral para administração do tempo deve dar conta do recado, seja qual for a tática utilizada. Administrar o tempo se resume a um fator muito relevante: compreender a diferença entre *importância* e *urgência*. Quase todas as suas tarefas poderão ser classificadas, aproximadamente, em um dos quatro quadrantes de um diagrama baseado nesses dois elementos (veja a Tabela 6-1).

---

[1] David Allen, *A arte de fazer acontecer* (Rio de Janeiro: Sextante, 2016).

Tabela 6-1. Priorização do tempo

	Não urgente	Urgente
Importante	Estratégico: programe tempo	Claramente executar
Não importante	Claramente evitar	Distrações tentadoras

Sendo importante e urgente, é preciso fazer. Já conhecemos essas histórias. Você deve ajudar a resolver falhas de grandes proporções no desempenho de sistemas ou aplicativos. O prazo para entregar as avaliações de desempenho acaba amanhã. Você quer fazer uma proposta para um excelente candidato, mas ele recebeu de outra empresa uma boa proposta que vence daqui a dois dias. Marcar bobeira em uma tarefa dessa categoria resulta em uma perda tangível. É pouco provável que a importância de executar esses serviços escape à sua percepção.

Grande parte do desafio da administração do tempo surge quando você começa a perder a noção de importância. Geralmente, a urgência se faz sentir com mais intensidade do que a importância. Responder e-mails é um bom exemplo. A distração dos e-mails suga facilmente o sujeito porque há um ponto vermelho que indica uma nova mensagem, cuja leitura parece urgente. E, no entanto, com que frequência os e-mails realmente são urgentes? Provavelmente, o e-mail é o pior veículo para transmitir informações urgentes e com prazos curtos. Parece, mas não é urgente. Por isso, tantas dicas precisas sobre administração de tempo incentivam o hábito de ler e responder e-mails em horários específicos do dia. Ao determinar seu valor, tendemos a confundir tarefas *óbvias* com as *urgentes*. Caso haja uma reunião marcada na sua agenda, é óbvio que você deve comparecer pontualmente a ela. Mas essa reunião é mesmo urgente ou só um artifício para evitar a obrigação de pensar sobre a melhor forma de aproveitar seu tempo?

Muitas coisas parecem urgentes, mas não são. O conjunto total da internet, por exemplo: Notícias, Facebook, Twitter. Embora pareça urgente, o chat é quase tão ruim quanto o e-mail para comunicar informações realmente urgentes e importantes quando se trata de uma equipe estabelecida. Nos atuais ambientes de trabalho do setor de tecnologia, grande parte da comunicação foi transferida do e-mail para sistemas de chat, como o Slack e o HipChat. Esse procedimento tem seus prós e contras, mas é importante observar que transferir a comunicação não equivale a eliminar a comunicação. As palavras e informações continuam fluindo, só que por locais diferentes, e você pode se distrair ainda mais com o lento e contínuo vai e vem de informações no chat.

É provável que você esteja investindo muito tempo em atividades urgentes e só levemente importantes, enquanto sacrifica tarefas importantes, mas não urgentes. Um exemplo de tarefa importante, mas não urgente, é se preparar adequadamente para as reuniões a fim de coordenar os trabalhos de forma saudável. Reuniões saudáveis exigem a participação de todos os envolvidos, e uma cultura que prioriza reuniões curtas e produtivas requer que os participantes se antecipem e compareçam a elas bem preparados. Ao gerenciar múltiplas equipes, você pode economizar muito tempo se incutir nelas uma cultura de reuniões eficientes. Atribua responsabilidade aos profissionais para que se preparem da melhor forma que puderem. Solicite os itens da pauta antecipadamente. Qualquer tipo de reunião padrão que envolva um grupo de pessoas e trate de planejamento, análise retrospectiva ou *post mortem* deve dispor de um procedimento definido e de resultados previstos.

Em relação ao nível anterior, uma das maiores mudanças nesse nível é a confiança que seu chefe agora deposita na sua maturidade, que deve ser suficiente para gerenciar suas ações e as equipes de forma independente. Isso significa que o gerente acredita na sua capacidade de lidar proativamente com todos os afazeres importantes, mas não urgentes, antes que eles se tornem urgentes e, especificamente, antes que eles se tornem urgentes para o gerente. Ninguém dirá a você como controlar todo esse processo na sua agenda. Já vi gerentes falharem nesse ponto porque não conseguiram executar uma espécie de malabarismo organizado com todas as diferentes tarefas que tinham em mãos.

As reuniões podem se enquadrar na categoria de urgentes, mas não importantes, e você talvez decida não comparecer quando sua presença não for necessária. Mas tome cuidado com a utilização excessiva dessa estratégia nesse nível específico da gestão. A responsabilidade por manter suas equipes na trilha do sucesso e bem entrosadas cabe exclusivamente a você. Quando paramos de frequentar as reuniões internas das equipes, corremos o risco de ignorar indícios importantes que auxiliam na identificação precoce de problemas. Um desses principais indícios é a ocorrência excessiva de reuniões chatas. Durante as reuniões, olhe à sua volta e avalie o envolvimento da equipe. Se metade do grupo está caindo no sono, encarando o vazio, mexendo nos celulares ou laptops, ignorando os procedimentos ou incorrendo em alguma forma de apatia, a reunião é um desperdício de tempo para a equipe. Ao comparecer às reuniões, dedique parte do tempo a analisar atentamente a dinâmica e o moral da equipe. Uma equipe satisfeita demonstra animação e envolvimento. Equipes insatisfeitas ou desmotivadas se sentem esgotadas ou entediadas.

De volta às questões importantes, mas não urgentes. Pensar sobre o futuro está no topo da lista. Sem dúvidas, há tarefas que você sabe que deve fazer, mas adiou. Talvez seja escrever descrições de cargos a serem preenchidos ou até mesmo desenvolver um plano de contratação. Talvez seja analisar o andamento de um projeto para verificar se não há problemas óbvios ou conversar com o gerente de uma equipe em que estejam ocorrendo conflitos ou divergências de opinião sobre como lidar com uma questão compartilhada. Talvez seja produzir uma lista com itens importantes que estão sendo negligenciados para definir o que deve ser priorizado. Se não programar um tempo para dar atenção a esses problemas, eles atacarão quando você menos esperar. O gerente de múltiplas equipes é responsável por equilibrar a amplitude e a profundidade da abordagem, ficar por dentro dos detalhes mais recentes das equipes e saber onde deseja chegar no futuro e o que fazer para atingir esse ponto.

Ao tomar contato com suas novas obrigações, faça as seguintes perguntas: Qual é o nível de importância da tarefa que estou executando? Ela parece importante porque é urgente? Quanto tempo me dediquei a tarefas urgentes essa semana? Consegui programar tempo suficiente para lidar com itens que não são urgentes?

A Lição Mais Curta e Difícil para o Gerente Novato

Desde que cheguei à gerência, tenho essa lista mental com itens de que a minha equipe precisa. São coisas que estou monitorando, tentando corrigir ou procurando para o grupo. É meu dever compreender o que está acontecendo e o que a equipe como um todo precisa para ser eficaz.

Talvez seja possível avaliar a situação e dizer: "Temos um prazo vencendo agora, então vamos precisar de outro engenheiro no mês que vem. Esse engenheiro sou eu."

Porém, é mais comum analisar a situação e perceber que a equipe precisa de um gerente. Porque precisamos contratar mais X profissionais. Porque Y tem um grande potencial, mas precisa de orientação. Porque a equipe de produtos, design ou outra área não atendeu à nossa solicitação e, portanto, temos que nos virar. Porque o processo é importante, mas o nosso tem um desempenho insuficiente ou está simplesmente errado.

Se a equipe precisa de mais de um gestor do que de um engenheiro, você deve aceitar que, ao atuar como gerente, não poderá trabalhar como engenheiro. Conheço profissionais que equilibram as duas funções, mas, se for para se dar mal em um cargo, é necessário optar.

Fico desconfortável quando me dou mal como engenheira, mas ir mal como gerente pode ser uma opção que prejudicará outras pessoas. Isso não é justo.

Então, ao fim de outro dia de trabalho, quando sinto que não escrevi código suficiente e não tenho como quantificar o serviço realizado, digo a mim mesma que fui a melhor gerente que pude, de acordo com o que sei fazer. E isso tem que ser o bastante para o dia em questão.

— Cate Huston (http://bit.ly/huston-manager) [conteúdo em inglês]

Decisões e Delegação

Atualmente, como você se sente ao final de um dia de trabalho? Como muitos gerentes que atuam em tempo integral, talvez se sinta esgotado. Mesmo sem ter escrito muito ou nenhum código no dia! Então, chega em casa sem energia para decidir o que vai jantar, sem energia para hobbies, só com uma vontade de comer qualquer coisa familiar, talvez beber uma cerveja e encarar indiferente a tela do computador ou a TV até cair no sono.

Os primeiros meses atuando na gestão de múltiplas equipes às vezes lembram uma marcha fúnebre, mesmo quando as horas de trabalho não são excessivas. Sua atenção, antes focada, é pulverizada em diversas reuniões que marcam o ritmo do dia. Perdi a voz várias vezes durante esse período inicial como gerente de múltiplas equipes: não estava acostumada a falar tanto diariamente. Recentemente, uma amiga foi promovida a diretora de engenharia e teve que orientar seu assistente a pedir o almoço para ela, pois notou que estava esquecendo de comer. Além disso, não tinha energia para escolher a comida quando percebia que estava com fome.

Então, vamos primeiro às notícias ruins: o único modo de sair dessa situação é atravessá-la. Na verdade, é provável que a maioria dos gerentes fique nessa etapa por algum tempo. Se você não passou por isso, pode ser um caso extremo de sorte ou talvez seja necessário confirmar se está realmente prestando atenção a tudo que precisa ser verificado. Na minha experiência, depois de ter vivenciado essa transição e gerenciado profissionais durante esse período, quem não se sente nenhum pouco desorientado provavelmente não está ligado na situação.

O melhor modo de descrever o exercício da gerência desse ponto em diante é como um equilíbrio de pratos. Para quem não conhece essa prática, o equilíbrio de pratos é uma forma sofisticada de malabarismo, em que o artista deve equilibrar diversos pratos que giram no topo de varas. O malabarista deve ficar atento a cada prato para que não perca velocidade e caia da respectiva vara. No seu caso, os pratos são as pessoas e projetos sob sua gestão, e você tem a função de determinar quanta atenção deve ser destinada a cada um deles e em que momento. É importante abordar esse equilíbrio com uma mente aberta para o aprendizado. Você ainda está aprendendo a equilibrar pratos e vai acabar deixando alguns deles caírem no chão por ter passado muito tempo ignorando a situação. A grande sacada aqui é aperfeiçoar os instintos para identificar o prato certo e a melhor ocasião para mexer nele.

Agora, vamos às boas notícias: com o tempo, você vai melhorar. Seus instintos ficarão melhores. Você reconhecerá os primeiros sinais de aviso em projetos com rendimento insuficiente, colaboradores prestes a pedir demissão e equipes que apresentam um péssimo desempenho. Na seção anterior, recomendei pensar com calma antes de parar de frequentar as reuniões, pois é nelas que podemos aprender sobre dinâmicas, saudáveis ou não. Por isso, também recomendo seriamente que você mantenha o hábito de promover reuniões pessoais consistentes com seus subordinados diretos como parte da rotina. Se houver muitos colaboradores, reduza a duração das reuniões ou diminua sua frequência de semanal para quinzenal. Porém, não comparecer às reuniões pessoais porque você está muito ocupado é uma excelente forma de ignorar os sinais de aviso de um profissional que está a ponto de solicitar seu desligamento.

Essa seção se chama "Decisões e Delegação". Mas onde se encaixa a delegação? Delegação é a principal forma de se livrar de uma quantidade excessiva de pratos girando ao mesmo tempo. À medida que receber tarefas, faça a seguinte pergunta: Esse trabalho só pode ser feito por mim? A resposta depende de alguns fatores (veja a Tabela 6-2).

Tabela 6-2. Como decidir entre delegar ou fazer o trabalho

	Frequente	**Infrequente**
Simples	Delegar	Fazer o trabalho
Complexo	Delegar (com cuidado)	Delegar como treinamento

O nível de complexidade e a frequência da tarefa podem servir como diretrizes para a determinação da viabilidade e do modo de delegação.

DELEGUE TAREFAS SIMPLES E FREQUENTES

Se a tarefa é simples e frequente, encontre algum profissional que possa executá-la. Essas tarefas podem ser a coordenação de reuniões gerais diárias, elaboração de um resumo semanal do progresso das equipes ou realização de revisões de código de menor escala. Os líderes de tecnologia e outros engenheiros seniores podem ficar a cargo desses serviços e provavelmente nem precisarão de treinamento para isso.

FAÇA VOCÊ MESMO AS TAREFAS SIMPLES E POUCO FREQUENTES

Em trabalhos que raramente aparecem, se for mais rápido fazer o serviço do que explicá-lo para outro profissional, arregace as mangas e mande ver, mesmo que a tarefa não esteja à sua altura. Entre os casos possíveis, podemos citar a contratação de reservas para que a equipe viaje para uma conferência e a execução do script que gera os relatórios trimestrais.

UTILIZE TAREFAS COMPLEXAS E INFREQUENTES COMO OPORTUNIDADES DE TREINAMENTO PARA LÍDERES EMERGENTES

Tarefas como escrever avaliações de desempenho e elaborar planos de contratação cabem exclusivamente a você. Contudo, os gerentes emergentes também devem desenvolver essas habilidades. Convoque um líder de tecnologia para elaborar em parceria a avaliação de desempenho de um estagiário ou solicite feedback a um engenheiro sênior sobre o número de novas contratações que devem ser feitas para viabilizar um projeto no próximo ano. Peça ajuda a seus superiores até se sentir confortável com o serviço, mas, quando estiver à vontade, comece a chamar líderes emergentes para que aprendam a fazer o trabalho.

DELEGUE TAREFAS COMPLEXAS E FREQUENTES PARA DESENVOLVER A EQUIPE

Tarefas como o planejamento de projetos, o design de sistemas e o desempenho de um papel essencial durante falhas de sistema são as maiores oportunidades à sua disposição para desenvolver talentos e melhorar a performance das equipes. Excelentes gestores dedicam muito tempo à qualificação dos membros das equipes nessas áreas. Seu objetivo é dotar os grupos da capacidade de operar em alto nível sem recorrerem demais às suas orientações. Para isso, os integrantes terão que assumir e executar tarefas complexas na sua ausência.

Suas equipes estão aprendendo a operar de forma independente ou, seguindo suas instruções, ainda dependem de você para funções críticas? Liste as tarefas da equipe que apenas você sabe como executar. Algumas podem estar definidas corretamente, como escrever avaliações de desempenho e elaborar planos de contratação, mas é muito importante ensinar a equipe a realizar muitas dessas tarefas por conta própria. Gestão de projetos. Integração de novos membros. Atuação conjunta com a equipe de produtos para dividir o mapa de produtos em produtos técnicos. Suporte à produção. Os membros da equipe devem aprender todas essas habilidades. Embora esse ensino pareça agora consumir horas e horas, em longo prazo você vai ganhar tempo. Além do mais, orientar a equipe sobre essas atividades é parte da função do gerente. É sua responsabilidade, como gestor, desenvolver talentos na organização e auxiliar os colaboradores a aprenderem essas novas habilidades, de que precisarão nas próximas etapas das suas carreiras.

Delegação é um processo que começa lentamente, mas acaba se transformando em um elemento essencial para o crescimento na carreira. Se as equipes não conseguirem operar bem na sua ausência, dificilmente você será promovido. Então, desenvolva e atribua decisões a talentos para identificar pratos novos e interessantes e aprender a girá-los.

Pergunte ao CTO: Sinais de Aviso

Nos últimos tempos, tive algumas experiências com equipes que enfrentaram dificuldades repentinas e um colaborador se desligou de forma inesperada. Há sinais de aviso que possam me indicar problemas como esses logo no início?

Certamente existem sinais que você pode verificar depois de atuar como gerente por algum tempo. Indico aqui alguns que aprendi a identificar:

- *Um profissional, via de regra, comunicativo, satisfeito e participativo de repente começa a sair mais cedo, chegar mais tarde, se ausentar do local de trabalho durante o expediente, ficar calado em reuniões e não responder no chat.* Ele deve estar passando por algum problema particular grave ou se preparando para pedir demissão. Em geral, os colegas costumam contar suas dificuldades pessoais (como doença na família, problemas conjugais ou questões médicas) para os outros, mas nem sempre. Se o fato ocorrer depois de uma mudança expressiva, como uma promoção, reorganização da equipe ou outro evento, o colaborador pode ter se sentido ignorado. Seja qual for o motivo, tente ter uma conversa honesta para esclarecer a causa do problema antes que o profissional se desligue da organização.

- *O líder de tecnologia afirma que tudo vai bem, mas falta com frequência às reuniões pessoais e raramente apresenta detalhes nas suas atualizações de status.* Esse colaborador pode estar escondendo algo. Em geral, está ocultando o fato de que o progresso do seu serviço está muito mais lento do que o previsto, mas talvez esteja desenvolvendo algo fora do escopo do projeto. Você deve orientá-lo a criar um plano bem definido para o projeto logo no início e fixar as expectativas para os eventuais ajustes no plano em caso de mudanças no contexto, dificultando assim qualquer tentativa de esconder um progresso insuficiente. Além disso, auxilie o colaborador a delimitar as metas e o escopo do projeto, o que pode ser intimidante para líderes de tecnologia novatos. Essa situação também é comum ao gerenciar colaboradores recém-contratados que ficaram sobrecarregados. Isso também vale para os membros que passam muito tempo promovendo novas linguagens/plataformas/processos em vez de concluírem o próprio trabalho.

- *A equipe não demonstra absolutamente nenhuma animação durante as reuniões. Na verdade, as reuniões parecem um cansativo ritual, em que o gerente de produtos e o líder de tecnologia monopolizam a palavra enquanto os demais integrantes da equipe se sentam em silêncio e só respondem quando solicitados.* Essa falta de entrosamento nas reuniões tende a significar que a equipe não está envolvida com o trabalho ou não se sente apta a interferir no processo de tomada de decisões.

- *A lista de projetos da equipe parece mudar semanalmente, de acordo com as manias diárias dos clientes.* A equipe não estabeleceu outras metas além de agradar os clientes e está precisando de uma orientação mais eficiente em questões comerciais e de produtos.

- *Uma pequena equipe apresenta sintomas de dispersão cognitiva; os engenheiros declaram total ignorância sobre sistemas com que não trabalham e não demonstram curiosidade ou interesse em aprender sobre esses sistemas.* A equipe tem uma identificação mais consistente com sua rotina diária e os sistemas que utiliza do que com a equipe maior ou a empresa. Os integrantes podem estar relutantes em trocar de sistemas com base nas demandas da equipe maior ou da empresa.

Situações Desafiadoras: Estratégias para Dizer Não

Parte da função do gerente consiste em facilitar o serviço dos colaboradores com a criação de ambientes profissionais férteis e propícios. Ele deve direcionar o foco da equipe a fim de obter dela o melhor resultado. Deve cultivar camaradagem e amizades entre a equipe e auxiliar os profissionais a aprenderem novas habilidades. Em todas essas atividades, o gerente deve servir como um facilitador, um professor e um incentivador.

Porém, para criar esse ambiente, às vezes é necessário dizer não. O gerente deve dizer não para a equipe. Para os colegas. Até mesmo para seu chefe. Cada um desses nãos tem sua própria dificuldade, e um bom gestor precisa desenvolver estratégias eficazes para dizer não. Indico aqui algumas que identifiquei na minha vida profissional

"SIM, E"

Dizer não para seu chefe quase nunca se parece com um simples "não" quando você é um gerente. Na verdade, lembra a técnica do "sim, e" da comédia de improvisação. "Sim, podemos fazer esse projeto, e só precisamos adiar o início desse outro projeto que já estava previsto no mapa." Responder de forma positiva sem descuidar da articulação dos limites da realidade é seu passaporte para a série A da liderança sênior. Muitos engenheiros têm enormes dificuldades em dominar essa habilidade de não positivo. Estamos acostumados a articular os pontos negativos dos projetos, e é difícil quebrar o hábito automático de dizer "não, isso é impossível". Comece a praticar a estratégia do "sim, e" para dizer não, especialmente quanto estiver interagindo com seu chefe e seus colegas. Confira como essa postura pode muitas vezes transformar divergências obstinadas em negociações realistas de prioridades.

CRIE POLÍTICAS

Quando se trata da sua equipe, você deve orientar os integrantes a compreenderem o que é necessário para se obter um "sim". Imagine que está lidando com um engenheiro que quer adotar, em um projeto, uma nova linguagem de programação que a equipe não utiliza. Com excelentes argumentos, ele explica por que essa linguagem é a ferramenta perfeita para o serviço, mas você está relutante em adicionar uma nova ferramenta só por causa dessa perfeição. É tentador simplesmente dizer não, indicar os motivos e partir para outra, o que às vezes dá certo. Até que você percebe que está dizendo "não" para tudo, indicando sempre os mesmos motivos. "Não, vamos precisar de mais colaboradores que conheçam essa linguagem; precisamos compreender o custo/benefício de incluir essa linguagem na produção." "Não, precisamos de padrões para a autenticação; devemos pensar sobre como vamos desenvolver os testes." Quando começa a se repetir, você tem os fundamentos para uma política razoável. Essa política deve conter critérios fixos a serem atendidos para a obtenção de um sim, bem como algumas diretrizes para orientar a decisão. Estabelecer uma política auxilia a equipe a saber de antemão o custo de se obter um "sim".

"AJUDE-ME A DIZER SIM"

Políticas são úteis, mas não cobrem todos os eventos possíveis. A estratégia seguinte, "ajude-me a dizer sim", parece com a formulação de políticas, mas funciona muito melhor em casos específicos, quando não há uma política aplicável. Às vezes você ouve ideias de teor muito duvidoso. Então, de acordo com o princípio do "me ajude a dizer sim", é necessário fazer perguntas e analisar os elementos que soam questionáveis. Em geral, essa linha de investigação auxilia os colaboradores a perceberem a inviabilidade do plano apresentado. Por outro lado, às vezes você pode se surpreender com a linha de raciocínio dos profissionais. Em qualquer caso, o questionamento diligente de ideias pode ajudá-lo a dizer não e ensinar ao mesmo tempo.

RECORRA AO ORÇAMENTO

Para lidar com sua equipe e seus colegas, uma tática sempre à mão é recorrer ao tempo e ao orçamento. Descreva objetivamente a situação atual do volume de trabalho e indique o pouco espaço disponível para manobras. Há ocasiões em que isso pode vir acompanhado de um "agora não", outro modo razoavelmente passivo-agressivo de dizer não. A frase "agora não" sugere que você talvez concorde com a ideia e, embora não possa executá-la nesse momento, futuramente pode vir a adotá-la. Como geralmente estamos dizendo a verdade, é fácil deixar o modo "agora não" sempre ligado. Mas, como vimos antes, quando você sugere que "agora não" tem o significado implícito de realmente fazer alguma coisa "depois", vai ter que cumprir a promessa de qualquer jeito.

TRABALHE EM EQUIPE

Por falar em colegas, ocorre às vezes de você e seus colegas (particularmente de outras funções e, especialmente, dos departamentos comercial e de produtos) precisarem atuar em conjunto para dizer não. Esse procedimento se aplica a nãos em qualquer nível. Há casos em que você deve utilizar sua autoridade técnica para dizer não e beneficiar a equipe de produtos. Em outros, é necessário recorrer ao departamento financeiro para obter suporte e dizer não a determinados excessos orçamentários. Fazer o jogo do tira bom/tira mau pode ser um pouco desonesto, então adote essa prática com moderação, mesmo que seja útil para transmitir o peso da sua autoridade a um não e, eventualmente, solicitar apoio a um não como forma de retribuição no futuro, se necessário.

NÃO ENROLE

Quando for necessário dizer não, é melhor falar logo do que adiar e travar o andamento do processo. Se tiver autoridade para dizer não e estiver certo de que algo não deve ocorrer, faça um favor a si mesmo e não se desespere com isso. Às vezes, você está errado, então quando perceber que disse não rápido demais, peça desculpas pelo erro. Como não temos o luxo de investigar e analisar minuciosamente cada decisão, pratique até se sentir à vontade com nãos rápidos (e sins rápidos!) para decisões de baixo risco e impacto reduzido.

Pergunte ao CTO: Meu Líder de Tecnologia Não Está Gerenciando

Tenho um líder de tecnologia que, em tese, deveria supervisionar um dos engenheiros juniores no projeto de reescrever o nosso app da linguagem Objective-C para a Swift. Contudo, acabei de descobrir que o engenheiro júnior ainda não criou um plano de projeto nem respondeu o feedback que ofereci na revisão de design. Como posso mobilizar o líder de tecnologia para gerenciar esse caso sem a minha intervenção?

É comum ocorrerem falhas na delegação. Parece que seu líder de tecnologia não compreende que foi designado como responsável por garantir que o engenheiro júnior responda ao feedback do design e crie um plano de projeto. Portanto, o primeiro passo é perguntar ao líder de tecnologia por que isso ainda não ocorreu.

Provavelmente, você ouvirá como resposta uma combinação de alguns itens. Primeiro, o líder de tecnologia está ocupado com o próprio trabalho e não se lembrou de entrar em contato com o engenheiro júnior. Isso acontece. Então, indique a ele que a mentoria e a supervisão do trabalho do engenheiro devem ser compatibilizadas na agenda dele com as rotinas de programação e outras atividades da sua responsabilidade.

Segundo, o líder de tecnologia pode não saber como pressionar o engenheiro júnior a aderir ao cronograma. Pergunte como ele tentou obter informações do engenheiro e procure uma oportunidade para sugerir outras abordagens. Às vezes, líderes de tecnologia novatos hesitam em pressionar os colaboradores a seguirem planos de projeto porque não sentem que têm autoridade e ficam frustrados quando pedem algo e o profissional nunca entrega nada.

O melhor a fazer aqui é colaborar com o líder de tecnologia no desenvolvimento das habilidades e da confiança necessárias para solicitar relatórios dos outros membros da equipe. Isso demorará mais do que intervir e pedir as informações de uma vez, mas você ensinará a equipe a respeitar as solicitações do líder de tecnologia, que aprenderá a coordenar a equipe com independência.

Elementos Técnicos Além do Código

Nesse nível, a gestão começa a ficar confusa. Contratamos gerentes, em parte, por conta das suas habilidades técnicas, mas muitos são da opinião de que esse cargo não é realmente "técnico". Afinal, o gerente não escreve muito código nem trabalha tanto assim no design dos sistemas, certo?

É um erro considerar que, nesse nível, a função da gerência lida exclusivamente com questões não relacionadas à área técnica. Na verdade, a gestão eficaz de equipes de engenharia exige muito mais do que apenas habilidades gerenciais. A gerência, nesse nível, requer o desenvolvimento de novas capacidades, cujo aprendizado é facilitado pela compreensão da prática e da disciplina da engenharia de softwares. Você terá que redirecionar o foco que mantinha sobre questões técnicas para a observação e o aperfeiçoamento de sistemas de trabalho operados pelos desenvolvedores. Na verdade, você deve agora desenvolver um olho clínico para identificar sinais de saúde técnica na equipe como um todo. Mas quais são esses sinais?

O popular livro de administração *Quebre Todas as Regras*[2] aborda diversas perguntas que você pode fazer para prever a produtividade e a satisfação das equipes. Podemos citar, entre outras:

- Sei quais são as expectativas estabelecidas para o meu desempenho no ambiente de trabalho?
- Tenho acesso aos materiais e equipamentos necessários para fazer um bom trabalho?
- Tenho a oportunidade de fazer o melhor trabalho que posso diariamente?

Para a maioria dos engenheiros, a resposta a essas perguntas está vinculada à velocidade e à frequência da entrega do código. Quando o trabalho é bem definido, os profissionais sabem qual código devem escrever. Quando as ferramentas, tickets, automação e o processo estão disponíveis e acessíveis, podem escrever o código até o fim. Quando não ficam distraídos em excessivas reuniões ou atolados na gestão de incidentes e suporte, podem escrever código todo dia. Esses sinais de saúde (frequência de liberações de código, frequência de verificações de código e poucos incidentes) são indicadores-chave de que uma equipe sabe o que fazer, tem as ferramentas para o serviço e dispõe diariamente de tempo para trabalhar.

Avaliando a Saúde da Equipe de Desenvolvimento

Ao abordar a saúde das equipes de desenvolvimento, ative seu modo técnico para projetar sistemas e processos que viabilizem a dinâmica do serviço. Crie as ferramentas necessárias para que os desenvolvedores façam o trabalho. Direcione o foco dos profissionais para que possam facilmente definir as próximas etapas. Examine cada processo para determinar seu valor previsto e sempre confira se há espaço para mais automação. Considere as ações a seguir quando avaliar a saúde da equipe.

FREQUÊNCIA DE LIBERAÇÕES

No Capítulo 5, vimos que falhas na entrega do código são uma disfunção comum em equipes técnicas. A frequência de liberações é a medida mais direta dessa situação. Caso sua empresa não aprecie o valor das liberações frequentes de código, sinto muito. Atualmente, a frequência das alterações do código é um dos principais indicadores de uma equipe de engenharia saudável. Os melhores gerentes de engenharia, a cargo de

---

[2] Marcus Buckingham e Curt Coffman (Rio de Janeiro: Sextante, 2011).

equipes focadas em produtos, sabem como criar ambientes em que as equipes podem se movimentar rapidamente, e parte dessa velocidade resulta da divisão do trabalho em fragmentos menores. Mesmo que não seja a política da sua empresa, auxilie a equipe a obter a melhor frequência de liberações possível para o produto. Se você acha que isso não se aplica a seu caso, porque está desenvolvendo um produto que não pode ser liberado com frequência (um banco de dados, digamos), acredito que há um artefato completo, executável em um ambiente de teste para desenvolvedores/versões beta, que oferece uma medida de precisão semelhante em termos de frequência e estabilidade.

Por que as liberações não ocorrem com mais frequência? Avalie a equipe. Se as liberações não são contínuas ou diárias, como o processo de liberação é utilizado? Qual é sua duração? Com que frequência ocorreram erros relacionados às liberações nos últimos meses? Como é o cenário em caso de erro? Com que frequência você teve que adiar ou reverter uma liberação por conta de problemas? Quais foram os impactos desse adiamento ou reversão? Como você determina se o código já pode seguir para produção? Quanto tempo demora até chegar a esse estágio? Quem é o principal responsável por essa decisão?

Aposto que, se você avaliar seriamente uma equipe que não está fazendo liberações frequentes, vai identificar lapsos. O processo de realizar uma liberação demanda muito tempo. Os engenheiros não se sentem obrigados a conferir a qualidade do seu código e acabam deixando todo esse trabalho para a equipe de QA, o que resulta em diversos focos de atrasos na comunicação entre as equipes. O procedimento para reverter o código em caso de uma liberação ruim é muito longo. Lapsos ocorridos durante o processo de liberação podem causar incidentes na produção (ou falhas nas versões de desenvolvimento). Há uma infinidade de problemas que podem acometer uma equipe quando ela não realiza liberações com frequência.

Agora talvez você diga: "Obrigado pelo conselho, mas eu não tenho tempo para desenvolver isso com o mapa de produtos que tenho para entregar", ou "Nossos sistemas não foram projetados para liberações frequentes", ou ainda "Não achamos realmente importante alterar as coisas com tanta frequência".

Então considere os pontos a seguir. A equipe está trabalhando em sua capacidade máxima? Os engenheiros estão motivados e se desenvolvendo? A equipe de produtos está animada com o progresso obtido? Os colaboradores estão conseguindo dedicar a maior parte do tempo a escrever novos códigos e desenvolver os sistemas? Se estiver tudo indo bem, ótimo. Você tem tudo sob controle. Caso contrário, há um problema que representa um sério risco se for ignorado.

É importante ter em mente que, embora não escreva muito código, o líder técnico continua sendo responsável pelo aspecto técnico do serviço. Você deve zelar para que a equipe permaneça satisfeita e produtiva, e isso geralmente não se alcança simplesmente torcendo, aumentando os salários ou elogiando mais. Em vez disso, estimule a produtividade dos profissionais, proponha desafios para aumentar a velocidade e a qualidade do trabalho e ajude os colaboradores a encontrarem tempo para tornar o serviço mais interessante. Promova e pressione por melhorias nos processos técnicos que possam aumentar a produtividade dos engenheiros, mesmo que você não pretenda implementar todas elas.

Em geral, a beleza de aumentar a frequência das liberações realizadas está em descobrir, ao mesmo tempo, diversos desafios interessantes. Não existe um método ideal para ampliar a frequência das liberações, pois os problemas nessa área variam de equipe para equipe. Quase sempre é preciso resolver alguns problemas de automação. Outro desafio comum consiste em criar ferramentas para os desenvolvedores que habilitem uma alternância de funcionalidades que seja compatível com suas bases de códigos. Talvez seja necessário pensar em uma arquitetura de código que permita avanços sem comprometer a compatibilidade com versões anteriores, fazer upgrades nos sistemas e implementar pequenas mudanças em vez de patches [programas destinados a consertar softwares] imensos. É seu dever coordenar essas ações, mesmo que não trabalhe efetivamente nelas. Tente obter mais tempo para se afastar do mapa de produtos e se concentrar no aumento da produtividade da engenharia. Depois, fixe metas que incentivem a equipe a atuar com mais rapidez.

FREQUÊNCIA DAS VERIFICAÇÕES DE CÓDIGO

É terrível quando uma equipe ágil não compreende o valor de segmentar o trabalho. Provavelmente, você terá que ensinar essa habilidade para colaboradores novos e recém-formados, mas às vezes até mesmo desenvolvedores seniores precisam de uma força. Não pretendo divulgar nenhuma metodologia de desenvolvimento de softwares em especial, mas percebi com o tempo que engenheiros que não escrevem testes geralmente têm dificuldades em dividir o trabalho em etapas. Aprender a aplicar o desenvolvimento orientado a testes pode ajudar os profissionais a aperfeiçoarem essa habilidade (mesmo que não empreguem a técnica cotidianamente).

Estou abordando esse tópico porque pode ser muito desconfortável para um gerente novato chegar para profissionais com experiência igual ou maior do que a dele em programação e dizer que, pelo visto, o estilo deles precisa ser atualizado. Evitar conflitos é um hábito arraigado na maioria de nós, e pode ser particularmente difícil lidar com questões relacionadas a estilos pessoais. Se sua empresa estabeleceu um modelo ágil para o desenvolvimento de produtos, os engenheiros que querem desaparecer por várias semanas e escrever código por conta própria, sem enviar o produto para um controle de versão compartilhado, só irão atrasar a equipe e causar problemas. Você não está gerenciando uma equipe de pesquisa. (Ou está? Se estiver, pule esta seção!) A expectativa de que o serviço em andamento seja atualizado periodicamente é totalmente saudável.

FREQUÊNCIA DE INCIDENTES

Qual é o nível de estabilidade do software que está sendo produzido pela equipe? A qualidade está melhorando, piorando ou se mantém igual? Determinar o nível de qualidade previsto para o produto em desenvolvimento e ajustar essa medida no decorrer do processo é um desafio técnico que deve ser encarado com o auxílio do gerente. Ao desenvolver um novo produto para uma empresa pequena, mas em expansão, talvez seja mais importante priorizar os recursos em vez da estabilidade. Por outro lado, estabilidade e minimização de incidentes podem ser a principal prioridade nos seus sistemas mais essenciais. A meta aqui é equilibrar os riscos de modo que a frequência e a prevenção de incidentes não se tornem uma atividade que afaste os desenvolvedores da obrigação de escrever código por sucessivos períodos de vários dias.

Você pode trabalhar em uma empresa na qual os desenvolvedores dão suporte ao código e aos sistemas que escrevem. Esse procedimento tem alguns contras, sendo que um dos piores consiste na presença frequente de membros da equipe em plantões noturnos e nos finais de semana, um fator crítico que pode levar ao esgotamento. Apesar do risco, um lado positivo dessa prática é a mobilização dos melhores profissionais para resolver um problema em uma situação prática. Como gerente, pode ser tentador se afastar o máximo possível desse serviço. Entendo essa postura, mas se sua equipe for responsável pela própria gestão de incidentes, é melhor começar a se habituar com a função de coordenação do suporte. Você não terá que necessariamente lidar com os incidentes de forma recorrente, mas deverá estar disponível com mais frequência para que o profissional encarregado de prestar suporte aos sistemas possa entrar em contato quando necessário.

Toda análise aplicável à gestão de incidentes deve incluir a seguinte pergunta: "A nossa configuração atual permite que a equipe trabalhe diariamente na sua capacidade máxima?" A gestão de incidentes, quando se torna apenas a prática de reagir a eles em vez de buscar meios de reduzi-los, pode se transformar em uma tarefa que prejudica o desempenho da equipe. Dos plantões, os engenheiros saem esgotados por terem que lidar com uma enxurrada de problemas sem nenhum grande recurso além de corrigir as consequências dos incidentes, antes de passar a bola para o próximo condenado do rodízio. Caso essa descrição se aplique à abordagem da sua equipe à gestão de incidentes e plantões, o grupo não está trabalhando diariamente na sua capacidade máxima e, a cada plantão, os profissionais odeiam um pouco mais seus empregos. Nesse caso, como líder, talvez a melhor pedida seja programar o tempo necessário para desenvolver efetivamente sistemas mais estáveis ou escrever código para corrigir os incidentes recorrentes que forem surgindo.

Destacar excessivamente a prevenção de incidentes pode também prejudicar a performance diária da sua equipe. Uma preocupação exagerada com a criação de sistemas sem nenhum defeito e ações de prevenção de erros que atrasam o processo de desenvolvimento são muitas vezes medidas tão ruins quanto pisar no acelerador e liberar um código instável. Quando a redução de riscos vira sinônimo de muitas semanas de QA manual, revisões de código lentas e excessivas, liberações infrequentes ou um processo de planejamento cansativo, essa análise demorada pode deixar os desenvolvedores se sentindo inúteis e agitados, sem necessariamente trazer a redução do risco de incidentes.

Bom Gerente, Mau Gerente: Nós Contra Eles, Espírito de Equipe

Diana acaba de ser contratada por uma startup de médio porte para coordenar uma equipe móvel que há muito tempo vinha sendo ignorada. Ainda na recepção, ouve que a equipe é uma zona. Portanto, decide logo de cara contratar o quanto antes alguns profissionais que trabalhavam para ela na BigCo. Os novos colaboradores não se adaptam bem à cultura da empresa, e a equipe logo se torna uma seita de desenvolvedores que se consideram melhores do que o resto da organização. Embora a tecnologia tenha melhorado, os integrantes parecem divergir bastante da equipe de produtos e, para falar a verdade, o desenvolvimento dos aplicativos não está sendo muito rápido. Depois de um ano, Diana, muito aborrecida com a empresa, pede demissão. Os demais integrantes da equipe não demoram a se juntar a ela, e a startup retorna ao ponto inicial.

Novos gerentes podem ter dificuldades de criar uma identidade compartilhada pela equipe. Muitos recorrem a uma identidade voltada para pontos específicos da função profissional ou tecnologia do grupo. Para manter a unidade da equipe, destacam como essa identidade é especial em comparação com as de outras equipes. Quando exageram na dose, utilizam essa identidade para que a equipe se sinta superior aos demais setores da empresa e mais interessada nessa superioridade do que nos objetivos da organização. Administrar uma equipe com esse método é uma *vinculação rasa* vulnerável a muitas disfunções:

- **Fragilidade à perda do líder.** Equipes muito "fechadas" tendem a ser muito frágeis diante da perda do líder. Quando um gerente contratado cria uma panelinha, esse grupo irá se dispersar e acompanhar o gestor se ele sair da empresa.

Esse problema dificulta ainda mais a abordagem de problemas causados pelo gestor com a criação dessas panelinhas.

- **Resistência a ideias vindas de fora.** Grupos muito fechados tendem a apresentar resistência a ideias que não surgem no âmbito da equipe. Isso leva à perda de oportunidades de aprendizagem e crescimento. Geralmente, quando os membros da equipe não se desenvolvem, os melhores profissionais decidem sair não só do grupo, mas da empresa. Isso porque, embora sintam que estão na melhor equipe, os colaboradores ficam entediados e não percebem que, se apenas trocassem de equipe, poderiam crescer mais.

- **Construção de impérios.** Os líderes que preferem um estilo "nós contra eles" tendem a ser construtores de impérios e procuram oportunidades de crescimento para suas equipes e funções sem se importar com as metas da organização como um todo. Isso geralmente resulta em competição com outros líderes por colaboradores e controle de projetos.

- **Inflexibilidade.** Esses grupos tendem a ter dificuldades com mudanças vindas de fora da equipe. Reorganizações, projetos cancelados e mudança de foco podem causar descompassos nas principais bases da sua identidade. Em casos como a transição de grupos funcionais para interfuncionais, adiamento de um aplicativo para iPad ou priorização de um novo produto, as mudanças podem destruir o vínculo frágil entre a equipe e a empresa.

Como gerente, tenha cuidado para não direcionar o foco das suas equipes sem dar a devida atenção ao coletivo da organização. Mesmo que você tenha sido contratado para pôr uma equipe nos eixos, lembre-se de que a empresa chegou até aqui por conta de alguns pontos fortes essenciais. Antes de tentar mudar tudo de acordo com sua visão, dedique-se a compreender as qualidades e a cultura da empresa e pense em como criar uma equipe que trabalhe bem nessas condições, sem bater de frente com elas. O truque aqui é não se concentrar no que está errado, mas identificar e cultivar pontos fortes.

Neil também foi contratado por uma startup que está mergulhada no caos. Embora perceba a necessidade de fazer mudanças na equipe, ele é muito cuidadoso ao demitir colaboradores e sempre se certifica de que um profissional com algum tempo de serviço na empresa analise o perfil dos novos colaboradores. Neil dedica muito tempo a cooperar com seus colegas no departamento de produtos e propõe uma via de desenvolvimento que destaca a colaboração interfuncional. Sua prioridade é estabelecer metas bem definidas e comunicá-las à equipe. O processo caminha lentamente no início, mas com o tempo a organização inteira se sente mais forte e os produtos e a tecnologia melhoram dramaticamente.

Equipes estáveis são criadas com base em um objetivo compartilhado estabelecido pela empresa e se alinham aos valores da organização (para mais informações sobre esse tópico, veja a seção "Como Aplicar Valores Fundamentais", no Capítulo 9). Esses grupos têm uma compreensão clara sobre a missão da empresa e entendem seu papel nessa empreitada. Sabem que essa missão exige diferentes tipos de equipes, sempre reunidas em torno de um mesmo conjunto de valores. A instituição de uma coesão sólida e duradoura entre equipe, profissionais e empresa, por uma *vinculação baseada em objetivos*, produz equipes com as seguintes características:

- **Resiliência à perda de profissionais.** Ao contrário da panelinha, marcada pela fragilidade especialmente diante da perda do líder, uma equipe orientada a objetivos tende a ser muito resiliente no caso de saída de colaboradores e líderes. Isso porque os integrantes estão em sintonia com a missão geral da organização e identificam a trilha do progresso apesar das perdas.

- **Vocação para a busca de modos mais eficientes de concretizar objetivos.** Equipes orientadas a objetivos são mais abertas a novas ideias e mudanças de valores que possam auxiliá-las a atingir suas metas com maior eficácia. Em vez de se importarem com a origem da ideia, priorizam seu mérito na concretização de objetivos. Os membros dessas equipes se interessam em aprender com colaboradores de outros setores e estão sempre em busca de oportunidades de colaboração mais amplas para obter melhores resultados.

- **Foco na equipe principal.** Líderes com um forte espírito de equipe compreendem que seus colaboradores não estão na sua equipe principal. Na verdade, essa equipe principal é formada por seus pares a cargo dos demais setores da empresa. O foco na equipe principal viabiliza a tomada de decisões que colocam as demandas da empresa como um todo na frente das necessidades da equipe.

- **Receptividade a mudanças que atendem aos objetivos.** O líder colaborativo compreende que é necessário mudar para que o objetivo geral seja concretizado. As equipes devem alterar a estrutura e os profissionais precisam se movimentar de acordo com as demandas comerciais. Com base nessas informações, esses líderes criam equipes mais flexíveis e conscientes da necessidade de mudanças frequentes a serviço da visão de conjunto.

Pode demorar até que você defina claramente o objetivo da equipe e da empresa. Especialmente nas startups, quase sempre há uma certa confusão em torno das metas atuais e, às vezes, da missão geral. Quando as metas forem indefinidas e a missão não estiver clara, tente compreender a cultura da empresa ao máximo e pense em como organizar equipes que trabalhem bem nesse ambiente. Ao colaborarem com outros grupos e funções da organização, suas equipes compreenderão a situação geral e situarão sua missão nesse quadro maior.

As Virtudes da Preguiça e da Impaciência

Adoro a ideia que Larry Wall expõe no livro *Programming Perl*[3], de que "preguiça, impaciência e orgulho" são as virtudes dos engenheiros. A liderança deve manter essas qualidades, e aprender como empregá-las a seu favor é uma habilidade que recomendo a todos os gerentes.

Evidentemente, não se espera que o gerente seja impaciente no corpo a corpo com os colaboradores. A impaciência pode ser interpretada como falta de educação pelas pessoas. Também não é conveniente ser percebido como preguiçoso, porque não há nada pior do que atuar junto a um gestor que parece estar curtindo a vida enquanto você se mata de trabalhar para concluir os projetos. Mas a combinação de impaciência e preguiça funciona muito bem nos processos e decisões. Quando aplicadas ao processo, impaciência e preguiça são elementos essenciais para o foco.

Quando você é promovido a cargos de liderança, as pessoas passam a observar seu comportamento em busca de orientação. Então, ensine os profissionais a manter o foco. Para isso, recomendo o desenvolvimento imediato de duas posturas: identificar o que é importante e ir para casa.

Não suporto ver profissionais desperdiçando energia ao tentarem resolver problemas na base da força bruta, investindo tempo em vez de raciocínio. Contudo, em culturas que incentivam jornadas de trabalho excessivas, o serviço se desenrola basicamente assim o tempo inteiro. Qual é o valor da automação se você não a utiliza para facilitar seu trabalho? Como engenheiros, automatizamos os processos para manter o foco na parte divertida, que requer mais atividade cerebral, mas que geralmente não pode se estender por muitas horas ou dias.

Portanto, utilize sua impaciência para descobrir o que é importante. Como líder, sempre que se deparar com alguma ação que pareça ineficiente, questione: Por que ela parece ineficiente? Qual é o valor dessa ação? Como podemos obter esse valor com mais rapidez? Podemos racionalizar esse projeto e extrair dele algo mais simples e de execução mais rápida?

Há um problema nessa linha de questionamento: geralmente, quando os gerentes solicitam que algo seja feito com mais rapidez, expressa ou implicitamente estão mandando a equipe trabalhar com mais afinco ou durante mais tempo para entregar o

---

[3] Tom Christiansen, brian d foy, Larry Wall e Jon Orwant, *Programming Perl*, 4ª edição (Sebastopol, CA: O'Reilly, 2012).

resultado em menos dias. Por isso, recomendo que você desenvolva e demonstre o valor da preguiça, pois "mais rápido" não quer dizer "mesmo número de horas, em menos dias". "Mais rápido" significa gerar "o mesmo valor para a empresa, em um tempo total menor". Se a equipe trabalha 60 horas por semana para produzir algo que teria demorado uma semana e meia para ficar pronto, os profissionais não trabalharam mais rápido. Apenas deram uma parte do seu tempo livre para a empresa.

Aqui entra a parte de ir para casa. Vá para casa! Pare de ficar mandando e-mails a noite inteira e pelo fim de semana adentro! Pode acreditar: forçar uma desconexão é essencial para sua saúde mental. Atualmente, o esgotamento representa um problema real no mercado de trabalho americano. Quase todos os meus conhecidos que já trabalharam em jornadas excessivas vivenciaram essa situação em algum grau. É terrível para os profissionais, para as famílias e para as equipes. Mas não se trata apenas de evitar seu esgotamento: também é preciso impedir que a equipe entre em colapso. Quando você é sempre o último a sair do trabalho e envia e-mails toda hora, mesmo sem esperar que a equipe responda as mensagens ou trabalhe até mais tarde, os profissionais observam suas ações e acham que é importante fazer isso. Esse excesso de trabalho diminui a eficácia do grupo, especialmente no que diz respeito aos serviços especializados executados pelos engenheiros.

Quando você é novato na gerência e ainda não está por dentro das jogadas essenciais para atuar com eficácia, talvez precise trabalhar mais horas para fechar o serviço. Tudo bem se isso for por pouco tempo. Mas recomendo que você estabeleça um modo de trabalhar essas horas adicionais sem incentivar a equipe a fazer o mesmo nem obrigar os profissionais a seguirem seu cronograma. Acumule os e-mails noturnos e de fim de semana para a próxima segunda-feira. Defina seu status no chat como "ausente" nesses horários. Tire férias e não responda nenhum e-mail durante esse período. Repita constantemente as mesmas perguntas que dirige à equipe: Posso fazer isso mais rápido? Preciso mesmo fazer isso? Que valor estou gerando com esse trabalho?

Preguiça e impaciência. Mantemos o foco para depois ir para casa e incentivamos essa ida para casa porque isso nos força constantemente a manter o foco. É assim que desenvolvemos equipes excelentes.

Avalie Sua Experiência

- Quando foi a última vez que você examinou sua programação em busca de ações que estão sendo executadas, mas que não agregam muito valor para você ou sua equipe? Analise as últimas duas semanas e as duas próximas. O que você concretizou e o que espera concretizar?

- Se você ainda estiver escrevendo código, como essa atividade se encaixa na sua programação? Você está programando depois do horário de trabalho? Qual é seu incentivo para continuar exercendo essa atividade?

- Qual foi a última tarefa que você delegou para um membro de uma das suas equipes? Era simples ou complexa? Como esse colaborador está lidando com a tarefa delegada?

- Quem são os líderes emergentes das suas equipes? Qual é seu plano para orientá-los a assumirem funções de liderança de maior importância? Quais tarefas você atribuiu a eles como preparação para uma responsabilidade maior?

- O processo de escrever, liberar e dar suporte ao código parece fluir com eficiência nas suas equipes? Quando foi a última vez que ocorreu um incidente notável em parte desse processo? O que aconteceu e qual foi a resposta da equipe? Com que frequência ocorrem condições excepcionais como essas no processo?

- Quando foi a última vez que você pressionou sua equipe a reduzir o escopo de um projeto? Na redução do escopo, você elimina recursos, qualidade técnica ou ambos? Qual é o critério para essa decisão?

- Quando foi a última vez que você enviou um e-mail depois das 20h ou durante o fim de semana? Qual foi a resposta do colaborador que recebeu o e-mail? Ele precisava responder?

Gestão de Gerentes

As expectativas profissionais da gestão de gerentes não diferem tanto do que se espera de um gestor que lida com múltiplas equipes. Você é responsável por diversas equipes, pela supervisão da saúde dos grupos e por coordenar a definição de metas. A diferença está na extensão. A área de cobertura dessas equipes aumenta, e o número de projetos e colaboradores excede o que você pode administrar por conta própria. Em vez de gerenciar algumas equipes muito próximas, é necessário lidar com um escopo muito mais amplo de atividades. Talvez você fique a cargo de funções da sua divisão que nunca coordenou antes e, portanto, não tem muita experiência. Como exemplo, podemos citar um gerente de engenharia de softwares que passa a gerenciar as equipes operacionais de uma divisão.

Se gerenciar múltiplas equipes pode ser cansativo e intimidador, a gestão de gerentes adiciona um nível inédito de complexidade muitas vezes surpreendente. Veja este e-mail que enviei para o meu instrutor de liderança:

> *Como posso gerenciar gestores sem que isso ocupe todo o meu tempo? Quais processos devo implementar para estabelecer um canal de comunicação adequado com eles e viabilizar o desenvolvimento do processo? Como posso ajudar com problemas que não presenciei? Com base no relato duvidoso de algumas testemunhas? Tenho passado o tempo inteiro atolada em problemas de outras pessoas e estou cansada.*

As respostas estão menos acessíveis do que antes. Tudo fica mais obscuro nesse nível adicional de abstração, e é fácil deixar alguns detalhes passarem porque você não tem mais contato regular com cada um dos desenvolvedores das equipes.

Esse é um ponto difícil de assimilar. Haverá pressões de todos os lados, e definir o modo exato de alocar seu tempo e aproveitar ao máximo sua atuação junto às equipes tem uma importância crítica. Para obter sucesso, você precisará exercitar seus instintos e adotar a prática de abordar itens que não parecem realmente importantes, mas que transmitem a sensação de que algo está errado.

Vamos tomar como exemplo a gestão de uma equipe cujo trabalho não está entre as habilidades que você domina. É tentador deixar rolar e se meter apenas se houver problemas. Contudo, um profissional novato nessa função provavelmente não saberá detectar os problemas até que seja tarde demais. Você ainda não terá desenvolvido a disciplina ou os instintos necessários para confiar na sua intuição quanto ao local e o momento de intervir de modo decisivo. Portanto, pratique essa habilidade com mais frequência, mesmo que tudo pareça estar indo bem.

Você terá uma percepção inédita dos seus pontos fortes e fracos ao atuar nesse nível. Profissionais que se saem bem gerenciando uma só equipe ou mesmo alguns grupos relacionados fracassam totalmente quando têm que gerenciar gestores ou equipes que trabalham com temas que eles não dominam. Não conseguem lidar com as ambiguidades inerentes à nova função e tentam se agarrar a atividades que acham fáceis. Às vezes, isso vem à tona na forma de dedicação excessiva à atuação como colaborador individual. Mas também pode despontar quando o gestor banca o gerente de projetos em vez de capacitar os gerentes nessa área.

Há profissionais que, por sorte ou alguma habilidade, chegam a esse nível sem terem suado muito a camisa. No entanto, esse é um novo jogo e exige um grau de disciplina diferente do necessário para gerenciar uma equipe diretamente. Já falei antes sobre desconforto, mas nesse ponto você deve identificar o incômodo, ir atrás e ficar extremamente atento a ele por um tempo. Aqui é preciso conhecer tudo minuciosamente, até não sobrar nada a ser conhecido. O recrutamento está em andamento? Os gerentes estão orientando as equipes? Todos já definiram metas para o trimestre? Você já avaliou essas metas? Qual é o status daquele projeto que deveria estar na reta final? Alguém realizou o *post mortem* [análise retrospectiva] naquele incidente de produção que ocorreu naquele dia? Você leu o relatório?

É muito fácil chegar a esse cargo e imaginar que você só deve fazer mais do que já vinha fazendo antes, mas isso é um erro. Esse nível abre as portas para um jogo muito maior, representa a entrada para liderança sênior e a administração superior e, portanto, exige um grande número de novas habilidades.

Neste capítulo, vamos abordar alguns dos pontos essenciais à supervisão bem-sucedida de uma divisão inteira como, por exemplo:

- Obtenção de informações diretamente dos subordinados
- Atribuição de responsabilidades aos gerentes
- Gestão de gerentes novatos e experientes
- Contratação de novos gerentes

- Identificação da causa principal de uma disfunção organizacional
- Desenvolvimento da estratégia técnica das suas equipes

Pergunte ao CTO: A Falácia da Política de Portas Abertas

Eu disse à minha equipe que tenho uma política de portas abertas: os colaboradores podem vir até mim sempre que quiserem discutir problemas. Cheguei até mesmo a agendar um horário fixo para que eles comparecessem! Mas ninguém veio até agora, e eu continuo descobrindo questões que nenhum dos integrantes leva a meu conhecimento. Por que a equipe não me ajuda?

Os gerentes devem ter em mente que parte do seu trabalho consiste em sondar proativamente o ambiente em busca de problemas. Existe uma ideia de que, se você demonstrar que é acessível, programar um período de tempo específico para receber as pessoas e comunicar à equipe que está sempre disponível, os profissionais naturalmente trarão os problemas deles para seu escritório. Então, não há necessidade de correr atrás dos colaboradores, pois a equipe confia em você o bastante para abordá-lo quando algo vai mal.

Entretanto, isso nunca acontece na prática. A política de portas abertas soa bem na teoria, mas só engenheiros extremamente corajosos assumem voluntariamente o risco de ir até o chefe (ou pior: ao chefe do chefe deles) para falar sobre problemas. Sem falar que essa prática parte da premissa de que o engenheiro conhece tão bem os problemas a ponto de poder explicá-los! Até nas equipes que você mesmo criou e em que conta com uma imensa confiança e respeito dos integrantes, alguns problemas simplesmente nunca chegarão a seus ouvidos. Há questões que provocam demissões, atrasos em projetos, fracassos totais. É só se distrair um minuto para ver uma equipe que parece estar bem cair aos pedaços.

O risco de se ater demais a uma política de portas abertas aumenta à medida que você se distancia de uma equipe. O ápice desse erro e sua forma mais clássica surgem na estúpida decisão executiva de agendar um horário fixo, em vez de fazer reuniões pessoais e conversar diretamente com as equipes, e no questionamento de por que essa maravilhosa equipe da gestão não consegue reter grandes talentos ou fazer o serviço direito. Alguns profissionais se saem muito bem em agradar a gerência e ocultar problemas das suas organizações, algo que você nunca identificará se não sondar por conta própria.

Em última análise, quando você gerencia gestores, deve avaliá-los segundo os resultados das suas equipes. Se a equipe não está indo bem, o que fazer? Como prever problemas faz parte do trabalho, ser surpreendido por uma equipe que fracassa, passa por grandes turbulências ou não consegue entregar um projeto importante no prazo indica uma performance insuficiente como gerente de nível superior. Resolver essas questões fica cada vez mais caro com o tempo, e você não terá acesso a eles de bandeja.

Portanto, parte do trabalho efetivamente consiste em promover reuniões pessoais com conversas reais, sem scripts ou listas de afazeres, como vimos antes. Mas, além disso, é importante que você seja proativo e marque reuniões diretas com os colaboradores subordinados a seus subordinados diretos.

Reuniões Diretas

Reuniões diretas são essenciais para uma gestão bem-sucedida em níveis mais altos. No entanto, elas muitas vezes são ignoradas ou subestimadas. Sei disso por experiência própria. Ninguém quer incluir mais reuniões na agenda, especialmente as desse tipo, que quase sempre não têm pauta. Contudo, se você quiser desenvolver uma excelente equipe de gestão, vai ser difícil passar por cima de compreender os colaboradores subordinados aos gerentes e criar um vínculo com eles.

O que é uma reunião direta? Em síntese, trata-se de uma reunião com colaboradores subordinados a seus subordinados diretos. Há diferentes formas de conduzir essas reuniões, mas o objetivo delas consiste em ajudar o gerente a conhecer melhor a saúde e o foco das equipes. Seja qual for o método que escolher, tenha sempre essa meta em mente.

Uma reunião direta pode ser uma rápida reunião pessoal, realizada, por exemplo, uma vez a cada trimestre entre o chefe da organização e cada profissional ligado a ela. Essa tática marca alguns pontos. Primeiro, estabelece um vínculo pessoal mínimo e razoável entre você e os outros colaboradores da organização, o que elimina a percepção dos profissionais como "recursos" em vez de seres humanos (um risco sempre presente na gestão de grandes organizações). Segundo, cria uma oportunidade para que os colaboradores façam perguntas que talvez não considerassem motivo suficiente para marcar uma reunião. Para aproveitar ao máximo essas reuniões, faça sugestões de possíveis tópicos e indique ao colaborador que a ocasião é voltada para ele. Cada profissional deve comparecer preparado para manter um diálogo sobre assuntos do seu interesse.

Algumas das perguntas sugeridas para essas reuniões diretas pessoais são:

- O que você mais/menos gosta no projeto em que está trabalhando?
- Há alguém que esteja se destacando na sua equipe?

- Você tem algum comentário a fazer sobre seu gerente? O que está indo bem e o que não está?
- Quais mudanças você pensa que devemos fazer no produto?
- Você acha que há alguma oportunidade que não estamos aproveitando?
- Como você avalia o desempenho geral da empresa? Como podemos melhorar? Devemos fazer ou deixar de fazer algo?
- Há alguma área da estratégia da empresa que você não compreende?
- Existe algum obstáculo à sua performance profissional no momento?
- Qual é seu nível de (in)satisfação com a empresa?
- O que podemos fazer para criar um ambiente de trabalho mais descontraído?

Porém essa técnica não funciona em todos os casos. Digamos que um trimestre tenha 60 dias de trabalho. Se houver 60 colaboradores na sua organização e você marcar uma reunião pessoal com cada um deles, terá que fazer uma reunião por dia, cinco por semana, durante 12 semanas. A situação piora à medida que aumenta o número de profissionais na organização. Em algum ponto, essa prática acaba perdendo todo o sentido. Com 1.000 colaboradores, você não conseguirá fazer mais nada além das reuniões pessoais, supondo que cumpra uma jornada de trabalho semanal de 40 horas. Contudo, em uma organização menor, programar tempo a cada trimestre para cada profissional traz alguns benefícios.

Porém se você estiver a cargo de uma organização de grande porte ou impaciente com a ideia de incluir mais reuniões pessoais sem nenhuma estrutura na sua agenda, há outros meios de manter contato direto com os colaboradores. Eu costumava fazer reuniões diretas com equipes inteiras. Nessas ocasiões, pagava um almoço para o grupo e conversávamos sobre o que estivesse rolando. Sempre tentava promover esses encontros duas vezes por trimestre com cada equipe. Essa prática tem muitas vantagens em comum com as reuniões pessoais, pois aumenta o contato entre o gestor e os integrantes das equipes. Não serve para orientar os colaboradores em questões de carreira, mas ajuda a formar uma compreensão sobre a dinâmica do grupo e obter feedback direto das equipes.

Evidentemente, o comportamento das pessoas é diferente quando estão em grupo. Diante do Poderoso Chefão, os colaboradores podem se sentir desconfortáveis ao reclamarem sobre problemas com a gerência em meio à equipe, mesmo se o gerente não estiver no local. Muitos daqueles almoços serviram só como bate-papo sobre assuntos técnicos aleatórios, mas também era possível definir os pontos que as equipes pretendiam abordar e responder algumas perguntas específicas sobre o foco estratégico da empresa, o trabalho realizado pelos outros departamentos e futuros projetos nos quais os profissionais estavam interessados.

Em situações de grupo, as perguntas a seguir podem ser feitas para extrair informações:

- O que eu, como gestor do seu gerente, posso fazer para você ou para sua equipe? Posso ajudar em alguma coisa?
- Na sua opinião, qual é o nível da colaboração da sua equipe com as outras?
- Você tem alguma pergunta sobre a organização como um todo?

Para mim, os almoços com reunião direta eram oportunidades para aumentar o contato interpessoal e deixar os colaboradores mais dispostos a irem até o meu escritório para falar pessoalmente sobre tópicos mais sensíveis, a pedido deles ou, eventualmente, meu.

Além de consolidar a confiança e o envolvimento dos profissionais, o objetivo dessa prática de contato direto consiste em detectar onde você está sendo bem "administrado" pelo gerente em prejuízo da equipe. É muito difícil identificar e reagir a gestores que "administram" bem seus superiores em uma organização. Como esses profissionais são os primeiros a bater na sua porta, você ouve a opinião deles antes de qualquer outra e se sente predisposto a pensar que estão certos e apoiar suas decisões. Nas reuniões diretas, temos a oportunidade de ouvir o outro lado da história e conhecer a realidade dos colaboradores que estão na linha de frente.

Nesse nível, você deve balancear constantemente compromissos onerosos, como reuniões pessoais (que geram um grande valor, mas custam tempo e energia), e encontros casuais (que são mais eficientes em termos de tempo, mas oferecem menos informações específicas). O equilíbrio nunca é perfeito. Há ocasiões em que você fica sabendo tarde demais sobre as dificuldades em um projeto, o mau desempenho de um gerente em relação à sua equipe e um colaborador que está causando problemas para os outros integrantes. Invista seu tempo em aprender como conservar esses vínculos indiretos.

Mesmo se você conhecer bem os colaboradores que encontra nas reuniões diretas, não subestime esse processo. Não há nenhuma garantia de que o gerente continuará próximo de uma equipe só porque costumava gerenciar diretamente esse grupo. Quando existem relações interpessoais e toda uma história de trabalho coletivo, é comum achar que não é mais necessário se esforçar para manter um contato direto com essas equipes. Já passei por isso e cometi o mesmo erro. Trata-se de uma postura que funciona em curto prazo, mas, à medida que as equipes lentamente vão se transformando, as relações interpessoais também mudam. Na verdade, até quando os integrantes permanecem os mesmos, eles nem sempre levarão até você os problemas que têm com o gerente. Para conferir o motivo, veja a seção "Pergunte ao CTO: A Falácia da Política de Portas Abertas".

Responsabilização de Gerentes

Quando atuamos na gestão de gerentes novatos e experientes, há um objetivo universal que permeia esse vínculo: *esses profissionais devem facilitar a nossa vida*. A missão dos gerentes consiste em liberar mais tempo para você se dedicar ao quadro maior em vez de ter que lidar com detalhes específicos das equipes. É para isso que eles estão onde estão. Os gerentes devem fazer mais do que assumir algumas das suas reuniões pessoais. De fato, são responsáveis por liderar uma equipe e ajudá-la a obter sucesso. Então, quando falham recorrentemente nessa meta, não estão fazendo seu trabalho direito.

Isso soa bem, mas há uma ressalva: às vezes, para facilitar sua vida, os gerentes escondem problemas e dizem apenas o que você quer ouvir até que, meses depois, tudo começa a desmoronar e você se questiona onde errou. Logo, não se trata apenas de esperar que, em um toque de mágica, os gerentes melhorem as coisas. Você deve atribuir responsabilidades a eles. Esse pequeno lampejo de sabedoria (aprender a responsabilizar os gerentes) é uma das maiores oportunidades de aprendizagem da sua atuação nesse nível.

É difícil atribuir responsabilidade aos gerentes porque, em equipes complexas, geralmente paira uma certa confusão em torno da responsabilização. Os gerentes talvez supervisionem equipes com líderes de tecnologia a cargo de qualidade e direção técnica. Também podem trabalhar com gerentes dos setores comercial e de produtos, que estabelecem o mapa de recursos. Evidentemente, como é raro que uma equipe fique realmente isolada, outras equipes podem influenciar a organização. Portanto, com tanta responsabilidade distribuída por diversos cargos, como podemos responsabilizar um gerente?

Indico aqui alguns cenários complexos, mas comuns, que vivenciei na minha carreira:

Instabilidade no mapa de produtos
    A equipe não parece muito produtiva, os sistemas são instáveis e há algumas divergências entre os colaboradores, mas a organização de produtos continua alterando as metas do grupo e todas as suas determinações são urgentes. O gerente pode ser responsabilizado?

O líder de tecnologia errante
    O líder de tecnologia está todo enrolado com o novo design de um dos principais sistemas. O design doc mal foi colocado no papel, e o trabalho já

está se acumulando. No entanto, o líder de tecnologia insiste que esse é um problema complexo que deve ser resolvido sem pressa. O gerente pode ser responsabilizado?

Modo de combate a incêndios em tempo integral

O gerente herdou uma equipe que trabalha com diversos sistemas legados cujas falhas constantes a obrigam a investir todo o seu tempo no combate a incêndios. O grupo também dá suporte a equipes que utilizam os mesmos sistemas e a outras que solicitam ajuda constantemente, o que acaba por distrair os integrantes. Existe um mapa para se livrar desses sistemas, mas o gerente ainda não teve acesso a nenhum dos relatórios de progresso correspondentes. Ele sabe que a equipe está se matando de trabalhar para estabilizar tudo e ainda dar conta das solicitações de suporte. O gerente pode ser responsabilizado?

A resposta a todas essas perguntas é sim. Sim, apesar das circunstâncias atenuantes presentes em cada caso, o gerente deve, em última análise, assumir a responsabilidade por rebocar a equipe para fora dessas situações e colocá-la de volta nos trilhos, pois está a cargo da sua saúde e produtividade.

Quando a organização de produtos alterar frequentemente as metas, o gerente deve confirmar que as mudanças estão causando problemas para a equipe e colaborar com o setor de produtos para explicar o problema e redirecionar o foco para itens importantes. Se isso não resolver a questão, o gerente deve vir até você para obter auxílio.

Quando o líder de tecnologia estiver todo enrolado, o gerente deve abordá-lo e trabalhar junto a ele para definir como aumentar a transparência do processo de design, além de convocar colaboradores seniores de outras equipes, se necessário, para atuarem como mentores ou colaboradores e auxiliarem o líder de tecnologia a desconstruir o problema e progredir.

O gerente é responsável por informá-lo caso a execução do mapa esteja sendo prejudicada por outros problemas. Quando a equipe não conseguir fazer nada além de combater incêndios, o gerente deve desenvolver um plano para abordar as causas do fogo. Quando necessário, precisa solicitar a contratação ou inclusão de mais profissionais à equipe a fim de controlar a situação. Quando a equipe estiver sobrecarregada com o suporte interno, o gerente deve fazer a triagem dessa demanda e definir se é viável recusar algumas solicitações ou, novamente, se a equipe precisa de mais profissionais para lidar com o volume de trabalho.

Em muitos desses casos, você precisará ajudar os gerentes. Às vezes, eles não têm o jogo de cintura necessário para se impor diante do setor de produtos e precisam do seu apoio. Talvez você deva ajudá-los a encontrar colaboradores seniores para colaborar com seus líderes de tecnologia. Provavelmente, será preciso aprovar solicitações para a contratação de mais profissionais a fim de combater incêndios ou coordenar os gerentes na distribuição da demanda de suporte para outras equipes. Eles cuidam do trabalho pesado de identificar os problemas que atrasam as equipes, mas você precisa auxiliá-los a encontrar soluções e viabilizar o progresso do serviço. Esse é o significado de facilitar seu trabalho. Não se trata de esconder informações, mas de apresentar problemas bem definidos antes de eles se tornarem incêndios de grandes proporções.

Os gerentes precisam de orientação e assistência tanto quanto os colaboradores individuais. Então, não esqueça de passar um tempo com eles para conhecer seu lado humano e identificar seus pontos fortes e áreas para melhoria. Há muito assunto para tratar nas reuniões pessoais a respeito de cronogramas e planejamento, mas deixe espaço para feedback e orientação. Esses profissionais terão grande influência no sucesso ou no fracasso da sua organização como um todo, e o desempenho deles determinará se sua reputação sairá melhor ou pior no final das contas. Portanto, assuma um papel ativo no aperfeiçoamento da performance dos gestores.

Bom Gerente, Mau Gerente: O Agradador

Marcus é o melhor amigo de todos. Sua equipe de colaboradores dedicados acha que ele é o melhor gerente do mundo. Ele passa a maior parte do dia em reuniões pessoais com os colaboradores, nas quais recebe de subordinados diretos a recém-contratados. Todos concordam que Marcus sempre arranja tempo para atender a quem aparecer e ouve tudo o que os profissionais têm a dizer sem se preocupar com o relógio. Basta dizer o problema que ele se compromete a bolar uma solução. Desde que Marcus assumiu a organização, os colaboradores sentem que realmente há alguém que os escuta. Contudo, parece que ele nunca resolve nada. Aquele colega que foi alvo de reclamações acabou sendo promovido. A equipe de produtos continua passando por cima de você. As metas seguem sem fazer nenhum sentido. Mas Marcus está tão ocupado que é difícil culpá-lo. Afinal, ele tem que lidar com muitos problemas.

Maria faz menos sucesso. Ela pode agendar um horário mediante solicitação, mas mantém uma certa distância se não se tratar de um subordinado direto. Às vezes, Maria é ríspida e parece não ter muita paciência para fofocas de trabalho ou desperdício de tempo. Desde que ela assumiu o departamento, tudo mudou. O mapa tem agora menos objetivos, mas todos fazem sentido. Aquele colega difícil aparentemente recebeu algum feedback e começou a ouvir suas ideias. As reuniões fluem melhor, e a equipe está focada pela primeira vez em muito tempo. Ainda há problemas, mas agora que você está trabalhando a todo vapor, eles parecem menos importantes. E o mais incrível: Maria vai para casa todas as noites em um horário razoável!

Marcus é um agradador. Ele tem uma aversão profunda a decepcionar diretamente as pessoas de que gosta. Portanto, se você estiver no grupo que ele aprecia e pedir algo, Marcus sempre vai dizer sim, mesmo quando o cenário estiver agitado e for impossível lidar com tudo ao mesmo tempo. Na sua tentativa de agradar a todos, os agradadores geralmente acabam esgotando suas forças.

Estes são alguns sinais de que você está lidando com um agradador:

- A equipe adora o gerente como pessoa, mas está cada vez mais frustrada com sua atuação na gestão, caracterizada pelo esforço de esconder problemas e proteger o grupo do mundo exterior.
- O gerente está mais interessado em ter uma equipe que opere suavemente e evite erros do que em pressionar o grupo rumo à excelência.
- Quando o gerente está mal, demonstra isso ostensivamente e mina a confiança da equipe inteira.
- O gerente nunca se opõe a nenhum serviço, mas geralmente cita muitas tarefas pendentes e desculpas para explicar por que os trabalhos não foram concluídos a tempo.
- O gerente promete demais, cumpre muito pouco e parece que nunca aprende a prometer menos no futuro.
- O gerente diz sim a todos e transmite mensagens contraditórias à equipe e aos parceiros externos sobre o que pode ser concretizado, gerando uma confusão disseminada.
- O gerente parece conhecer minuciosamente todos os problemas da empresa, mas nunca aborda diretamente nenhum deles.

Já vi muitas versões de agradadores ao longo dos anos. Uma delas é o agradador de equipes, como no caso do Marcus. Os colaboradores tendem a amá-lo devido ao tempo excessivo dedicado a eles. O agradador de equipes quer ficar em sintonia com as emoções dos outros para ter certeza de que você está feliz e ouvir qualquer indício de incômodo a fim de tentar resolvê-lo. Ele não elege favoritos, mas quem estiver disposto a se abrir para ele acaba ganhando a maior fatia do seu tempo. O agradador/terapeuta pode conquistar uma grande fidelidade da equipe pela sua disposição em ouvir os problemas e pela preocupação real com o bem-estar emocional dos colaboradores. Mas com essa postura, infelizmente, ele amplifica dramas e negatividade e decepciona a equipe com promessas impossíveis de cumprir.

Em outra categoria, está o agradador externo. Ele deseja intensamente satisfazer o chefe e os parceiros externos e tem pavor de revelar os problemas da equipe. Como resultado, passa a maior parte do tempo gerenciando superiores e agentes externos e tende a sobrecarregar a equipe. Apesar da sua inclinação natural, o agradador externo não costuma elogiar ou oferecer feedback internamente às equipes. Parece surpreendente, mas esse tipo de agradador tem dificuldades de manter conversas sérias com os colaboradores. Portanto, ele evita tratar de temas sérios no âmbito da equipe e, com isso, acaba deixando de reconhecer serviços bem-feitos e apontar problemas. O agradador externo nunca compartilha problemas com seu superior por vontade própria e sempre aceita imediatamente qualquer solicitação para assumir projetos.

Em ambos os casos, o agradador tem dificuldades de dizer não e transmite mensagens contraditórias à equipe e aos agentes externos. Um gerente pode se dispor a assumir todo e qualquer problema colocado diante da equipe e ficar a cargo de trabalhos entediantes como, digamos, resolver problemas nos dados decorrentes de bugs no produto. Porém, como ele não tem realmente um foco para essa tarefa, a correção dos lapsos se arrasta lentamente. Além disso, a equipe não forma uma percepção clara dos problemas enfrentados pelos clientes e, por isso, priorizar a resolução dessas questões será muito difícil. Logo, quando tenta proteger a equipe de trabalhos desagradáveis, o gerente atrasa o andamento do serviço e reduz a capacidade da equipe de solucionar problemas de forma definitiva.

Os agradadores com foco externo podem ser um imenso ponto cego para os gerentes: como se dedicam muito a falar apenas sobre o que vai bem e a dizer sim para tudo que aparece, os gerentes em geral ficam sem conhecer os problemas da equipe e dos projetos até que seja tarde demais. Esses profissionais podem ser muito bons em distrair a atenção do que realmente importa. São cheios de desculpas. Prometem melhorar da próxima vez. Talvez até mesmo demonstrem um arrependimento autêntico ao receber feedback corretivo, mas têm grandes dificuldades em agir de modo que possa decepcionar as outras pessoas. E provavelmente você aprecia bastante o lado humano dos seus agradadores. Eles são muito simpáticos!

Talvez você ache que os agradadores criam equipes que se sentem seguras para expressar vulnerabilidade e fracassar, mas a realidade é completamente oposta. Esses gerentes desenvolvem um ambiente hostil que impede a equipe de fracassar de maneira saudável por conta do seu próprio medo do fracasso e de uma possível rejeição. O agradador com foco externo elimina a possibilidade de conversas honestas utilizando técnicas evasivas e, se necessário, manipulação emocional baseada no seu status como pessoa de quem todo mundo gosta muito. O agradador de equipes orienta a equipe rumo ao fracasso quando faz promessas que não são realistas. Isso geralmente resulta em uma equipe extremamente ressentida com o gestor ou a empresa por não conseguir atender a essas expectativas exageradas.

O que fazer quando você estiver gerenciando um profissional em uma situação como essa? É necessário ajudá-lo a se sentir seguro para dizer não e comunicar mais suas decisões para não ter que assumir o fracasso sozinho. Uma boa opção é arranjar para ele alguns parceiros fortes que possam se incumbir da tarefa de determinar o mapa de trabalho. Às vezes, gerentes agradadores atuam bem em estruturas ágeis porque a própria equipe assume a propriedade do planejamento do serviço. Crie processos melhores e que não dependam exclusivamente da intervenção do gerente para estabelecer o cronograma de trabalho. No que diz respeito a fazer promessas para a equipe, dispor de uma estrutura com critérios específicos para promoções ou acesso a outras oportunidades pode também se aplicar a esse caso. Por exemplo, quando as promoções dependem de outros fatores além da decisão do gerente, o agradador pode indicar prontamente que não controla o processo.

Como gerente de um agradador, uma das melhores atitudes que você pode tomar é indicar esse comportamento para ele, destacando o lado negativo. Às vezes, falta apenas perceber que esse hábito de dizer sim causa problemas para a equipe. No entanto, você deve reconhecer que isso decorre de uma característica pessoal de alguém altruísta e que se preocupa com os outros. Ressalte esses valores mesmo enquanto tenta corrigir esses comportamentos nocivos. Afinal de contas, os agradadores só querem vê-lo feliz.

Gestão de Novos Gerentes

Como vimos antes, a gerência é uma grande mudança na carreira para os engenheiros e, portanto, não causa surpresa que gerentes novatos precisem de muita orientação. Talvez você se lembre da sua estreia na gestão de uma equipe, quando não fazia ideia do quanto não sabia. Provavelmente, agiu como os bons gestores com quem trabalhou no passado, se teve essa oportunidade. Pode ter passado por algum treinamento ou lido um livro como este, mas mais possivelmente precisou desbravar um terreno desconhecido. A menos, é claro, que você tenha contado com a ajuda de um bom gerente para dar os primeiros passos.

É importante dedicar tempo de qualidade aos novos gerentes, pois esse investimento inicial traz muitos lucros para sua organização em longo prazo. Talvez você ache que as habilidades interpessoais de um novo gerente serão traduzidas automaticamente em um bom trabalho. Talvez o novo gerente também pense exatamente assim! Mas ser um bom gerente exige diversas habilidades, e mesmo profissionais com habilidades interpessoais consistentes precisam de treinamento para obter sucesso.

Ao contratar ou promover um novo gerente, é comum se sentir tentado a deixá-lo comandar totalmente a equipe. Finalmente, essa equipe não está mais sob sua responsabilidade direta! Mas, infelizmente, é chocante o fato de que o gerente ignora até mesmo noções básicas do trabalho. Fazer reuniões pessoais, por exemplo, é uma experiência intimidante no início. Sobre o que falar? Como oferecer feedback? Como registrar os principais pontos da conversa? Nenhum livro ou treinamento pode substituir a prática de perguntar a seu novo gerente como estão indo as reuniões pessoais, identificando os questionamentos e desafios que exijam orientação. Às vezes, você só precisa lembrar o profissional que ele deve mesmo fazer essas reuniões!

Ao encarar um cargo novo e desafiador, há pessoas que simplesmente ficam inertes. Quando o novo gerente descuida da gestão e tropeça em muitos detalhes da gerência, a equipe começa a se dar mal, e você vai junto. Logo chegam as demissões dos colaboradores, pois eles não se sentem inspirados, nem receberam um plano de carreira do gerente. Nesse ponto, a responsabilidade é sua. Faça reuniões diretas para detectar as áreas em que deve auxiliar integralmente o novo gerente. Além disso, comunique a ele que esses contatos diretos devem ser frequentes para que você possa orientá-lo da melhor forma possível.

Um sinal comum que indica quando um gerente novato está em dificuldades é o excesso de trabalho. Quando um novo gerente trabalha o tempo inteiro, provavelmente não está conseguindo repassar suas antigas responsabilidades para outros integrantes da equipe, tentando fazer dois serviços ao mesmo tempo. Por um lado, é normal ficar um pouco mais ocupado no início, especialmente enquanto o profissional se acostuma às novas atribuições. Mas isso não justifica o hábito de chegar cedo, ficar até tarde e escrever e-mails pelo fim de semana inteiro. É incrível a quantidade de pessoas que nunca aprendem a se desapegar das tarefas e, por isso, passam horas e horas trabalhando. Então, deixe claro que você espera que o novo gerente distribua suas funções anteriores e o ajude a identificar oportunidades para fazer isso.

Em geral, o excesso de trabalho também indica outro risco associado aos novos gerentes: o profissional que se considera no controle da situação, o mandachuva da equipe, o grande tomador de decisões. Os gerentes que negligenciam o trabalho são ruins, mas aqueles que assumem o cargo com muito entusiasmo com o objetivo de impor autoridade podem ser ainda piores. Quando um gestor embarca em um delírio de poder, acaba subjugando a equipe. Nesse caso, uma reunião direta com os membros mais seniores pode revelar a frustração dos profissionais com a impossibilidade de tomar decisões por conta própria. A situação difere um pouco, mas está relacionada à do microgerente, que espera relatórios detalhados de cada colaborador a todo momento. O microgerente leva a equipe à loucura por exigir um nível de detalhamento desnecessário. Já o maníaco por controle subtrai da equipe qualquer capacidade de tomar decisões e considera que seu cargo consiste em atribuir serviços específicos para os colaboradores. Os maníacos por controle geralmente têm um relacionamento ruim com seus colegas no setor de gestão de produtos e em outras equipes de tecnologia, pois costumam brigar para tomar decisões sozinhos em vez de colaborar. Para piorar, têm o hábito de esconder suas atividades do gerente por medo de perder o controle sobre o grupo. Se o novo gerente estiver faltando às reuniões pessoais ou se esquivando de perguntas sobre a atuação da equipe, você pode estar lidando com um maníaco por controle.

Em última análise, o novo gerente em treinamento deve facilitar seu trabalho, o que não significa apenas tirar o peso de fazer algumas reuniões pessoais das suas costas. Ele também precisa coordenar o desempenho e a produtividade da equipe, direcionando o foco do grupo para metas e resultados. Às vezes, os novos gerentes não conseguem se perceber como responsáveis pela entrega dos produtos e se veem impotentes diante de objetivos e mapas de produtos desafiadores. Não é sua função criticar, explicar as atribuições do cargo ou ensinar noções básicas de planejamento do trabalho da equipe ao novo gerente. Contudo, você deve orientá-lo no início desse processo. Defina logo no começo que responsabilizará o novo gerente pela equipe e o ajude a desenvolver as habilidades necessárias para cumprir sua missão.

É complicado lidar com gerentes novatos porque representam um grande problema quando não estão realmente dispostos a aprender e não têm uma boa performance na gerência. Promover o colaborador errado a gerente é um erro, mas deixá-lo permanecer no cargo depois de perceber o equívoco é mais grave ainda. Na minha opinião, os engenheiros que querem ser gerentes devem primeiro passar pelos estágios iniciais de mentoria e gestão de equipes muito pequenas, mas isso nem sempre é possível e pode não resolver problemas que surgem em cenários mais complexos. Gerentes maníacos por controle, por exemplo, não costumam manifestar seus sintomas em situações que envolvem a gerência de grupos menores, reprimindo esse impulso até experimentarem a verdadeira autoridade do cargo. Portanto, fique de olho nos novos gerentes. Além de orientação, talvez você tenha que oferecer um sólido feedback corretivo nos primeiros seis meses.

Além de orientar os gerentes novatos no que for necessário, recomendo que você procure oportunidades de treinamento externo adicional. Caso sua equipe de RH disponha de um curso para novos gerentes, abra espaço e incentive os profissionais a participarem dele. Talvez seja o caso de recorrer a eventos de treinamento adicional fora da empresa, como conferências com foco em liderança de tecnologia e programas organizados por gerentes de engenharia em atividade ou já afastados do mercado de trabalho, para abordar tópicos específicos de liderança técnica. Em geral, os novos gerentes têm muita vontade de ficar por dentro dos truques da gerência, e esses programas profissionais podem acelerar seu aprendizado.

Gestão de Gerentes Experientes

Agora vamos falar sobre gerentes experientes. Esse tema traz um conjunto inédito de desafios. Gerentes experientes podem ser fantásticos. Um bom gerente experiente sabe o que precisa ser feito e executa o serviço sem precisar da sua ajuda. Ele transita com desenvoltura pelas noções básicas e possui até mesmo alguns truques exclusivos. Parece bom, hein?

Evidentemente, há um importante lado negativo a ser considerado. A gestão costuma ser uma tarefa essencialmente ligada à cultura da empresa. Posso discorrer um dia inteiro sobre as melhores práticas, mas contratar ou atuar como gerente para uma organização cuja cultura seja incompatível com sua postura só trará problemas. Existe um motivo para que as novas empresas queiram formar equipes de gerência com profissionais que trabalham na organização desde o início das atividades e compreendem o DNA do empreendimento. Esses colaboradores estão por dentro da cultura, sabem exatamente o que é importante e já dispõem das redes internas necessárias para fazer o trabalho direito.

Portanto, o primeiro desafio consiste em verificar a compatibilidade do profissional com a cultura da equipe. Já falamos bastante sobre a importância da compatibilidade com a cultura para todas as contratações, mas os gerentes também criam subculturas. Nesse caso, a criação de uma subcultura incompatível pode dificultar a dinâmica de trabalho entre as equipes. Digamos que você queira contratar um gerente especializado no desenvolvimento de um determinado tipo de produto, pois sua empresa precisa de know-how nessa área. Esse tipo de contratação pode ser uma excelente oportunidade para absorver conhecimento e perspectivas. Porém, costumamos atribuir um valor excessivo ao conhecimento especializado em áreas relacionadas a produtos e acabamos ignorando a compatibilidade com a cultura e os processos nas empresas e equipes. Em tese, um especialista altamente qualificado no desenvolvimento de softwares corporativos para gestão de armazéns talvez pareça o profissional ideal para coordenar o setor de tecnologia de armazéns na sua startup de logística. Mas talvez ele não atue bem com uma equipe ágil e que opera no local se estiver acostumado com entregas semestrais de software e a trabalhar apenas com equipes de desenvolvimento remoto que não participam do processo de idealização do produto.

Para desenvolver uma equipe de engenharia dinâmica e centrada em produtos, você precisa de gerentes que saibam como trabalhar com equipes que entreguem softwares com frequência, que se sintam confortáveis com as melhores práticas aplicáveis aos modernos processos de desenvolvimento e que possam inspirar engenheiros criativos e centrados em produtos. Essas habilidades são muito mais importantes do que conhecimentos específicos sobre qualquer setor. É mais fácil obter acesso a informações sobre um setor do que reter um profissional que não sabe como trabalhar na cultura da empresa. Portanto, não ignore a compatibilidade com a cultura, especialmente na contratação de gerentes.

As ideias dos gerentes experientes sobre gestão são diferentes das suas, e você deve resolver essas diferenças. Contudo, acertar os ponteiros não significa deixar o gerente fazer o que achar melhor. Mesmo (ou especialmente) se ele estiver no cargo há mais tempo que você, demonstre sua disposição em aprender com ele, mas não tenha medo de oferecer seu próprio feedback. Colabore em pontos divergentes, permita que ele ensine o que sabe e adote uma postura ativa no processo.

Essa também é uma questão de cultura. Você é responsável por cultivar a cultura da sua organização e, especialmente quando já tiver um longo tempo de serviço na empresa, deve orientar todos os gestores a respeitarem e promoverem o tipo de cultura estabelecido como o melhor para a equipe. Para que as equipes operem com transparência, os gerentes devem compartilhar informações. Para que as equipes sejam voltadas para a investigação, o gerente deve programar tempo e espaço a fim de que o grupo explore ideias. Determine os valores fundamentais da sua cultura e auxilie os gerentes na promoção desses princípios, respeitando sempre as pequenas diferenças entre as equipes e os pontos fortes e fracos dos gerentes a serem considerados.

Como inspirar gerentes experientes? Ao contrário dos gerentes novatos, um gerente experiente é capaz de assumir a gestão de forma independente. Em outras palavras, a maior parte da orientação dedicada a esse profissional deve versar menos sobre o lado prático da gerência e mais sobre como exercer uma influência maior na definição da estratégia e da direção da área em questão. Lembre-se de pensar nas tarefas que pode delegar ao gerente experiente, que será uma fonte importante de informações no momento de estabelecer a direção da organização. Mesmo que não exijam tanto treinamento quanto os iniciantes no cargo, gerentes experientes em geral precisam de ajuda para expandir suas redes, internas e externas. Portanto, vá em busca de programas que sirvam para que esses profissionais façam novos contatos entre colegas.

Contratação de Gerentes

Sua organização está em dificuldades. A equipe contratou 10 engenheiros, todos com menos de três anos de experiência, mas, apesar dos seus esforços, nenhum dos que têm algum potencial quer assumir a gerência. Como os colaboradores não possuem muita experiência em gestão, você teria que oferecer um treinamento intensivo para capacitá-los. Portanto, mesmo com tanto pessoal disponível, é chegado o momento de contratar um novo gerente para administrar parte da equipe. Como fazer isso?

Há muita relutância em contratar gerentes de fora das empresas, e por bons motivos. É praticamente impossível determinar se um engenheiro sabe como programar bem sem enlouquecer os demais integrantes da equipe. No entanto, pelo menos podemos solicitar demonstrações dessa habilidade. Já a gestão... o que é isso realmente? Como tratar desse tema em uma entrevista? O que devemos buscar no processo de contratação de gerentes?

Contratar gerentes é um exercício com várias etapas, muito parecido com um bom processo de entrevista para engenheiros. Primeiro, verifique se o profissional possui as habilidades necessárias. Segundo, confirme a compatibilidade dele com a cultura da sua organização.

A maior diferença entre as entrevistas com engenheiros e gerentes consiste na facilidade com que, em teoria, os gerentes podem recorrer ao papo furado. Como já abordamos exaustivamente, as habilidades da gerência são predominantemente baseadas na comunicação. Um profissional bom de lábia, que se comunica bem em uma entrevista para a função de gestão, pode ser contratado e mesmo assim não fazer nada. Por outro lado, engenheiros que se saem bem em entrevistas devido à sua habilidade em programação podem ter produtividade zero quando integrados a uma equipe. É preciso separar o medo do que pode ocorrer após a contratação do gerente dos itens que estão sendo avaliados. É *possível* avaliar o profissional e obter informações essenciais na entrevista, mas como fazer isso? Defina as habilidades que você espera de um gestor e pergunte ao entrevistado.

Vamos começar pelas reuniões pessoais. Como vimos antes, esses encontros são uma ferramenta essencial para que o gerente possa determinar a saúde da equipe, além de coletar e transmitir informações importantes. Os candidatos ao cargo de gerente devem encenar algumas reuniões pessoais como parte do processo da entrevista. Para isso, um dos melhores métodos é pedir a um colaborador, que será subordinado ao novo gerente, para entrevistar o candidato e pedir sua colaboração nos problemas atuais da equipe ou em alguma questão recente. Como ocorre quando questionamos um engenheiro sênior sobre qual seria sua abordagem a um bug que acabou de ser depurado, um bom gestor (mesmo sem compreender integralmente os colaboradores ou projetos envolvidos) deve ter instintos aguçados para definir as perguntas que serão feitas e sugerir as próximas etapas que poderão aperfeiçoar o processo. Você pode ir além e encenar outros tipos de situações difíceis, como lidar com um colaborador que apresenta baixo rendimento e comunicar uma avaliação de desempenho negativa.

Sobretudo, o gerente deve ser capaz de depurar equipes. Peça para ele descrever uma ocasião em que coordenava um projeto que estava atrasado em relação ao cronograma e a medida que tomou nesse cenário. Diga a ele para encenar uma situação em que um colaborador esteja pensando em pedir demissão. Oriente o gerente a indicar como auxiliou colaboradores que estavam com dificuldades e ajudou profissionais excelentes a atingirem níveis mais altos.

Pergunte sobre sua filosofia de gestão. Se o profissional não tem nenhuma, isso pode ser preocupante. Talvez um novato não consiga responder muito bem a essa pergunta, mas um gerente experiente sem uma filosofia definida é um caso a se pensar. Qual é sua definição de gerente? Como ele age em questões práticas? Qual é seu critério para delegar responsabilidades?

Dependendo da senioridade, você pode solicitar que o candidato faça uma apresentação para um grupo. Não se trata especificamente de avaliar o conteúdo da palestra, mas de observar como o candidato se sai ao conduzir um evento, responder as perguntas dos participantes, estruturar seus pensamentos e se portar diante de um público. Todo gerente sênior deve possuir essas habilidades, que têm um certo peso quando se define a contratação. Contudo, recomendo que você não valorize demais essa etapa. Com base na minha experiência como uma oradora muito eficiente, acredito que habilidades de oratória são úteis para determinados tipos de liderança, mas não todos. Além disso, avaliar como uma pessoa se porta diante de um grupo revela pouco sobre o quadro geral. Muitos gerentes excelentes se sentem desconfortáveis quando têm que falar para um público que não conhecem.

O que dizer das habilidades técnicas? Você deve confirmar de forma satisfatória se o candidato dispõe de habilidades técnicas que possam estabelecer sua credibilidade junto da equipe que gerenciará. Caso se trate de um profissional que precisará programar um pouco, faça uma versão resumida da sua entrevista técnica padrão. Para um gerente que não programará, faça perguntas técnicas que ele possa responder com base na sua experiência. Uma boa abordagem é perguntar sobre o design e a arquitetura dos tipos de sistemas que o candidato já desenvolveu ou gerenciou. Abra espaço para que ele indique os arranjos que foram feitos e as respectivas justificativas. Talvez seja uma boa ideia pedir que o candidato atue como mediador de um debate técnico entre engenheiros que discordam quanto à solução de um problema. Um bom gerente técnico deve fazer as perguntas certas para chegar ao cerne da questão e orientar o grupo rumo a um consenso sólido.

Portanto, essas são algumas das habilidades que devem ser priorizadas. O segundo aspecto é a compatibilidade cultural. Como falamos antes, esse fator tem grande importância para a equipe, mas com certeza seu maior poder de devastação está na contratação de gerentes. Você já trabalhou com um gerente que não compreendia a cultura ou o ambiente da empresa? Era um ex-colaborador de uma grande empresa que agora trabalhava em uma startup e que não parecia se alinhar com a velocidade e informalidade características do modelo? Ou era um profissional que saiu de uma startup para uma grande empresa e que não sabia como obter consenso? Não estou sugerindo que colaboradores de grandes empresas não podem se tornar excelentes gerentes em startups (o meu caso prova o contrário) ou que colaboradores de startups não podem se sair bem em ambientes maiores. Na verdade, você deve compreender a cultura da sua empresa e avaliar a capacidade do gerente para atuar nessas condições.

Como determinar a compatibilidade cultural? Abordo esse tópico em mais detalhes no Capítulo 9, mas, para resumir, primeiro é necessário compreender os valores da sua empresa. Existe uma estrutura informal que não depende muito da hierarquia ou a hierarquia é levada muito a sério? Essas duas culturas causam problemas para quem estiver habituado a uma delas. Já vi gerentes de empresas grandes que tratavam bem seus colegas, mas lidavam com seus subordinados e colaboradores de nível mais baixo como se fossem animais de carga, o que causava fricções gigantescas no espaço da startup. Por outro lado, também observei gerentes vindos de startups, onde faziam o que bem entendiam, enfrentarem dificuldades em ambientes onde se exigia mais a aprovação de outros profissionais. Esse é o elemento cultural mais óbvio. Se você valoriza o modelo de liderança servidora e contrata um gerente que impõe decretos capitais sobre a equipe, existe uma incompatibilidade aí. Da mesma forma, se você valoriza a colaboração e contrata um gerente que tem o hábito de querer ganhar toda discussão no grito, você também está com problemas.

A compatibilidade cultural é de suma importância porque os gestores adaptam as equipes e contratam novos colaboradores com base na cultura que adotam. Quando você contrata um gerente culturalmente incompatível com a respectiva equipe, uma dessas situações pode ocorrer: fracasso do gerente, seguido da sua demissão, ou desligamento voluntário da maior parte da equipe, também seguido de demissão do gerente. Às vezes, alterar a cultura de uma área é inevitável, e contratar um novo gerente pode acelerar essa mudança. Mas você pode se beneficiar das modificações na gerência. Observamos comumente esse fenômeno nas startups em crescimento, que contratam gerentes e executivos com mais experiência para compensar a inexperiência dos demais integrantes da equipe. Às vezes, isso dá incrivelmente certo, mas também pode acabar em fracasso total. Seja como for, quase sempre haverá atritos envolvendo recém-contratados que trazem culturas novas e diferentes. Portanto, proceda com cuidado.

No livro *High Output Management*[1], Andy Grove explica que os valores culturais orientam a tomada de decisões em circunstâncias altamente complexas, incertas

---
[1] Andrew S. Grove, *High Output Management* (Nova York: Vintage Books, 1983).

e ambíguas, em que o interesse coletivo deve prevalecer sobre o individual. Esse é um insight muito poderoso. Segundo o autor, a maioria dos colaboradores recém-contratados age de acordo com seus próprios interesses até conhecer os colegas e adotar uma abordagem mais coletiva. Portanto, quando começam a atuar em um cargo incerto ou de alta complexidade, os profissionais tendem ao fracasso a menos que se adaptem rapidamente às normas culturais e alinhem seu processo de tomada de decisões aos valores culturais da organização. Se você puder selecionar gerentes que gravitem naturalmente em direção aos valores culturais da sua empresa, essa transição será mais rápida do que a de gerentes com opiniões pessoais muito diferentes.

Por fim, eu seria omissa se não abordasse um dos elementos mais críticos para a contratação de novos gerentes: a verificação de referências. Verifique cuidadosamente as referências de todos os profissionais que você pretende integrar à empresa, mesmo que já tenha trabalhado com eles. Peça às pessoas que serviram de referências descreverem funções em que candidato se sai bem e mal. Pergunte se elas trabalhariam com esse profissional novamente. Questione o que elas mais gostam e detestam sobre o candidato. Se você não estiver verificando as referências na contratação de gerentes, sua equipe está sendo muito prejudicada. Em geral, as verificações de referências, mesmo as escolhidas criteriosamente pelo candidato, revelam muito sobre o que esperar após a contratação. Não ignore essa etapa crucial.

Pergunte ao CTO: Como Gerenciar sem Dominar as Habilidades da Equipe

Agora sou responsável pelas equipes de operações e QA, além das equipes de desenvolvimento de softwares da minha divisão. Como nunca gerenciei equipes como essas antes, há alguma orientação para que eu faça um bom trabalho?

Tome cuidado! Quase sempre achamos que esse é um pequeno passo depois da gestão de desenvolvedores de softwares. Mas, pela minha experiência, você precisa acompanhar um outro conjunto de detalhes, diferente das áreas em que trabalhou antes. Quando o profissional nunca gerenciou esses tipos de equipes, dificilmente consegue definir quais detalhes devem ser priorizados. Infelizmente, é muito fácil ignorar problemas em áreas que não conhecemos até que seja tarde demais.

O que acontece quando as coisas dão errado? Na minha experiência, isso pode ser um grande problema. Quando contratamos um gerente para uma equipe e não compreendemos quase nada do trabalho a ser realizado, esse gerente pode facilmente seguir na direção errada por muito tempo antes que alguém perceba o que está acontecendo. Essa situação é especialmente difícil quando envolve projetos de longo prazo, em que a falta de progresso pode ser escondida mais facilmente.

Um modo interessante de combater esse problema é adotar a mesma postura que recomendei quando falamos sobre mentoria, ou seja, ser muito curioso. Lembre-se de que o gerente não precisa saber tudo e aproveite essa característica. Peça para os profissionais explicarem seus trabalhos. Trate o colaborador como se ele fosse seu mentor e estivesse ensinando você a dar os primeiros passos nesse cargo. Faça perguntas sobre tudo, de QA e design à gestão de produtos e operações técnicas, mas sempre de maneira honesta. Deixe claro que seu objetivo é compreender a função do profissional para valorizá-la mais.

Mesmo que fique tentado a investir muito tempo nas áreas em que se sente mais confortável, recomendo também que você se dedique bastante a áreas novas, especialmente no início. Gestores predispostos a confiar e delegar tendem a imaginar que os colaboradores sempre farão o que é certo e os deixam livres. Mas esse procedimento pode facilmente prolongar os problemas nessas áreas por um prazo excessivo. Pior ainda, se achar que esses temas são chatos ou um desperdício de tempo, você pode não querer lidar com os problemas das equipes mesmo quando os colaboradores chamam ostensivamente sua atenção para esses lapsos. Sentindo culpa por ter ignorado essas áreas desde o início, sua aversão natural pode fazer com que você não encare esses problemas por mais tempo do que se permitiria em outras situações. Portanto, aperte os cintos e se dedique a conhecer bem cada área, o gerente e os colaboradores da equipe. Procure perguntar sobre os detalhes das áreas a fim de aprender e desenvolver uma compreensão mais exata acerca do trabalho dos colaboradores da equipe.

Como Depurar Organizações Disfuncionais

Na minha opinião, os melhores gerentes de engenharia quase sempre são excelentes depuradores. Por quê? O que há nessas duas tarefas que produz um conjunto de habilidades tão abrangente?

Um excelente depurador é incansável em sua busca do "porquê" de um bug. Isso é simples quando estamos procurando erros na lógica de um aplicativo, mas sabemos que os bugs podem estar enterrados debaixo de muitas camadas, particularmente em sistemas complexos que envolvem diversas partes autônomas operando em redes com atrasos. Um péssimo depurador se revela quando adiciona uma instrução de log a um fragmento de código concorrente em busca de um erro e, ao perceber que não há reprodução desse erro, chega à conclusão de que o problema foi resolvido. Pura preguiça, mas um hábito comum. Às vezes, há problemas que parecem impossíveis de serem determinados, e muitos profissionais não têm paciência para vasculhar diversas camadas de código (da sua autoria e de outras pessoas), arquivos de log, configurações de sistema e o que mais for necessário para descobrir a causa de algo que só ocorreu uma vez. Compreendo essa postura. A depuração excessiva de bugs isolados nem sempre é o melhor investimento de tempo, mas pode indicar uma mente que não se satisfaz com algo desconhecido, especialmente se esse lapso provocar um aviso no pager às duas horas da manhã.

Porém o que isso tem a ver com a gestão? A gestão de equipes consiste na interação de uma série de caixas-pretas complexas. Essas caixas-pretas têm entradas e saídas que podem ser observadas, mas nem sempre o resultado sai como o esperado. Então, para descobrir a causa do problema, é necessário abrir as caixas e conferir seu interior. Mas, às vezes, não se tem acesso ao código-fonte, ou o código-fonte está em uma linguagem que você não domina, ou os arquivos de log não são legíveis. Em casos como esses, as caixas-pretas das equipes podem não revelar facilmente suas operações internas.

Vamos analisar um exemplo. O desempenho da sua equipe parece lento. Você ouviu reclamações dos parceiros comerciais e do gerente de produtos dizendo que o trabalho está devagar e concorda que equipe não demonstra a mesma energia que as outras. Como abordar essa questão?

ESTABELEÇA UMA HIPÓTESE

Para depurar adequadamente um sistema, é necessário desenvolver uma hipótese razoável que explique como o sistema entrou em estado de falha. Preferencialmente, essa hipótese deve ser reproduzível para que você possa corrigir o bug. Da mesma forma, para depurar uma equipe, procure uma hipótese que indique por que o grupo está com problemas. Faça isso da maneira menos invasiva possível a fim de evitar que sua intervenção acabe obscurecendo os problemas. Fique atento, pois problemas em equipes geralmente decorrem de lapsos no desempenho em vez de falhas isoladas. O sistema está funcionando, mas parece ficar lento de vez em quando. Não há nada de errado com as máquinas, exceto pelas panes eventuais. Os colaboradores parecem satisfeitos, mas o nível de conflitos anda muito alto.

VERIFIQUE OS DADOS

Depurar uma equipe exige o mesmo rigor aplicável à depuração de problemas graves em sistemas. Quando eu depuro bugs em sistemas, primeiro examino os arquivos de log e outros registros do estado dos sistemas referentes ao momento do incidente. No caso de equipes com produtividade mais lenta do que o previsto, analise os registros. Confira chats, e-mails, tickets, revisões de repositório de código e check-ins. Consegue ver alguma coisa? Estão ocorrendo incidentes de produção com alto consumo de tempo? Muitos colaboradores estão adoecendo? Os integrantes estão discutindo sobre estilo de programação nos comentários sobre as revisões de código? Como os tickets estão sendo escritos? Estão vagos, muito extensos, muito curtos? A equipe demonstra animação no seu estilo de comunicação, compartilhando coisas engraçadas e dados profissionais no chat, ou só fala estritamente do serviço? Confira as agendas. As equipes estão dedicando muitas horas por semana a reuniões? O gerente não costuma promover reuniões pessoais? Nenhum desses questionamentos é tiro e queda, mas podem indicar uma área a ser abordada.

OBSERVE A EQUIPE

Talvez tudo pareça estar indo bem em todos esses indicadores, mas o desempenho da equipe ainda não está de acordo com o esperado. Você sabe que o talento existe, que a equipe está satisfeita e que os integrantes não estão sobrecarregados com suporte à produção. Então, qual é o problema? É chegado o momento de começar a realizar uma investigação potencialmente destrutiva. Compareça às reuniões. Parecem entediantes? A equipe está entediada? Há alguém falando a maior parte do tempo? Nas reuniões regulares com a equipe inteira, os integrantes se limitam a ficar ouvindo o gerente ou o líder de produtos?

Reuniões entediantes são um sinal. Talvez indiquem um planejamento ineficiente por parte dos organizadores. O número de reuniões pode ser excessivo para as informações abordadas. Talvez os membros do grupo não se sintam realmente capazes de definir a direção da equipe ou de escolher o trabalho a ser feito. Em geral, esse é um sinal de que não há um conflito saudável na equipe. Boas reuniões são marcadas por um elemento notável de discussão, em que a equipe manifesta suas opiniões e ideias. Se essas ocasiões forem roteirizadas demais, a ponto de eliminar a possibilidade de um diálogo real, as discussões criativas se tornam inviáveis. Quando os profissionais têm receio de discordar ou expor problemas por pânico de lidar com conflitos e os gerentes sempre abafam qualquer discordância sem abrir oportunidade para que as divergências apareçam, isso indica que a cultura da equipe não é saudável.

Contudo, além de serem caixas-pretas, as equipes têm uma característica em comum com outra caixa: a do gato de Schrödinger. O experimento de Schrödinger buscava demonstrar que o ato de observar altera o resultado ou, na verdade, provoca a ocorrência do resultado. Da mesma forma, é impossível não alterar o comportamento da equipe ao se ter contato com ela, como quando comparecemos às reuniões do grupo. Sua presença modifica o comportamento da equipe e pode ocultar o problema que você está tentando identificar, exatamente como uma instrução de log apaga automaticamente um erro de concorrência por, pelo menos, algum tempo.

FAÇA PERGUNTAS

Pergunte quais são os objetivos da equipe. Os integrantes podem dar essa informação? Eles compreendem essas metas? Se não, seus líderes (gerente, líder de tecnologia, gerente de produtos) não estão fazendo um bom trabalho ao alinhar a equipe com a finalidade do serviço. Em quase todos os modelos motivacionais, os profissionais devem formar um senso de compreensão e conexão com o propósito do trabalho. Para quem estão desenvolvendo os sistemas? Qual será o possível impacto do produto sobre o cliente, a empresa, a equipe? Os colaboradores tiveram alguma influência sobre a definição das metas e dos respectivos projetos? Se não, por quê? Quando a equipe está priorizando projetos baseados em engenharia em detrimento de projetos comerciais/de produtos, é provável que o grupo não valorize ou compreenda o valor dos projetos comerciais/de produtos em que deveriam estar trabalhando e, portanto, não tem a motivação necessária para realizar esses serviços.

VERIFIQUE A DINÂMICA DA EQUIPE

Por fim, confira a dinâmica efetiva da equipe. Os colaboradores mantêm boas relações entre si? São amigáveis uns com os outros? Colaboram em projetos ou cada um trabalha de forma independente? Fazem brincadeiras no chat e nos e-mails que trocam? Mantêm boas relações de trabalho com os departamentos adjacentes e seus gerentes de produtos? Isso parece pouco, mas mesmo grupos muitos profissionais tendem a estabelecer um grau de conexão pessoal entre seus membros. Aqueles colaboradores que nunca falam com ninguém e que sempre atuam em projetos independentes não estão realmente trabalhando em equipe. Se a produtividade do grupo estivesse alta, não haveria nada de errado com isso, mas, como não é o caso, essa pode ser uma das causas do problema.

INTERVENHA PARA AJUDAR

Os gerentes de gestores às vezes estabelecem que cabe ao gerente da equipe corrigir os problemas. Afinal de contas, o gerente é avaliado segundo os resultados do grupo e, portanto, tem o dever de resolver qualquer erro. Isso procede, mas às vezes intervenho para ajudar a depurar interrupções em sistemas complexos, embora eu raramente programe hoje em dia. Então, você pode tranquilamente intervir e ajudar a equipe a depurar os problemas observados, especialmente quando o gerente estiver com dificuldades. Essa pode ser uma oportunidade de aprendizado e uma forma de auxiliar no desenvolvimento do gerente. Também é um modo de descobrir problemas mais estruturais no âmbito da organização, como a ausência de liderança comercial sênior, que mesmo os melhores gestores não conseguem identificar ou resolver por conta própria.

SEJA CURIOSO

Quando se trata de problemas organizacionais, a busca do *porquê* resulta em padrões e lições bastante úteis. Nossa depuração melhora com a prática frequente, quando aprendemos quais áreas tendem a apresentar falhas primeiro e quais indicadores são mais precisos para a compreensão dos lapsos. Excelentes líderes atuam junto das equipes de gestão para estabelecer a causa principal dos erros organizacionais, procurando o porquê para resolver esses problemas com mais rapidez no futuro. Sem o ímpeto de explicar os motivos, o profissional depende de truques e sorte para desenvolver uma carreira na gerência e tomar decisões de contratação e demissão. Como resultado, há um imenso ponto cego que nos impede de aprender com nossos próprios erros.

Definição de Expectativas e Entrega no Prazo

Um das perguntas mais frequentes e frustrantes que os gerentes de engenharia têm que ouvir é por que algo está demorando tanto. Todos nós já passamos por isso. Ouvimos essa pergunta quando trabalhávamos como engenheiros profissionais, líderes de tecnologia e gerentes de equipes pequenas. Mas o questionamento adquire uma intensidade nunca vista quando você passa a gerenciar os gestores das equipes. Isso porque responder a essa pergunta fica muito mais difícil quando não estamos totalmente a par dos detalhes.

Vamos começar pelo início: provavelmente, você ouviu essa pergunta porque algo está demorando razoavelmente mais do que o planejado. Essa é a ocasião mais propícia para uma pergunta como essa, pois o profissional pode se esforçar para compreender o cenário e responder a ela.

Infelizmente, quase sempre ouvimos essa pergunta quando tudo está dentro do prazo. Embora não haja nada de errado, esse questionamento surge quando, por qualquer motivo, a liderança rejeita a estimativa original, caso tenha solicitado uma.

Portanto, adote sempre uma postura agressiva ao compartilhar e atualizar suas estimativas, mesmo quando não solicitadas e especialmente se o projeto tiver uma importância crítica ou duração provável de várias semanas. Seja agressivo também ao pedir estimativas, pois, como sabemos, a estimativa de softwares sempre esbarra em grandes dificuldades. Negociar o processo, a escala de tempo e os projetos adotados nas estimativas da equipe pode ser uma atribuição do seu cargo nesse nível.

Muitos engenheiros não gostam de estimar ou fazem estimativas que excedem o limite de um sprint ágil (duas semanas, geralmente). Essa postura é bastante razoável quando se espera que as estimativas sejam consideravelmente precisas, que os requisitos sejam desconhecidos ou modificados com frequência e que a maior parte do trabalho consista em recursos cujo desenvolvimento, de modo geral, demore apenas um ou dois sprints. Mas quase nada disso procede. Em geral, estimativas têm utilidade mesmo quando não são perfeitamente precisas porque ajudam a comunicar complexidade aos demais integrantes da equipe. Nem todo projeto passa por mudanças frequentes nos requisitos, e é possível atuar preventivamente para reduzir drasticamente as incógnitas que dificultam a estimativa de software. Você pode argumentar que essas ações prévias às vezes atrasam o processo como um todo em comparação com o exame individual de cada sprint, e talvez esteja certo. Mas não estamos falando apenas de equipes de engenharia: atuamos junto a empresas que querem se planejar e, para isso, precisam ter noção dos custos do trabalho. De certa forma, também estamos abordando a definição de metas e o desenvolvimento do modo como compreendemos a complexidade dos nossos softwares e sistemas. Não podemos prever o futuro com exatidão, mas ensinar as equipes como aguçar seus instintos para a percepção de complexidade e oportunidades é uma meta importante.

Portanto, aceite o fato de que você precisará de algum nível de estimativa. Tente métodos diferentes e determine o que funciona para a empresa, mas promova esse hábito entre as equipes.

Outro elemento essencial do desenvolvimento ágil de software é a ênfase na necessidade de se aprender com o passado. Quando as estimativas estão erradas, o que aprendemos sobre complexidade oculta? O que aprendemos sobre o que vale a pena estimar e quando? O que aprendemos sobre como comunicar estimativas? E sobre os prejudicados pelo erro?

É seu dever esclarecer, no que for possível, a "duração" do projeto, analisando de forma eficiente a escala de tempo adotada e atualizando sua análise sempre que surgirem mudanças, especialmente quando o andamento do serviço estiver muito lento.

Porém, apesar de todos os seus esforços, você ainda vai ouvir essa pergunta mesmo quando a "duração" estiver definida, quando tudo estiver dentro do prazo e quando eventos fora do seu controle causarem atrasos comunicados em tempo hábil. Infelizmente, isso acontece e geralmente se deve a alguém que está estressado ou sendo pressionado para que a entrega seja mais rápida do que você havia prometido. Não há uma resposta fácil para essa situação. Talvez a única solução seja explicar com paciência que o processo está avançando na velocidade máxima e completamente de acordo com o cronograma. Mas, muitas vezes, o hábito de jogar a culpa nos outros não deve ser considerado como totalmente racional ou evitável em situações estressantes. Demonstrar um pouco de simpatia pela pessoa que está pressionando e disposição para ajudar de outra forma pode ser um excelente modo de mudar o foco da culpabilização para a ação.

Por fim, não hesite em trabalhar com a empresa, gerentes e líderes de tecnologia para reduzir o escopo na reta final dos projetos e, assim, cumprir prazos importantes. Como gerente sênior, talvez seja necessário intervir na discussão e definir os recursos que podem ser cortados e os essenciais para o sucesso do projeto. Oriente a equipe na identificação desses recursos e se prepare para segurar a onda quando a ideia favorita de um profissional for cortada, caso esse corte seja necessário para a conclusão de um projeto maior. Fique atento às suas concessões. Se você só abrir mão de aspectos relacionados à qualidade técnica, vai atrasar a equipe depois do lançamento do projeto. Portanto, priorize também os recursos dos produtos e não apenas itens técnicos interessantes.

Situações Desafiadoras: Incerteza no Mapa

Um problema muito comum enfrentado por gerentes de todos os níveis é o desafio de alterar os mapas de produtos e de negócios. Principalmente em empresas de pequeno porte, é difícil envolver os profissionais com um ano de antecedência em um trabalho que será realizado no próximo ano. Mesmo em grandes corporações, mudanças no mercado podem resultar em alterações repentinas na estratégia, causando abandono de projetos e cancelamento de serviços planejados.

Essa é uma grande dificuldade a ser encarada pelos gerentes de engenharia. Mudanças na estratégia costumam provocar um imenso desconforto em quem está na "gestão intermediária", e talvez você tenha pouco peso para se contrapor às alterações na estratégia vindas de cima. Portanto, mesmo que tenha prometido determinados projetos para a equipe, às vezes é necessário recuar em razão dessas mudanças inesperadas. Isso pode deixar a equipe insatisfeita e gerar reclamações. Além do mais, como você não pode fazer quase nada a respeito, talvez encare isso como uma demonstração de fraqueza. Por sua vez, os integrantes da equipe podem achar que não estão sendo tratados como profissionais, mas como engrenagens da máquina corporativa.

Aqui entra em cena um desafio colateral: Como abrir espaço para que a equipe lide com a dívida técnica e outros projetos de engenharia quando, aparentemente, não há um processo definido que priorize esse trabalho? Afinal de contas, se os problemas técnicos não forem abordados, a capacidade da equipe para produzir recursos será prejudicada. Nesse caso, como a dívida técnica não estará no mapa da equipe de produtos, ficará evidente que nenhum tempo para esse tipo de trabalho foi alocado no processo de planejamento.

ESTRATÉGIAS PARA LIDAR COM INCERTEZAS NO MAPA

Indico a seguir algumas estratégias para o desenvolvimento de mapas:

- **Seja realista sobre a probabilidade de alterações nos planos em razão do porte e do momento da empresa.** Caso sua startup tenha um histórico de mudanças em determinados períodos do ano de acordo com os resultados que vinham sendo obtidos, prepare-se para uma alteração nessa época do ano e tente não prometer nada para a equipe que exija continuidade além desse ponto.

- **Determine a divisão de projetos grandes em uma série de produtos menores para que alguns resultados sejam obtidos mesmo que você não conclua o quadro total.** Para segmentar o trabalho técnico, é necessário atuar junto aos gerentes dos setores comercial e de produtos e definir como os detalhes devem ser priorizados. Como os leitores já sabem a essa altura, as coisas mudam muito rápido e tudo deve ser reexaminado exaustivamente com foco no que é mais importante no momento.

- **Não faça promessas exageradas sobre futuros projetos técnicos.** Não prometa que a equipe terá vários projetos técnicos interessantes "logo", porque o mapa de produtos correspondente ao período ainda não foi escrito. Esse tipo de raciocínio aumenta as expectativas e acaba decepcionando. Caso seja importante, abra espaço para o projeto agora ou assim que possível. Se não for urgente, coloque o projeto na lista de pendências. Mas saiba que, assim que o serviço for marcado para "depois", estará em meio a muitas outras prioridades de todos os departamentos da empresa. Se você não se dedicar a articular seu valor, o trabalho será empurrado para o fim da fila, dando lugar a projetos de valor maior.

- **Dedique 20% da programação da equipe à "engenharia de manutenção".** Em outras palavras, aloque tempo para refatoração, correção de bugs pendentes, aperfeiçoamento de processos de engenharia, operações menores de limpeza e oferecimento de suporte contínuo. Priorize esse ponto em todas as sessões de planejamento. Infelizmente, 20% do tempo não é suficiente para se lidar com projetos de grande porte. Portanto, talvez seja necessário um planejamento adicional para a reescrita de importantes trabalhos técnicos e outras melhorias. Observe que, sem esses 20%, haverá consequências negativas, como descumprimento das metas de entrega e operações de limpeza imprevistas e desagradáveis.

- **Determine a importância real dos diversos projetos de engenharia.** Em geral, projetos comerciais e de produtos são justificados por algum tipo de proposição de valor. Contudo, esse mesmo rigor nem sempre se aplica aos projetos técnicos. Então, ao receber uma proposta de projeto de engenharia, categorize o serviço respondendo às seguintes perguntas:
    - Qual é a dimensão desse projeto?
    - Qual é sua importância?
    - Posso articular o valor desse projeto para algum interessado?
    - Qual será o significado da conclusão bem-sucedida desse projeto para a equipe?

Essas perguntas são importantes para atribuir aos projetos técnicos o mesmo tratamento das iniciativas de produtos. Esses projetos têm defensores, metas e cronogramas, e a gestão deles é igual à das grandes iniciativas. Trata-se de um processo assustador, porque há momentos em que "sabemos" da importância de algo, mas não conseguimos articular essa informação com a empresa. Principalmente em razão da natureza complexa dos projetos técnicos e do desafio de avaliar itens como a eficiência da engenharia, às vezes tentamos explicar detalhes técnicos a um parceiro que não é da área técnica e que pode não compreender exatamente aonde queremos chegar e por quê. Nesse caso, recomendo que você reúna dados para fundamentar seus argumentos e fale sobre o que será possível fazer depois da conclusão do projeto. Quando um projeto técnico envolve trabalho demais para um sistema que raramente sofre modificações e não possibilita a criação de melhorias essenciais para sua tecnologia ou empresa, provavelmente não vale a pena. Infelizmente, nunca temos tempo suficiente para todas as atividades de engenharia exploratória, limpeza de códigos legados e melhorias na qualidade técnica que a equipe deseja realizar, mas esse processo nos ajuda a selecionar melhor as batalhas.

Voltando ao nosso mapa incerto. Projetos mudam. Equipes podem ser desfeitas ou deslocadas sem que você entenda ou concorde com isso. Como gerentes, o melhor que temos a fazer é ajudar os profissionais a se sentirem capazes de resolver pendências, estabilizar os projetos em andamento e abordar serviços novos de forma controlada. Nessa área, você tem o dever de se impor. Viabilize tempo suficiente para que as equipes concluam os trabalhos atuais. Além disso, pressione para que haja mais envolvimento dos engenheiros no planejamento inicial dos novos serviços a fim de que os colaboradores se animem mais com os projetos que receberão. Dedique-se a compreender os motivos da mudança e, mesmo que não concorde totalmente com ela, explique a situação de forma clara para a equipe de modo que os integrantes compreendam os novos objetivos. Fique calmo diante dessas alterações para poder demonstrar (ou fingir) entusiasmo pela nova direção e facilitar a transição para a equipe como um todo.

Ao encarar ondas, você pode se deixar arrastar ou aprender a surfar. Boas manobras, cara.

Como Manter a Relevância Técnica

Sempre ouço a mesma pergunta dos gerentes: "Como faço para manter a minha relevância técnica?" Sabemos que, se não investirmos em nossas habilidades técnicas, corremos o risco de perder o contato com o campo e ficar obsoletos antes do tempo. Mas o que significa a relevância técnica na sua carreira? Para responder a essa pergunta, vamos começar pela definição da sua responsabilidade técnica.

SUPERVISIONE O INVESTIMENTO TÉCNICO

Para que funcionem, os sistemas precisam de trabalho técnico constante: novas linguagens, estruturas, infraestrutura e recursos. Há uma quantidade limitada de tempo de desenvolvimento e energia que pode ser alocada na melhoria desses sistemas, e você é responsável por orientar a equipe a apostar nos aspectos técnicos corretos. Para supervisionar esses investimentos, relacione as propostas de projetos técnicos e melhorias com as projeções para o futuro do produto e das demandas dos clientes. Ao observar o quadro geral do seu portfólio de projetos, você poderá identificar as áreas de maior demanda e oportunidade e direcionar o foco da equipe de acordo com essas informações.

FAÇA PERGUNTAS BEM-INFORMADAS

Você não é responsável por identificar todos os projetos técnicos. Estar a cargo da supervisão dos investimentos técnicos da equipe não cria a obrigação de procurar pessoalmente por oportunidades de investimento. Em vez disso, você deve orientar esse investimento com perguntas. Quais são os projetos atuais? Há alguma surpresa ou gargalo neles? Qual é a opinião da equipe sobre o futuro dos sistemas? Há equipes solicitando mais engenheiros? Na sua opinião, por que estão pedindo mais colaboradores?

Há equipes lentas, mas que não querem contratar mais profissionais para aumentar sua produtividade? Por que há equipes defendendo a execução desse projeto em especial? Você precisa conhecer suficientemente o trabalho para farejar ações equivocadas e avaliar propostas de investimentos.

ANALISE E EXPLIQUE ARRANJOS EM QUESTÕES COMERCIAIS E DE ENGENHARIA

Quando você sabe o que a equipe acha interessante e valoriza, pode mobilizar os integrantes em torno das iniciativas de produtos. Pode até mesmo alertar quando uma ideia de recurso for tecnicamente difícil e quando uma ideia técnica tiver implicações comerciais inesperadas. Então, oriente os engenheiros a tomarem decisões com base em uma compreensão da perspectiva comercial e do futuro do mapa de produtos. Quando o trabalho técnico exigir um nível incerto de pesquisa e desenvolvimento, você deve explicar o porquê dessa incerteza para seus colegas que não são da área técnica. Quando tiver compreendido as metas fixadas para a empresa e seus clientes, oriente os profissionais sobre os projetos técnicos que podem auxiliar na concretização desses objetivos em um prazo razoável.

FAÇA SOLICITAÇÕES ESPECÍFICAS

Como diretor-gerente, você deve compreender bem o bastante a tecnologia da organização para fazer solicitações específicas sem distrair os engenheiros seniores com perguntas. Quando conhecemos suficientemente bem o progresso das equipes, os projetos e os gargalos, podemos descartar ideias tecnicamente inviáveis e mapear novas iniciativas nos projetos em andamento. Essas solicitações específicas devem servir para manter o nível de produtividade das equipes e equilibrar riscos técnicos e metas organizacionais. Vamos conferir um exemplo prático:

> *Seu VP comunica que pretende aperfeiçoar a experiência de pesquisa a fim de aumentar o número de usuários ativos no próximo trimestre, e você recebe mais engenheiros para acelerar o trabalho. É evidente que a equipe não tem como aproveitar esses novos engenheiros, pois a pesquisa a ser modificada está em processo de reescrita. Em vez disso, você orienta esses profissionais a priorizarem o trabalho para expor logo a nova API de modo que a equipe de produtos possa finalmente executar alguns dos testes que vêm solicitando. Então, você explica ao VP o que é possível fazer e direciona o foco da equipe para a conclusão dos serviços mais alinhados com a concretização das metas de alto nível.*

Às vezes, os gerentes que perdem grande parte da sua inclinação técnica adotam o mau hábito de atuarem como intermediários entre a gerência sênior e as equipes. Em vez de realizarem a filtragem, encaminham as solicitações para a equipe e transmitem a resposta da equipe para a gerência. Essa função não agrega nenhum valor.

ATUE COM BASE NA SUA EXPERIÊNCIA

Esse é um cargo altamente técnico que não pode ser assumido por um profissional que não compreenda e valorize os desafios e entendimentos entre tecnologia e engenharia de softwares. Se a equipe investe tempo de maneira insatisfatória, o líder não está orientando os integrantes a tomarem decisões melhores. Portanto, confie nos seus instintos para definir onde você deve alocar tempo e atenção e não ignore seus instintos técnicos só porque está ocupado demais lidando com pessoas e desafios organizacionais.

Considerando seu nível de responsabilidade técnica, como você deve investir o tempo para manter sua relevância técnica?

- **Leia o código.** Vez ou outra, passar algum tempo lendo parte do código dos sistemas pode dar uma ideia da situação geral. Além disso, talvez indique locais que estão péssimos e precisam de atenção. Quando você examina as revisões de código e solicitações de pull, pode ter alguns insights sobre as mudanças em andamento.

- **Selecione uma área que não conheça e peça a um engenheiro que a explique.** Passe algumas horas com um engenheiro que esteja trabalhando em algum projeto que você não domine e solicite uma aula sobre o assunto. Vá para um quadro magnético ou compartilhe uma tela e colabore com o engenheiro em uma pequena mudança.

- **Compareça às avaliações *post mortem*.** Em caso de interrupção, tenha como prioridade o comparecimento às reuniões de análise da interrupção em questão. Essas ocasiões oferecem muitos detalhes sobre o processo de escrita e implementação de software que você acaba deixando passar quando não está programando todo dia. Padrões aparentemente óbvios são negligenciados ou ignorados. Há falta de comunicação entre as equipes. As ferramentas atrapalham mais do que ajudam. Em situações de falha, você pode identificar com mais clareza o local onde os problemas se desenvolvem e definir os pontos que exigem maior atenção.

- **Acompanhe as tendências do setor relacionadas aos processos de desenvolvimento de software.** Uma das principais vulnerabilidades dos gerentes diz respeito à perda do contato com as ferramentas e processos necessários para efetivamente desenvolver, testar, implementar e monitorar código. Essas são áreas em que novas ideias podem melhorar expressivamente a eficiência das equipes. Não vale a pena explorar toda tendência que aparece, mas dedique algum tempo a pesquisar como outras equipes entregam software para viabilizar o desenvolvimento das suas equipes.

- **Estabeleça uma rede de profissionais técnicos fora da empresa.** As melhores histórias vêm de pessoas em que confiamos. Por isso, manter uma rede de colegas entre engenheiros e engenheiros de gestão oferece uma oportunidade para que você pergunte as opiniões de outras pessoas sobre novas tendências. Utilize essa rede de relacionamentos para conhecer as experiências reais por trás de posts de blogs, conferências e discursos de vendas de novas soluções tecnológicas.

- **Nunca pare de aprender.** Pesquise e leia artigos e posts de blogs que abordem tecnologia. Assista a palestras. Selecione um tema que desperte muito sua curiosidade e se aprofunde um pouco mais, mesmo que não seja relevante para a equipe ou empresa em que trabalha. Não hesite em fazer perguntas para a equipe e procure oportunidades para aprender com os integrantes. Aprender é uma habilidade que você deve praticar para manter sua mente em forma.

Avalie Sua Experiência

- Com que frequência você fala diretamente com seus subordinados? Você se encontra com eles individualmente ou em grupo? Qual é a abordagem proativa que você utiliza para lidar com as equipes? Quanto tempo você se dedica a procurar informações em vez de transmitir passivamente as que chegam até você? Quando foi a última vez que você participou de uma reunião de equipe?

- Sem ler a documentação aplicável, escreva sua visão sobre a descrição do cargo para os gerentes de engenharia subordinados a você.

    – Por quais funções são responsáveis?

    – Como você deve avaliá-los?

    – Na sua opinião, quais áreas são mais importantes para o sucesso?

- Agora, leia a descrição do cargo adotada pela sua empresa. Há alguma diferença entre seu texto e a descrição ou ambos são compatíveis? Com base na descrição, o que você tem ignorado na avaliação dos gerentes?

- Para concluir, faça uma rápida avaliação mental do desempenho atual dos gerentes. Em que áreas eles precisam de orientação e desenvolvimento? Abra espaço para esses tópicos nas próximas reuniões pessoais.

- Se você gerencia uma área fora da sua zona de conforto técnico, com que frequência verifica se tudo está indo bem na área em questão? Você dedicou algum tempo a aprender um pouco com o gerente da área sobre o que é necessário para se sair bem no cargo? Nos últimos três meses, você aprendeu algo novo que tenha melhorado o modo como compreende a equipe?

- Se você tem uma equipe em que evidentemente tudo está fluindo melhor do que nas outras, quais diferenças você pode observar nos respectivos processos? Como estão suas interações? O gerente faz algo diferente dos outros gerentes? Como a equipe interage com o gerente? Como o gerente interage com você?

- Como é seu processo de entrevista para a contratação de gerentes? Você costuma conversar sobre os valores pessoais e a filosofia de gestão dos candidatos? A equipe entrevista o candidato a gerente ou fica de fora do processo? Você dedica algum tempo a obter referências dos candidatos?

- Quais são as metas da sua organização para esse semestre e ano? Como você faz para combinar (se for o caso) metas de produtos com metas técnicas? Sua organização dispõe de uma estrutura hierárquica bem assimilada pelas equipes?

| 8

O Grande Jogo

O cotidiano profissional do gerente sênior depende bastante da empresa em que trabalha. Seria estúpido afirmar que a minha experiência com a gestão de uma organização de engenharia composta de 70 colaboradores no âmbito de uma startup era igual à rotina de um gerente sênior a cargo de milhares de profissionais em uma empresa listada na *Fortune 500*. Há uma quantidade infinita de obras com noções fundamentais sobre a gestão sênior em empresas de diversos portes. No final do capítulo, indico uma lista com alguns livros que recomendo como fontes de orientações gerais para a liderança sênior. Todos são leituras fantásticas e guias essenciais para líderes seniores.

Porém, não somos líderes seniores genéricos. Trabalhamos na liderança sênior de tecnologia. Logo, este livro se destina ao engenheiro que atuou com programação durante algum tempo até que eventualmente foi promovido para a gerência. Como engenheiros, compartilhamos algumas responsabilidades específicas da função de tecnólogos que, em parte, resultam do nosso desenvolvimento profissional em um mundo marcado por mudanças constantes.

Os gerentes técnicos seniores somam habilidades especiais a uma organização. Especificamente, trazemos nossa disposição para aceitar e promover mudanças quando necessário. Questionamos a estrutura atual do trabalho e tentamos diferentes abordagens se o modelo operacional em uso não estiver funcionando. Compreendemos que a tecnologia se desenvolve rapidamente e queremos que nossas organizações evoluam de acordo com essas mudanças. Exercemos um papel único e ainda temos que apresentar bons resultados nas atribuições gerais da gerência sênior. Ser um agente da mudança não é suficiente. Devemos criar uma organização bem-sucedida na assimilação das mudanças que queremos implementar.

Nosso primeiro dever é ser um líder. A empresa observa seu comportamento em busca de orientações sobre o que fazer, para onde ir, como agir, como pensar e o que valorizar. Você colabora na definição do tom das interações. Novos colaboradores se integram à empresa porque acreditam na sua palavra, nas pessoas que contratou e na missão que ajudou a desenvolver.

Você tem a capacidade de tomar decisões difíceis sem acesso a informações essenciais e encarar as consequências dessas decisões.

Você tem a capacidade de compreender a situação atual da empresa e antecipar diversos cenários futuros. Além disso, sabe como planejar as atividades dos próximos meses e anos para que a organização fique bem preparada para lidar com esses possíveis quadros e aproveitar as oportunidades que aparecerem.

Você compreende a estrutura organizacional e o impacto dela no trabalho das equipes. Portanto, sabe como é importante estabelecer uma gerência que não enfraqueça, mas reforce essa estrutura.

Você atua na dinâmica política de forma produtiva, priorizando sempre o desenvolvimento da organização e da empresa. Trabalha bem com colegas de fora da engenharia e procura conhecer suas opiniões quando aborda problemas com escopo mais amplo.

Você sabe como discordar de uma decisão e cumprir essa determinação mesmo que discorde dela.

Você sabe como responsabilizar profissionais e organizações pelos seus resultados.

No livro *High Output Management*[1], Andy Grove classifica as tarefas de gestão em quatro categorias gerais:

Coleta ou compartilhamento de informações
>Participe de reuniões, leia e escreva e-mails, converse pessoalmente com os colaboradores, peça opiniões. Um excelente líder sênior pode sintetizar rapidamente grandes quantidades de informações, identificar elementos críticos nesses dados e compartilhar informações com os agentes corretos de modo que possam compreendê-las.

Cutucadas
>Lembre os colaboradores dos seus compromissos por meio de perguntas e não de ordens. É difícil para o líder de uma equipe grande conduzir o grupo à força em qualquer direção. Portanto, cutuque os membros da equipe para manter a organização inteira na linha.

Tomada de decisões
>Defina uma direção com base em opiniões divergentes e informações incompletas, ciente de que as consequências de uma decisão ruim recairão sobre você e, possivelmente, a equipe como um todo. Se tomar decisões fosse fácil, quase ninguém precisaria de gerentes e líderes. Mas posso afirmar, com base em meu extenso período gerenciando, que tomar decisões é um dos aspectos mais cansativos e estressantes do cargo.

---

[1] Andrew S. Grove, *High Output Management* (Nova York: Vintage Books, 1983).

Conduta exemplar
Demonstre os valores da empresa e seu comprometimento às outras pessoas. Adote uma conduta exemplar diante da equipe mesmo quando não estiver com vontade.

Não importa se você é CTO, VP, gerente geral ou diretor de engenharia, seus dias giram em torno dessas quatro tarefas.

Qual É o Meu Trabalho?

Como dizem no ramo, tive uma "trajetória não tradicional" até chegar à engenharia. Sofria (sofro?) de ataques graves de síndrome do impostor quando interagia com colegas cujas carreiras na ciência da computação eram mais tradicionais. A situação ficava ainda mais complicada quando precisava coordenar profissionais com mais habilidades técnicas do que eu.

Essa trajetória, combinada com um forte desejo de ser percebido como inteligente e "correto", às vezes me fazia ter conversas não muito produtivas sobre as direções do setor de tecnologia. Por exemplo, entrava em discussões sobre a conveniência da escolha de uma linguagem ou solução tecnológica com base apenas nos respectivos méritos técnicos. Nessas situações, eu era só mais um engenheiro debatendo com um grupo de engenheiros.

Só depois de muito tempo percebi que o meu trabalho não era ser o profissional mais inteligente do grupo. Não se tratava de estar "correto". Em vez disso, minha função consistia em auxiliar a equipe a tomar as melhores decisões possíveis e implementar essas determinações de modo sustentável e eficiente.

Tecnologia é importante (e um fator fundamental em todas as decisões tomadas pela equipe), mas priorizar apenas esse aspecto não melhora a produtividade e a satisfação do grupo. Um bom líder sabe como incluir objetivos estratégicos em discussões sobre tecnologia e levar em conta as implicações não técnicas de uma decisão técnica. O objetivo aqui não é agir como um engenheiro-chefe em busca da linguagem ou estrutura do momento ou da última palavra em tecnologia. Na verdade, trata-se de desenvolver uma equipe com as ferramentas e os atributos necessários à criação do melhor produto possível para os clientes.

— *James Turnbull*

Modelos de Abordagem à Liderança Sênior de Tecnologia

Tenho uma opinião bastante incisiva sobre o cargo de CTO, especialmente em startups focadas em produtos. Sou favorável, mas sei que esse não é um modelo universal para CTOs em todas as empresas. Também conheço a confusão que reina nos níveis seniores da gestão. Onde colocar o VP de Engenharia? E o Diretor Executivo de Informação (CIO)? Precisamos mesmo contratar alguém para esse cargo? E a equipe de produtos?

Em vez de cobrir todas as variedades das funções de liderança sênior, vou começar explicando alguns dos cargos mais comuns ocupados por gerentes seniores e como essas funções se encaixam no mesmo quadro. As descrições podem ou não ser aplicáveis à sua empresa. Alguns profissionais terão condições de atuar em várias funções, enquanto outros em apenas uma ou duas, e há empresas que não contratam colaboradores para preencher nenhum desses cargos. Todas essas funções são definidas em empresas acima de um certo porte, e nesse caso é necessário examinar os cargos em cada divisão. Ao apresentar uma taxonomia, espero que você analise as possíveis habilidades essenciais para se obter sucesso em cargos de liderança sênior. Entre outras, as funções mais comuns, no que se refere ao mercado norte-americano, são:

Pesquisa e desenvolvimento (R&D)
> Algumas empresas priorizam a expansão de tecnologia de ponta. Portanto, podem dispor de um líder sênior na organização de tecnologia focado em experimentação, pesquisa e geração de novas tecnologias. Talvez esse cargo tenha sua própria estratégia de tecnologia ou seja apenas responsável por pesquisar novas ideias.

Visionário/estratégia de tecnologia
> Aqui, a estratégia de tecnologia encontra o desenvolvimento de produtos. Em geral, esse profissional também está a cargo da organização de produtos. Ele busca estabelecer como a tecnologia pode ser utilizada no desenvolvimento da empresa e elabora a projeção da evolução da tecnologia, no que for aplicável ao setor de atuação da empresa. Ao contrário do R&D, o visionário geralmente não está focado no potencial de pesquisa, mas utiliza as tendências comerciais e tecnológicas para orientar suas decisões.

Organização
> O gerente organizacional coordena a estrutura e os integrantes de uma organização. Ele está à frente dos planos de recrutamento para a equipe e da estrutura organizacional, priorizando a eficiência da alocação de profissio-

nais nos projetos. Essa função geralmente é exercida com a "Execução", que veremos a seguir.

Execução

Exercido quase sempre com a "Organização", esse cargo faz efetivamente o serviço. Aqui, o profissional alinha mapas, planeja o trabalho e coordena ações de grande escala. Além disso, remove obstáculos, resolve conflitos e toma decisões voltadas para o progresso da equipe.

Representante externo de tecnologia

Quando a empresa comercializa produtos baseados em software, é comum que um dos líderes de tecnologia participe do ciclo de vendas. Ele talvez tenha que comparecer a reuniões com clientes e palestrar em conferências para incentivar a utilização do produto. Da mesma forma, para fins de contratação de pessoal e desenvolvimento de marca, uma empresa de engenharia pode orientar seus líderes seniores a exercerem essa função com palestras em conferências e eventos de recrutamento.

Gerente de operações técnicas e de infraestrutura

Esse profissional é responsável pela infraestrutura de tecnologia e pelas operações de infraestrutura. A função pode ser centrada em custos, segurança ou escala, de acordo com a empresa e seu estágio evolutivo.

Executivo comercial

A prioridade central desse profissional é a empresa. Ele compreende o ramo e tem uma visão precisa de outras funções essenciais da organização. Além disso, equilibra as demandas internas de desenvolvimento e de crescimento da empresa e viabiliza a priorização de projetos em um nível hierárquico superior.

Indico aqui algumas combinações desses cargos que já observei de perto e à distância:

- Executivo de negócios, estratégia de tecnologia, organização e execução: CTO ou Diretor de Engenharia (VP/SVP)
- R&D, estratégia de tecnologia, representante externo de tecnologia: CTO, Cientista-chefe, Arquiteto-chefe, às vezes Diretor de Produtos (CPO), geralmente quando a empresa comercializa produtos baseados em software
- Organização, execução, executivo de negócios: VP de Engenharia, Gerente Geral

- Gerente de infraestrutura, organização e execução: CTO/CIO, possivelmente VP de Operações Técnicas
- Estratégia de tecnologia, executivo de negócios e execução: Diretor de Produtos (ou CPO), às vezes CTO
- R&D, executivo de negócios: CTO ou Cientista-chefe, cofundador
- Organização e execução: VP de Engenharia, às vezes Chefe de Pessoal

Observe que as organizações podem combinar, relacionar e definir essas funções de diversos modos, dependendo das demandas da empresa. O foco do cargo de CTO, em especial, pode variar radicalmente de acordo com a empresa, embora a maioria dos CTOs fortes exerça uma função estratégica centrada na empresa, na estratégia de tecnologia ou em ambas.

O que É um VP de Engenharia?

Nos Estados Unidos, em uma organização em que o CTO atua como gerente executivo a cargo da engenharia, liderança estratégica e supervisão, qual é a função do VP de Engenharia? Como seria a atuação de um excelente VP de Engenharia?

A função do VP de Engenharia varia tanto quanto a do CTO, sempre com base nas demandas da organização. Contudo, há uma diferença óbvia entre o VP e o CTO. Em geral, o VP é um engenheiro que está no topo da carreira de gerência. Em outras palavras, o VP deve ter muita experiência na gestão de pessoas, projetos, equipes e departamentos.

À medida que as empresas crescem, é comum que o foco da função do VP mude da organização para a estratégia comercial. Esses profissionais geralmente atuam como CTOs em miniatura em relação às divisões, estratégia de balanceamento e gestão. Talvez você chegue a observar diversas pessoas ocupando cargos de "VP de Engenharia", à frente de partes da equipe de engenharia. Com o tempo, essa função se torna mais centrada na estratégia, enquanto as atribuições da gestão organizacional passam para colaboradores adjuntos lotados no nível de diretor ou diretor sênior. Vamos deixar de lado as complexidades das empresas de grande porte e abordar o VP de Engenharia que você provavelmente encontrará em uma organização que preenche esse cargo com uma única pessoa.

A cargo das operações diárias da equipe, um bom VP de Engenharia tem uma compreensão sólida dos processos e detalhes. Ele sabe como acompanhar, ao mesmo tempo, as diversas iniciativas em andamento e verificar se tudo está indo bem. Geralmente, um excelente VP de Engenharia é descrito como alguém que tem uma boa "visão de jogo". Ele pode abrir mão dos detalhes e fazer o serviço em um nível bem baixo. Embora alguns CTOs atuem dessa forma, quando há um VP de Engenharia e um CTO na empresa, geralmente é o VP quem viabiliza a execução de ideias, enquanto o CTO atua com a estratégia geral e a situação da tecnologia no âmbito da empresa.

O VP de Engenharia também lida com um volume expressivo de atribuições da gerência. Ele alinha o mapa de desenvolvimento ao plano de contratação, projetando como as equipes devem evoluir de acordo com o crescimento previsto para cada equipe. Talvez participe do recrutamento e promova o processo de contratação para que as triagens de currículos e as entrevistas fluam com eficiência. Além disso, o VP de Engenharia deve orientar a equipe de engenharia de gestão, identificando e aperfeiçoando os talentos e atuando junto ao RH para oferecer treinamento e recursos de desenvolvimento a esses líderes.

O cargo VP de Engenharia aborda questões gerais e específicas. Por isso é tão difícil contratar profissionais para essa função e muitas empresas tendem a preencher essa vaga com candidatos externos. Esse profissional deve ser bom em compreender rapidamente a situação atual da organização. Deve saber como conquistar a confiança dos colaboradores e demonstrar inteligência na gestão e na liderança. Infelizmente, a maioria dos engenheiros não confia facilmente em pessoas sem credibilidade técnica, embora grande parte dos gerentes com esse nível de senioridade não esteja disposta a encarar um processo difícil de entrevista técnica para assumir um cargo predominantemente focado na gestão organizacional.

O VP de Engenharia também deve ter alguma participação na estratégia organizacional e, em geral, dispor da sua própria estratégia. Ele deve priorizar estritamente a colaboração com as equipes na definição de metas voltadas para a finalização de produtos comerciais e, portanto, atuar em sintonia total com a equipe de produtos. Seu mapa de produtos tem que ser realista e as metas comerciais devem ser traduzidas em objetivos viáveis para a organização de tecnologia. O VP de Engenharia precisa de instintos aguçados para questões comerciais e produtos, e um histórico como coordenador de equipe que inclua a conclusão de projetos de grandes proporções e negociação de produtos.

Os melhores profissionais que já vi atuando nessa função são engenheiros competentes que mantêm uma ligação intensa com suas equipes. Preferem ficar longe dos holofotes para se dedicarem exclusivamente à criação de organizações de alta performance. Têm grande interesse na complexidade de estabelecer uma dinâmica coletiva de trabalho que seja eficaz. Querem que as equipes fiquem satisfeitas, mas sabem como é importante ligar essa satisfação a um sentimento de conquista. Transmitem a saúde da equipe para outros líderes seniores e cultivam uma cultura saudável e colaborativa.

Demonstram grande entusiasmo na identificação de lapsos em processos e na gestão de serviços detalhados e altamente complexos sem se sentirem sobrecarregados.

O que É um CTO?

Nos Estados Unidos, em uma empresa pequena ou startup, assumir a "gerência sênior" em geral indica que você está ocupando o cargo de CTO. No entanto, a definição da função do CTO é uma das menos desenvolvidas do mundo técnico. O que um CTO deve fazer? O que precisamos fazer para chegar ao cargo de CTO?

Primeiro, vamos falar sobre o que um CTO não é. A função do CTO não é de engenharia. Não é o topo da carreira técnica nem uma etapa da progressão natural a que os engenheiros devem se esforçar para chegar ao longo da sua vida profissional. Não é um cargo para profissionais que gostam de trabalhar com programação, arquitetura e design extremamente técnico. Logo, vemos que o CTO não é necessariamente o melhor engenheiro da empresa.

Agora, depois de esclarecermos esse ponto, podemos perguntar: Se não é uma distinção para o melhor programador nem o ápice natural da carreira em engenharia, o que é um CTO?

É desafiador tentar definir o cargo de CTO porque os profissionais que exercem essa função são muito diferentes entre si. Alguns são cofundadores técnicos. Outros, os melhores entre os engenheiros da primeira leva. Alguns já entraram na empresa para assumir esse cargo, enquanto outros (como eu) foram promovidos com o tempo. Alguns chegaram a CTO depois de exercerem o cargo de VP de Engenharia. Alguns priorizam pessoas e processos de engenharia, contratação e recrutamento. Outros mantêm o foco na arquitetura técnica ou no mapa de produtos. Alguns CTOs representam a empresa no mundo técnico externo. Alguns CTOs não têm subordinados diretos, enquanto outros administram a organização de engenharia como um todo.

Com base nessa grande diversidade de exemplos, essa é a melhor definição que posso oferecer: o CTO é o líder técnico no estágio atual da evolução da empresa. Na minha opinião, essa definição ainda continua insatisfatória, pois não transmite a parte mais difícil do trabalho. Desenvolvendo o conceito, podemos dizer que *o CTO é o executivo técnico estratégico de que a empresa precisa no momento atual da sua evolução.*

O que significa "estratégico"? O CTO pensa em longo prazo e colabora com o planejamento do futuro da empresa e dos elementos que possibilitarão esse quadro.

O que significa "executivo"? O CTO materializa e operacionaliza sua abordagem estratégica ao dividir o problema e orientar os profissionais a resolvê-lo.

Então, o que um CTO *faz* na prática?

Antes de mais nada, o CTO deve valorizar e compreender a empresa, além de influenciar a estratégia comercial trazendo a perspectiva do setor de tecnologia. Sua função principal é a de executivo, seguida pela de tecnólogo. Se o CTO não tiver acesso ao nível executivo e não compreender os desafios comerciais que a empresa encara, não saberá como orientar o setor de tecnologia para resolver essas questões. Talvez o CTO identifique áreas em que a tecnologia pode ser utilizada para criar linhas de negócios novas ou maiores que estejam em sintonia com as estratégias gerais da empresa. Por outro lado, pode se ocupar apenas de viabilizar a evolução contínua da tecnologia a fim de antecipar e possibilitar cenários futuros à empresa e ao mapa de produtos.

Em qualquer caso, o CTO deve saber onde estão os maiores riscos e oportunidades técnicas para a empresa e tirar proveito dessas informações. Se o foco estiver no recrutamento, retenção, processos e gestão de pessoas, é porque esses são os itens que a equipe de tecnologia deve priorizar no momento. Destaco esse ponto para refutar a noção de que o CTO deve abordar só questões puramente técnicas, como se fosse o "nerd-chefe".

Além disso, CTOs fortes têm influência e responsabilidades expressivas sobre a administração. Mesmo que você nem sempre participe intensamente da gestão diária, parte do seu poder de influenciar a direção da empresa e a estratégia comercial consiste em encarregar os profissionais da resolução de problemas que terão impacto sobre a empresa. Outros executivos apresentarão ideias e exigências relacionadas à tecnologia. O CTO deve proteger e evitar que a equipe de tecnologia se torne um simples mecanismo de cumprir ordens, sem espaço para desenvolver suas próprias demandas e ideias.

A situação fica complicada quando a equipe cresce muito e o CTO começa a contratar VPs para gerenciar todos os colaboradores. Muitos CTOs cedem totalmente suas atribuições de gestão para os VPs e, às vezes, chegam ao extremo de nem mesmo gerenciá-los. É extremamente difícil manter a influência e eficácia como executivo sem poder hierárquico.

Observei esse fenômeno quando trabalhava em uma empresa onde a maioria dos membros seniores, entre os técnicos das grandes áreas de negócio exercia o cargo de CTO na área em que atuava. Esses profissionais eram sempre muito respeitados e tinham uma excelente qualificação técnica. Compreendiam a empresa e seus desafios técnicos e geralmente eram convocados para inspirar a equipe de engenharia e ajudar no recrutamento. No entanto, não conseguiam se sair bem porque muitas vezes não supervisionavam diretamente a gestão das equipes e quase não possuíam influência estratégica. Além disso, o setor de tecnologia era visto mais como uma ferramenta de execução.

Se o líder não tiver nenhum poder para influenciar a estratégia comercial e alocar colaboradores em tarefas importantes, dependerá, na melhor das hipóteses, da sua relação com outros executivos e gerentes ou, pior ainda, com algum testa de ferro. Você não pode abrir mão da responsabilidade da gestão sem também renunciar ao poder da gerência.

Sem a autoridade da gerência, o CTO depende exclusivamente de influenciar a organização para fazer qualquer coisa. Então, se os gerentes não disponibilizarem tempo e colaboradores para trabalhar nas áreas importantes, o CTO não poderá fazer absolutamente nada. Ao abrir mão da gerência, você também estará renunciando ao poder mais importante a que teria acesso sobre a estratégia comercial e ficará apenas com a boa vontade da organização e suas duas mãos.

Os aspirantes a CTO devem ter em mente que esse é, antes de mais nada, um cargo voltado para estratégia comercial, embora também envolva gestão. Se você não está preocupado com as atividades comerciais da sua empresa, ou não está disposto a assumir a responsabilidade por uma equipe grande de colaboradores profundamente envolvidos nessas atividades, o cargo de CTO não é para você.

Pergunte ao CTO: Onde Eu me Encaixo?

Essa diversidade de cargos na liderança de engenharia me deixa confuso. CTO, VP de Engenharia, qual é a diferença? Como posso saber que função devo assumir?

Compreendo essa confusão. Há um grande número de artigos muito conhecidos que abordam a diferença entre esses cargos, pois é difícil oferecer algum dado específico sobre eles além de "depende". Evidentemente, existem muitas formas de exercer essas duas funções.

Para decidir entre esses cargos, faça algumas perguntas. Você acha que cofundará uma empresa no futuro? Tem vontade de colaborar na supervisão da arquitetura técnica e na definição de processos e diretrizes para sua evolução? Está disposto a compreender profundamente os aspectos comerciais para relacionar a arquitetura técnica ao crescimento da empresa? Tem interesse em participar de eventos externos, falar em público, promover vendas para clientes e recrutar engenheiros e gerentes seniores? Pode lidar com gestão e mentoria de colaboradores individuais seniores? Talvez você possa ser um bom CTO.

E quanto à gestão? Você gosta de gerenciar pessoas? Tem interesse em aprimorar a eficiência dos processos de engenharia? Aprecia a prática de formar uma visão ampla do trabalho executado por uma equipe e prioriza esse trabalho? Sente fascínio pela estrutura organizacional? Sabe como firmar parcerias com gerentes de produtos? Está disposto a trocar sua dedicação intensa aos detalhes tecnológicos por um foco na eficácia da equipe como um todo? Prefere uma reunião para o planejamento do mapa a uma revisão de arquitetura? Se sim, você provavelmente está mais interessado na função de VP de Engenharia.

Alguns profissionais responderão essas perguntas de forma diferente. No meu caso, já ocupei os cargos de VP de Engenharia e CTO, por promoção nas duas situações. Sempre tive inclinação pela arquitetura técnica, mas me sentia satisfeita de priorizar a organização quando o trabalho exigia. Por outro lado, o foco organizacional não é suficiente para me motivar. Gosto de pensar sobre a estrutura organizacional, mas fico entediada com os detalhes do planejamento de processos e mapas. Por isso, preciso participar de alguma forma da supervisão da estratégia comercial e técnica.

O cofundador técnico pode chegar mais rapidamente à função de CTO, mas a permanência nesse cargo depende de você e a startup crescerem juntos. Já o caminho mais rápido para se tornar um VP de Engenharia é adquirir experiência de gestão em uma organização maior para, depois, se integrar a uma startup em crescimento.

Aqui é bom lembrar de um conselho que recebi de um VP de Engenharia com que trabalhei: "Querer o cargo de CTO (ou de VP de Engenharia) é como querer casar. Tenha em mente que não se trata apenas de um título, mas também da empresa e das pessoas." Definitivamente, títulos não são tudo na vida.

Mudança de Prioridades

Certa manhã, à luz límpida do sol matinal, o CEO acorda e tem uma revelação. Ele percebe uma oportunidade para que a empresa desenvolva uma nova linha de produtos e atinja um novo estágio de crescimento. Depois de algum tempo esboçando essa visão, ele apresenta o resultado para os demais integrantes da equipe de liderança sênior. Tendo comprado a ideia, os líderes seniores tomam os passos necessários para materializar a visão do CEO. Mas as coisas não acontecem rapidamente. Há projetos em andamento que merecem atenção. Existem trabalhos quase concluídos que não seria conveniente cancelar já tão perto do fim. Por todos esses motivos, as equipes demoram a se reunir para atuarem juntas na iniciativa, até que uma pergunta subitamente vem à tona: *Por que você não está trabalhando na principal prioridade?*

Às vezes, as mudanças nas prioridades da gerência sênior podem chegar sem aviso. Líderes que não estão em sintonia com a rotina diária das equipes podem esquecer das suas longas listas de prioridades, mapeadas com semanas ou meses de antecedência e cuja conclusão pode exigir mais semanas e meses ainda. Portanto, quando percebem uma oportunidade ou sentem que as prioridades da organização devem mudar, geralmente esperam que essa mudança ocorra imediatamente, sem levar em conta as condições atuais.

Esse ponto é comum a gerentes de todos os níveis, mas em geral se origina na gerência sênior. Prepare-se para ouvir essa pergunta do seu chefe. Quando se sentir tentado a questionar suas próprias equipes, primeiro determine por que os profissionais não compreendem as prioridades e o que deve ser eliminado para que elas sejam abordadas.

Você sabe qual é a principal prioridade? Suas equipes sabem? Os desenvolvedores que integram as equipes sabem? Às vezes, o problema está na comunicação. Você não sabe qual é a principal prioridade ou não comunicou essa informação de forma clara e urgente à equipe de gerência e, por sua vez, os gerentes não comunicaram a principal prioridade de forma clara e urgente às suas equipes de desenvolvimento. Você não teve o cuidado de analisar a lista de serviços em andamento e que pode ser eliminada ou adiada para abrir espaço para essa prioridade. Então, faça isso, se de fato for urgente. Definir algo como principal prioridade é totalmente diferente de atuar efetivamente para adaptar a programação e mobilizar os profissionais.

Esquecemos que nossos superiores e os profissionais de outras organizações não compreendem tão detalhadamente o que nossas equipes estão fazendo e por quê. Não acho que seja necessário transmitir com frequência detalhes específicos para colegas e gerentes das equipes de uma grande organização. Contudo, quando tiver dificuldades por não destacar a prioridade certa, isso indica que você e o CEO têm visões diferentes sobre a realidade e, portanto, precisam se alinhar. Talvez a equipe esteja tentando arduamente estabilizar um sistema que vem causando interrupções frequentes ou na reta final de um grande projeto que já está em andamento há muito tempo. Quando achar que a equipe precisa finalizar o trabalho atual antes de embarcar na nova prioridade, comunique essa informação de forma clara.

Prepare-se para exercer pressão acima e abaixo para manter ou alterar o foco. Se achar que um grande projeto deve ser finalizado antes de encaixar novos serviços, obtenha a maior quantidade possível de detalhes sobre o valor desse projeto, seu status atual e o cronograma previsto. Seja realista. Se um superior alterar o foco comercial tão urgentemente a ponto de querer conversar sobre isso, você provavelmente terá que fazer concessões em relação ao trabalho em andamento, reduzindo algumas seções ou deslocando profissionais. A equipe pode ficar insatisfeita com a mudança. Em geral, as pessoas não gostam quando são desligadas do que estão fazendo por mero capricho executivo, especialmente quando valorizam o serviço em mãos.

Quanto mais funções de liderança e gestão sênior você assumir em uma empresa, mais seu trabalho consistirá em zelar para que a organização avance na direção certa, o que significa alterar essa direção quando necessário. Para isso, é preciso comunicar de forma clara a direção para as equipes, de modo que compreendam e adotem as medidas essenciais para alterar o curso. Solicite às equipes a lista de projetos que serão impactados pela mudança e comunique essa informação aos superiores. Isso deve fazer com que a equipe de gerência pense efetivamente sobre a nova iniciativa e inicie o devido planejamento. Vá ao autor original para conhecer as metas da iniciativa e determine como combinar esses objetivos com o trabalho em andamento.

Por último, nunca subestime o número de formas e vezes que precisará dizer algo até ser compreendido. Em uma organização grande, a comunicação é um processo difícil. Na minha experiência, a maioria dos profissionais precisa ouvir pelo menos três vezes até compreender algo de fato. É necessário comunicar as informações para a gerência sênior superior e para a equipe de liderança. Portanto, organize uma reunião geral. Talvez seja necessário enviar alguns e-mails com detalhes sobre as mudanças. Um pouco de planejamento da comunicação pode ser um grande diferencial nessas situações. Tente antecipar possíveis perguntas e prepare as respostas correspondentes. Defina claramente os projetos ou a estrutura objeto das mudanças para reduzir a possibilidade de confusão. E não esqueça de vender essa mudança como algo positivo!

Também é necessário reiterar as informações comunicadas aos níveis superiores. Quando você esperar alguma ação do seu chefe, precisará dizer a mesma coisa três vezes até que ele ouça de fato. Nas primeiras duas vezes, a questão pode se resolver por si só, mas é a terceira vez que indica que algo importante deve acontecer. Talvez você se surpreenda agindo da mesma forma com sua equipe. Muitos problemas chegarão e se resolverão sozinhos. Então, você pode optar por impor um grau de persistência à equipe antes de intervir. Não recomendo a adoção de uma política baseada na "regra das três vezes", mas isso tende a ocorrer, com ou sem planejamento.

Quanto maior for a organização, mais difícil será mudar rapidamente as prioridades. Se você estiver atuando em uma startup em crescimento junto a um CEO que também é fundador da empresa, ele poderá ficar frustrado com a demora. O melhor a se fazer para administrar essa situação é ser proativo e manter o CEO informado sobre o que está acontecendo e por quê. Faça o melhor que puder para demonstrar que compreende as prioridades dele e comunique as etapas concretas que você propõe para concretizar essas prioridades.

Definição da Estratégia

No verão de 2014, quando atuava como SVP de Engenharia na Rent the Runway, tive que encarar um grande desafio. Fui informada pela CEO que seria indicada para a função de CTO na próxima reunião do conselho. Contudo, como parte dessa promoção, teria que apresentar a estratégia de tecnologia para a diretoria. Ela avaliou cada esboço da estratégia até que finalmente consegui criar algo que estivesse à altura dos padrões dela. E o resto, como dizem, é história.

Desconfio que ela não tinha que me impor esse exercício como condição para a promoção. A diretoria ficou muito satisfeita com o fato de eu ter desenvolvido a equipe e a tecnologia e obtido estabilidade e alta produtividade de recursos. No entanto, só tenho a agradecer a ela pelo exercício. Durante esse processo, partindo de uma ideia vaga sobre a definição da estratégia, consegui estabelecer um plano concreto e visionário, que apresentava um modo de pensar a arquitetura técnica e a estrutura da equipe de engenharia que acabou por influenciar a forma como a empresa organizava sua estrutura geral.

Quando falo sobre liderança sênior, destaco a estratégia como um elemento crítico. A maioria dos profissionais nem mesmo sabe por onde começar quando se trata de definir a estratégia em um nível superior. Eu não sabia. Recebi orientação da CEO e do CTO executivo que trabalhava comigo. Pedi orientações para colegas da equipe executiva. Fiz perguntas teóricas para membros seniores da equipe de engenharia, que me auxiliaram a analisar alguns problemas mais específicos. Certamente, não estava sozinha. Portanto, partindo dessa ideia, o que se entende por definição da estratégia de tecnologia?

PESQUISE MUITO

Comecei analisando a equipe, a tecnologia desenvolvida até então e a empresa. Perguntei à equipe de engenharia quais eram suas maiores dificuldades. Perguntei a diversos executivos de várias áreas quais fontes de crescimento eles esperavam ter no futuro. Em seguida, me propus várias perguntas. Determinei o ponto em que estavam os maiores desafios no momento e onde poderiam estar no futuro. Examinei a equipe de engenharia e identifiquei os gargalos na sua produtividade. Estudei o contexto da tecnologia e pensei em como ele poderia mudar em um futuro próximo, especialmente no que dizia respeito à personalização e desenvolvimento móvel.

COMBINE PESQUISAS E IDEIAS

Com base nas minhas conclusões sobre os sistemas, equipes e gargalos existentes e os pontos em que era possível incrementar a eficiência, expandir recursos ou melhorar aspectos comerciais, utilizei os dados para conceber uma ideia aproximada sobre um possível quadro futuro. Passei algum tempo sozinha em uma sala, diante de um quadro branco ou folha de papel, esquematizando e analisando os sistemas e as equipes da empresa a partir de vários atributos em comum. Por exemplo, comparei sistemas voltados para clientes com sistemas voltados para operações internas (como ferramentas para clientes e depósitos) e contrastei back-end com front-end. Como a nossa tecnologia tinha que modelar a maior parte dos dados comerciais para operar, percebi que estava diante de um insight essencial sobre o modo como os dados fluíam e mudavam e os possíveis eixos de evolução.

ESBOCE UMA ESTRATÉGIA

Depois de mapear os dados, passei a planejar ideias acionáveis que pudessem aperfeiçoar a eficiência operacional, ampliar recursos e promover o crescimento da empresa. Determinei os pontos em que possivelmente iríamos limitar ou ampliar o compartilhamento de informações entre os sistemas. Os sistemas de personalização deveriam operar sempre nas condições atuais em tempo real ou mais como um ajuste de visualização em subconjuntos de dados? Como utilizar diversos atributos operacionais e de produtos em seções do fluxo de dados para dispor de entradas operacionais e personalizadas na experiência dos clientes? Esse raciocínio me levou a considerar a estrutura da empresa, as demandas dos clientes (internos e externos) e as possíveis evoluções que poderiam ocorrer no futuro. Ao pesquisar e especular, pude desenvolver um design para a estratégia de tecnologia que viabilizaria esses fatores futuramente.

CONSIDERE O ESTILO DE COMUNICAÇÃO DA DIRETORIA

Como disse antes, a CEO me fez retrabalhar diversas tentativas que enviei. Na verdade, sua rejeição se concentrava em dois pontos. Primeiro, havia um plano estratégico mal desenvolvido que se baseava quase que exclusivamente em detalhes da arquitetura e dos sistemas e apresentava pouquíssimas ideias inovadoras, que se limitavam aos próximos 6 a 12 meses. Eu certamente não abordei fatores comerciais críticos para o sucesso da equipe nessas tentativas. Segundo, havia o meu conjunto de slides. Como palestrante, meu treinamento consistia em apresentar um conjunto de slides esparsos para que o público me ouvisse atentamente. Mas a diretoria precisava de slides carregados com muitas informações. Não é incomum que os membros da diretoria de uma empresa leiam o conteúdo do conjunto de slides antes de uma reunião para que a apresentação possa abordar os detalhes com uma profundidade maior do que a usual. Como eu não compreendia esse ponto naquele momento, desperdicei muita energia tentando elaborar slides com poucas informações. Mas aprendi a lição.

Observe nessa história que uma boa estratégia de tecnologia tem vários significados. Arquitetura de tecnologia, evidentemente. Estrutura da equipe. Compreensão das bases da empresa e das suas futuras direções. Costumo descrever a estratégia de tecnologia de empresas centradas em produtos como um instrumento que "viabiliza diversos quadros futuros para a organização". Não se trata apenas de um documento reativo voltado para problemas atuais, mas de um ato formal que antecipa e possibilita o futuro crescimento da empresa. Se você atua em um campo centrado em produtos, essa é a vocação da sua estratégia de tecnologia. Muito além de estabelecer efetivamente a direção de um produto, esse plano viabiliza a execução bem-sucedida do mapa como um todo.

A pior parte, em muitos aspectos, foi começar. Já a segunda maior dificuldade foi me sentir confortável o suficiente para fazer uma projeção para o futuro da organização com base em informações altamente imperfeitas. Nesse exercício, pude ver a diferença entre a minha capacidade de liderar de modo reativo, observando o ambiente circundante e traçando planos de adaptação, e a minha capacidade de liderar de modo prospectivo. A partir daí, compreendi melhor para onde deveríamos avançar com a arquitetura, como equipe e como empresa.

Depois de definir a arquitetura, liderar ficou muito mais fácil em vários aspectos. Agora podia apresentar à equipe de engenharia um plano para o futuro da plataforma de tecnologia e não apenas um mapa de produtos. Tive várias ideias para ações que poderiam fazer a empresa avançar e que iam além do funcionamento da tecnologia. A arquitetura passou a orientar a estratégia organizacional de tecnologia, o que acabou por influenciar a estratégia organizacional da empresa. Tive muito orgulho de participar desse processo.

Situações Desafiadoras: Como Comunicar Más Notícias

Sempre surgem situações em que temos que comunicar más notícias para as equipes. Talvez seja uma onda de demissões na empresa. Talvez a equipe tenha que ser dispersada para dar suporte a outros projetos e seus integrantes devam ser distribuídos para outras equipes. Talvez tenha ocorrido uma mudança em alguma política da empresa que, na sua opinião, será impopular. Nessa categoria estão as mudanças nos mapas que vimos anteriormente. O gerente deve atuar como mensageiro e transmitir essas notícias, mas ciente de que a equipe não ficará nada satisfeita.

O que fazer nessa situação? Bem, comunicação é essencial. Ao atuar na liderança sênior, você deve ser muito bom em comunicar informações sensíveis para um público numeroso. Aqui indico o que fazer e o que evitar:

- **Não despeje mensagens impessoais em grupos numerosos.** A pior forma de comunicar más notícias é por meios impessoais, como e-mails e chats, especialmente quando esses recursos permitem comentários. A equipe merece ouvir a mensagem, acompanhada de uma explicação adequada, diretamente de você. Caso contrário, prepare-se para mal entendidos e rumores. Dito isso, a segunda pior forma de comunicar uma mensagem desse tipo, especialmente quando você sabe que muita gente não ficará satisfeita, é com todos os profissionais reunidos. Muitas vezes, temos a impressão de que comunicar más notícias a todos de uma vez é o melhor modo de evitar que as informações circulem antes do tempo, mas o resultado continua impessoal. É difícil acompanhar a reação de todos, e um ou dois membros profundamente insatisfeitos podem rapidamente contagiar a equipe inteira antes que a mensagem seja compreendida.

- **Converse com cada profissional sempre que possível.** Em vez de utilizar métodos de comunicação impessoais ou gerais, tente ao máximo conversar com cada profissional sobre as notícias. Identifique os colaboradores que terão a reação mais exagerada e adapte as notícias para eles. Em reuniões pessoais, abra espaço para reações, perguntas e respostas diretas. Além disso, quando necessário, deixe claro que as informações são ponto pacífico e que os colaboradores devem aderir às mudanças, mesmo que discordem. Caso seja necessário transmitir a mensagem para a organização inteira, converse primeiro com os gestores, explique os principais tópicos e oriente esses profissionais a compartilhá-los com as respectivas equipes antes de comunicar as notícias para o grupo como um todo.

- **Não se force a comunicar uma mensagem que não apoia.** Talvez você tenha dificuldades em transmitir notícias como essas por não gostar delas. Talvez discorde totalmente da mudança na política. Talvez odeie o fato de que a equipe tenha que ser dispersada. Se não puder de forma alguma comunicar notícias sem trair sua intensa discordância, talvez seja o caso de pedir ajuda a alguém para transmiti-las. Você pode solicitar a intervenção de outro executivo ou de algum colaborador do RH. Dependendo do tamanho da equipe, é possível repassar essas informações a uma pessoa de confiança para que ela cuide de compartilhá-las. Ao atuar na liderança sênior, você deve aprender a encarar com maturidade as decisões a que se opõe, mas isso não significa que deva enfrentar a situação sozinho.

- **Seja honesto sobre os possíveis resultados.** Quanto mais você estiver em sintonia com a direção determinada na notícia, mais fácil será comunicá-la. Em caso de demissões, reconheça que esse processo não é nenhum mar de rosas, mas que todos têm interesse na sobrevivência da empresa. Se a equipe tiver que ser dispersada, fique à vontade para destacar as conquistas dela até o momento e as mudanças que justificam essa medida. Ressalte a disponibilidade de muitas novas oportunidades para aprendizado e crescimento. Ser sincero com os colaboradores ajuda a consolidar a confiança que eles depositam em você e sua disposição para tolerar notícias ruins com tranquilidade.

- **Pense em como você gostaria de receber essas notícias.** Uma das notícias que você talvez tenha que transmitir algum dia é a do seu desligamento da empresa. Aliás, é provável que já tenha experiência em pedir demissão ou sair de uma equipe para outra. Como você comunicou essa notícia? Enviou um memorando? Bem, talvez para o RH. Mas, ao comunicar para a equipe, você possivelmente abordou cada colaborador para informá-lo antes que a notícia fosse divulgada. Talvez tenha tido uma festa de despedida, escrito uma carta de demissão ou apresentado uma palestra final à equipe sobre seu aprendizado na empresa. Em algumas circunstâncias, você pode celebrar essas mudanças tristes sem problemas, contanto que se sinta confortável. Todas essas lições servem como orientação para transmitir notícias difíceis para equipe.

Pergunte ao CTO: Meu Chefe não É da Área Técnica

Pela primeira vez estou trabalhando com um chefe que não é da área técnica, e a situação está bem complicada. Como posso administrar essa relação com eficiência?

Nunca tinha atuado sob um gerente tão afastado da área técnica até me ver subordinada à CEO da Rent the Runway. Esse é um contexto que pode causar uma colisão frontal entre culturas diferentes. Felizmente, indico aqui algumas excelentes práticas para administrar essa relação:

- **Não esconda informações utilizando um jargão técnico e tome cuidado com os detalhes.** Seu chefe provavelmente é bastante inteligente mas talvez não tenha paciência para jargão técnico. É pouco provável que ele queira ouvir uma tonelada de detalhes sobre decisões técnicas complexas. Parte desse processo consiste em aprender a distinguir entre os tipos de informações que devem ou não ser comunicados.

- **Prepare-se para as reuniões pessoais com seu novo chefe e traga sempre uma lista de tópicos.** Pode ser muito frustrante tentar ter acesso a executivos muito ocupados. Às vezes, até mesmo marcar uma reunião pessoal é um desafio. Portanto, não desperdice tempo. Até esse ponto, é comum esperar que todos os participantes tragam tópicos específicos para tratar na reunião. Mas como isso pode não ocorrer no momento, venha sempre preparado. Se suas reuniões pessoais forem canceladas com frequência, envie a pauta com antecedência para lembrar seu chefe de que você precisa da atenção dele. Nesse caso, não faz mal ter uma boa relação com o assistente executivo a cargo da agenda do chefe!

- **Tente trazer soluções em vez de problemas.** Geralmente, os CEOs não querem ouvir sobre o que está indo mal, desavenças entre colegas e dificuldades na gestão. Caso o CEO não esteja muito disposto a ouvir seus problemas, tenha em mente que você não receberá muita orientação da parte dele sobre aspectos gerenciais e procure outro profissional para isso. Porém, não hesite em comunicar más notícias a ele.

- **Peça orientações.** Isso parece ir de encontro à recomendação de trazer soluções, mas não há demonstração de respeito maior do que pedir orientação a alguém. Seu chefe pode não querer ficar atolado nos seus problemas, mas pode ter certeza que ele ficará satisfeito em oferecer feedback se você adaptar sua solicitação como um pedido de orientação.

- **Não hesite em se repetir.** Se você trouxe uma questão importante que aparentemente foi esquecida, exponha o problema novamente caso ele seja realmente importante. Talvez seja necessário fazer isso algumas vezes até que o ponto seja abordado. Em geral, três vezes é o número mágico.

- **Seja prestativo.** Sempre pergunte se pode fazer algo mais para ajudar. No que for possível, demonstre que você está comprometido com seu chefe e a empresa.

- **Procure ativamente por oportunidades de orientação e desenvolvimento de habilidades em outros lugares.** Você não conta mais com um gerente: está subordinado a um chefe. E provavelmente ainda será necessário desenvolver algumas habilidades na primeira vez que atuar na liderança sênior. Portanto, contrate um instrutor, solicite treinamento e crie um grupo de colegas de fora da empresa para obter auxílio no desbravamento desse novo mundo.

Colegas Seniores em Outras Funções

Muitas das principais revelações que tive ao assumir a gerência sênior vieram dos relacionamentos que precisei desenvolver com outros profissionais nas equipes executiva e de liderança. Tive a oportunidade de trabalhar com pessoas que respeitava em diversas funções, e como nossa equipe era grande e diversa, conheci muitos tipos diferentes de líderes seniores. Fiquei mais próxima de alguns deles e desenvolvi minha perspectiva aprendendo com vários tipos de interações.

Os líderes seniores, mais do que qualquer outro grupo da empresa, devem praticar o foco na equipe principal (apresentado no Capítulo 6). Antes de mais nada, esses líderes têm que se dedicar à empresa e a seu sucesso e só depois ao êxito dos seus departamentos, contribuindo assim para o sucesso geral do empreendimento. Livros sobre liderança como *Os 5 desafios das equipes*[2], de Patrick Lencioni, descrevem essa relação. Mesmo que seja comum começar a praticar esse tipo de liderança com uma "equipe principal" composta de outros gerentes de engenharia, é na liderança sênior que, em geral, a maioria dos nossos colegas passa a operar de modo muito diferente do que estávamos acostumados. Ter poucos ou nenhum colega engenheiro na sua equipe principal pode ser muito solitário.

Então, como trabalhar bem com ossos pares de diversas funções? Para começar, cada um deve ser responsável pela sua própria área. É comum aprender essa lição bem cedo na carreira, quando atuamos junto a designers, gerentes de produtos e outros colaboradores seniores. Mas se você ainda não sabe como deixar que seus colegas fiquem a cargo das respectivas especialidades, chegou o momento de aprender. É fundamental manter uma postura respeitosa diante do território do profissional. Se você discorda do estilo de gestão ou da aplicação do conjunto de habilidades de determinado colega em pontos que não têm relação direta com sua equipe, expresse essa discordância como faz quando um bom amigo passa a namorar alguém de que você não gosta. A menos que ele peça sua opinião, fique na sua sempre que possível. Quando necessário, discuta suas divergências com tato. Saiba respeitar as diferenças.

Evidentemente, há ocasiões em que discordamos dos colegas, mas essas questões devem ser tratadas pessoalmente ou nas reuniões da equipe de liderança. Esses encontros servem para acertar os ponteiros quanto à estratégia, desafios encarados pela empresa e detalhes pertinentes à definição de direções. Caso os números estejam confusos, aborde o CFO nessas reuniões. Além disso, esteja preparado para defender suas decisões técnicas e seu mapa quando participar desses encontros.

---

[2] Patrick Lencioni, *Os 5 desafios das equipes: Uma história sobre liderança* (Rio de Janeiro: Sextante, 2015).

O que nos leva ao segundo elemento da confiança, que vai muito além de confiar nas capacidades dos outros profissionais. No livro *Os 5 desafios das equipes*[2], Lencioni destaca que a ausência de confiança é uma disfunção básica. Nesse caso, o que falta é a confiança na ideia de que seus pares estão se esforçando ao máximo para fazer o que é melhor para a organização e não tentando manipular situações, passá-lo para trás ou tirar proveito do contexto. Portanto, além de manter um nível básico de respeito pelo território dos seus colegas e pelas respectivas qualificações como especialistas em cada função, você também deve abandonar a ideia de que esses profissionais agem de forma irracional ou egoísta quando discordam das suas opiniões ou se portam de maneira que não lhe agrade.

É muito difícil estabelecer esse tipo fundamental de confiança, e você provavelmente vivenciará algum nível de choque cultural com alguns colegas, talvez todos. Isso porque os valores de um excelente CTO muitas vezes divergem um pouco dos princípios de excelentes CFOs, CMOs ou VPs de Operações, e assim por diante. Uma forma muito comum de conflito é aquele que ocorre entre profissionais de mentalidade essencialmente analítica e colaboradores mais centrados em criatividade e intuição. Outra divergência bem frequente se dá entre profissionais que preferem agilidade e mudança (e, às vezes, confusão) e aqueles que priorizam planejamento de longo prazo, cronogramas e orçamentos. Você deve aprender a compreender e confiar nos mais diferentes estilos de cada profissional.

Comumente, os engenheiros têm dificuldades de fazer a transição e passar a respeitar e se comunicar bem com diferentes tipos de colegas. Acredito que essa dificuldade com o respeito é efeito da cultura atual do setor de tecnologia, que impõe os engenheiros como os profissionais mais inteligentes da empresa. Esse é um ponto que deve ser destacado sempre: os colegas sem inclinação analítica não são estúpidos. Por outro lado, costumamos nos dar mal quando não conseguimos falar de modo que colegas que não atuam na área técnica possam compreender. Despejar jargão em pessoas que não conhecem os termos (e que nem precisam conhecê-los) transmite uma imagem de estupidez. Portanto, precisamos aprender a comunicar a complexidade do trabalho de forma compreensível para um colega inteligente, mas que não atua na área técnica.

O último elemento da confiança e respeito no âmbito da equipe principal é o cone do silêncio. As eventuais divergências entre a equipe de liderança não devem vazar para o grupo maior. Quando uma decisão for tomada, devemos respeitá-la e transmitir coesão para as equipes de engenharia e demais profissionais da empresa. Sei que é mais fácil falar do que fazer. Eu mesma já tive muitas dificuldades de dissimular minhas divergências com colegas. É difícil deixar para lá quando nos sentimos contrariados, especialmente nos casos em que, na nossa opinião, não fomos ouvidos. Mas acontece de vez em quando. Nesse nível, em particular, você deve decidir entre se adaptar ou cair fora. A terceira opção, discordar abertamente dos colegas, só piora a situação de todo mundo.

O Eco

Como o membro mais sênior da organização, você será vigiado com mais atenção do que já teve na vida inteira. Sua presença passará a atrair o foco de todos. Os colaboradores buscarão sua aprovação e tentarão evitar suas críticas. Mudar a mentalidade de "integrante da equipe" para "profissional no comando", especialmente quando você veio de uma equipe e ajudou a desenvolvê-la, é um desafio que muitos têm que encarar nesse nível.

Você não é mais um integrante da equipe. Seus colegas do nível executivo/liderança compõem sua equipe principal, e seus subordinados passam a ser sua equipe secundária. Ao mudar de fato sua mentalidade, você começa a se afastar um pouco do convívio com os colaboradores da organização. Em happy hours, toma um drinque e vai embora, enquanto a equipe se socializa. Ficar com a turma inteira até serem expulsos do bar tende a ter consequências ruins para todos, recomendo seriamente não adotar essa prática com frequência. O tempo de socialização intensa com a equipe fora do horário de trabalho já passou.

Há alguns motivos para esse distanciamento. Primeiro, se você não se afastar, provavelmente será acusado de privilegiar alguém. E de fato acabamos *privilegiando* quando mantemos laços sociais muito intensos com algum integrante da equipe. É triste, mas verdade. Talvez você não ligue para isso, mas já passei por uma situação em que minha equipe acreditava que eu estava privilegiando colaboradores, o que deixava todos insatisfeitos e dificultava ainda mais o meu trabalho.

Segundo, o distanciamento é necessário para que você aprenda a liderar de forma eficaz, o que exige ser levado a sério. O lado negativo desse nível de liderança surge quando um comentário fortuito provoca uma mudança total no foco dos profissionais. Isso é ruim, a menos que você esteja ciente dos resultados e faça uso adequado dessa prática. Se você tentar transmitir uma imagem de "camarada", seus subordinados terão dificuldades de distinguir entre a conversa fiada do "camarada" e um direcionamento do foco recomendado pelo chefe.

Desligar-se também viabiliza um senso mais apurado de gestão do tempo. Como líder sênior, sua presença muitas vezes tem um peso esmagador. O simples fato de comparecer a uma reunião altera tom e circunstância da ocasião. Se não tomar cuidado, pode acabar sendo dogmático e alterar a direção de um projeto só porque teve uma excelente sessão de brainstorming em uma reunião extraordinária da qual resolveu participar em cima da hora. É péssimo! Sei disso! É frustrante não estar em uma equipe que apresenta ideias para serem avaliadas e potencialmente rejeitadas, mas esse tempo também já passou.

Se você já trabalhou com alguém que estava na Apple na época do Steve Jobs, provavelmente ouviu essa pessoa falar sobre como o "Steve" influenciou algum projeto em que ele ou ela atuou. Os colaboradores da Apple utilizavam o espectro do Steve para argumentar contra ou a favor de qualquer decisão, como se fosse uma bússola moral que orientasse as ações da organização. A cultura que você desenvolve e consolida tem um efeito parecido sobre sua empresa. Talvez ninguém chegue a utilizar seu nome, mas a equipe vai aprender e copiar os comportamentos que você optar por demonstrar. Se gritar, a equipe vai achar que a gritaria está liberada. Se cometer erros e se desculpar abertamente, a equipe vai achar que não há nada de errado em cometer erros. Se fizer sempre as mesmas perguntas sobre qualquer projeto, os colaboradores vão passar a fazer essas mesmas perguntas. Se valorizar ostensivamente determinadas funções e atribuições em comparação com outras, profissionais mais ambiciosos vão querer esses cargos. Utilize esse poder de forma positiva.

Há outros motivos que justificam esse afastamento. Você participará de decisões difíceis, que terão impacto sobre a empresa como um todo e que talvez sejam muito estressantes. Não é recomendável discutir essas decisões com outros profissionais da empresa. Talvez você sinta uma vontade imensa de ir até seus supostos amigos na equipe e abrir o jogo sobre os desafios do cargo. Má ideia. Como líder, você pode facilmente minar a confiança da equipe ao compartilhar preocupações que não podem ser resolvidas por nenhum dos integrantes. Essa transparência, que parece inofensiva e possivelmente útil nos níveis mais baixos da gerência, pode ser incrivelmente prejudicial à equipe nesse nível.

Mesmo que você não seja "mais um integrante da equipe", isso não quer dizer que deva parar de ter apreço pelos membros da equipe como pessoas. Na verdade, recomendo interessar-se *mais* pelos profissionais como pessoas, mas sendo mais discreto. Tirar um tempo para conhecer o lado humano de quantos colaboradores puder (perguntando sobre vida familiar, hobbies e interesses) é uma boa forma de fazer com que se sintam parte de um grupo que se importa com eles.

À medida que nos afastamos da equipe, fica mais fácil desumanizar os colaboradores e tratá-los como engrenagens. Mas as pessoas percebem quando os líderes param de se importar com os profissionais da organização. Quando se sentem desvalorizados como indivíduos, os colaboradores perdem a disposição para trabalhar com dedicação máxima, correr riscos e enfrentar circunstâncias difíceis. Cultivar esse tipo de conexão, mesmo em um nível superficial, enfatiza que você não está preocupado apenas com projetos em andamento e produtividade e que *preza* pelos profissionais, além de demonstrar que você reconhece suas vidas pessoais fora do ambiente de trabalho. Essa prática cria uma conexão sem estabelecer laços muito intensos com as pessoas. Você terá que encarar momentos difíceis como executivo, mas a equipe merece um líder que saiba como ser atencioso mesmo nessas situações.

Sua conduta deve ser exemplar. Que tipo de líderes você pretende desenvolver? Que tipo de legado quer deixar?

Comando pelo Medo, Orientação pela Confiança

Camille se considera uma boa líder: tem habilidades técnicas, é carismática, sabe como tomar decisões e entende do trabalho. Mas ela às vezes tem um pavio curto. Quando os colaboradores não atendem às suas expectativas ou algo vai mal, Camille demonstra irritação e raiva de forma ostensiva. Ela não percebe que essa explosividade e impaciência criam um ambiente de medo a seu redor. Como os colaboradores não querem correr o risco de serem responsabilizados por falhas ou criticados abertamente por erros cometidos, assumem menos riscos e escondem seus erros. Sem querer, Camille acabou criando uma cultura do medo.

Michael também é um bom líder: tem habilidades técnicas, é carismático, sabe como tomar decisões e entende do trabalho. Mas também é muito bom em manter a cabeça fria. Em vez de ficar tenso e irritado, sua curiosidade aumenta quando algo parece não estar indo bem. Sua primeira reação é perguntar o que leva a equipe a identificar o que está dando errado.

Você talvez se surpreenda, mas a história que acabou de ler é real: criei acidentalmente uma cultura do medo quando me tornei líder sênior. Indico aqui um trecho da minha primeira avaliação como líder sênior:

> *Até mesmo seus admiradores na equipe admitem que têm medo de você e das suas possíveis críticas. Os colaboradores hesitam em assumir riscos e falhar na sua frente porque têm receio de serem repreendidos diante dos colegas. Seus ataques criaram uma cultura em que os membros da equipe não se sentem à vontade para ter contato com você, fazer perguntas e solicitar feedback. Isso gera um círculo vicioso em que você continua não confiando neles e eles continuam cometendo erros.*

Como você pode imaginar, me senti chocada e desconfortável quando ouvi isso. Podia pensar em dezenas de desculpas e dizer, por exemplo, que críticas vindas de mulheres são recebidas com mais hostilidade, que essa era a cultura dominante quando eu trabalhava no setor de finanças e que os colaboradores têm que endurecer, mas claramente havia um problema. Os profissionais não estavam dispostos a correr riscos, e para ter uma equipe independente, capaz de definir sua própria direção e avançar, os integrantes devem correr riscos.

Como saber quando você está criando uma cultura do medo? Talvez isso resulte do apego excessivo a regras e boas condutas e de uma afinidade intensa pela liderança fundada na hierarquia. Além disso, essa experiência anterior em locais de trabalho onde conflitos eram abertamente tolerados, e até ativamente encorajados, aumentou minha propensão a criar essa cultura. Como na engenharia há uma cultura de alta tolerância a debates abertos como forma de resolução de conflitos, líderes com histórico profissional essencialmente ligado a essa área podem se sentir especialmente dispostos a enfrentar com agressividade outros profissionais para acertar os ponteiros. Infelizmente, quando você está na liderança, a dinâmica muda, e os colaboradores que antes teriam revidado os ataques do colaborador, agora passam a recuar diante do líder.

COMO CORRIGIR UMA CULTURA DO MEDO

- **Crie afinidades.** Um dos marcadores da cultura do medo é a tendência a tratar as pessoas de maneira impessoal. Logo que assumi a gerência, eu tinha o hábito de me concentrar excessivamente na eficiência. Queria entrar de cabeça na questão do momento, iniciar a discussão intelectual, obter a atualização de status e chegar ao problema que devia ser resolvido. Não dedicava muito tempo a papo furado nem a conhecer o lado humano dos integrantes da equipe e não abria espaço para que eles conhecessem o meu. Como resultado, quase não tinha vínculos pessoais com os profissionais.

    Para que a equipe se sinta disposta a correr riscos e cometer erros, uma das principais medidas consiste em estabelecer uma sensação de pertencimento e segurança. Em outras palavras, é necessário permitir um pouco de papo furado. Faça perguntas sobre a vida pessoal dos colaboradores, conheça o lado humano deles e apresente o seu. A maioria das pessoas hesita em correr riscos diante de alguém que irá rejeitá-las em caso de fracasso. Intencionalmente ou não, por ter negligenciado a criação até mesmo de relações pessoais básicas com muitos dos integrantes da equipe, acabei alimentando o medo dos profissionais em relação a como eu reagiria a erros, perguntas e fracassos.

- **Peça desculpas.** Quando pisar na bola, peça desculpas. Pratique pedir desculpas de forma honesta e breve.

    > *"Desculpa, não devia ter gritado com você. Nada justifica esse tipo de comportamento ruim."*

> *"Desculpa, não ouvi você e sei que contribuí para sua frustração com essa situação."*
>
> *"Desculpe, cometi um erro quando deixei de falar sobre Bob com você."*

Desculpas não têm que se prolongar indefinidamente. Basta uma desculpa curta em que o profissional assuma a responsabilidade pela criação de uma situação negativa ou prejudicial para outra pessoa. Quando você se estende demais, muitas vezes acaba fabricando um pretexto ou uma distração. Pedir desculpas tem como objetivo demonstrar aos colaboradores que você está ciente do impacto do seu comportamento sobre outras pessoas. Além disso, serve para expressar uma conduta exemplar e comunicar que não há nada de errado em cometer erros, contanto que se peça desculpas aos prejudicados. Você deve transmitir à equipe que pedir desculpas não é sinônimo de fraqueza: na verdade, fortalece a equipe como um todo.

- **Seja curioso.** Quando discordar de alguma coisa, pergunte por quê. Nem toda divergência visa atacar sua autoridade. Muitas vezes, quando você vai atrás de informações sobre algo do qual discorda, descobre que não compreendia totalmente esse ponto controverso. Atacar algo de que discordamos dificulta a definição das melhores decisões e ações. Quando atacamos, os profissionais tendem a fugir ou se fechar e acabam por assimilar como uma boa ideia esconder informações para evitar ataques e críticas. Quando você demonstra curiosidade e busca formas de transformar essa discordância em questionamento honesto, sua equipe se abre mais e apresenta outras perspectivas sobre a questão. Dessa forma, podemos obter mais informações e ajudar os profissionais a tomarem as melhores decisões possíveis.

- **Aprenda a responsabilizar os profissionais sem queimar o filme deles.** Como líder, você quer que as equipes se deem bem no trabalho. Mas caso elas não cumpram com suas atribuições, será seu dever tomar as medidas necessárias. Mas essa questão não envolve apenas responsabilidade e consequências. Há outros elementos pelo caminho. Como avaliar o sucesso? A equipe dispõe dos recursos necessários para se sair bem? Você está oferecendo feedback regularmente? Muitos líderes esquecem esses itens e acreditam que basta definir claramente uma meta para que uma equipe de novatos a concretize ou que uma equipe mais experiente não precisa de feedback. Pense em quantas vezes você "queimou o filme" de um colaborador ou equipe por conta de um fracasso. Você está assumindo a responsabilidade por orientar os profissionais rumo ao sucesso? Quando tudo está claro e todos dão seu melhor, certamente a responsabilização vem bem menos acompanhada de julgamento moral, porque nenhum detalhe escapa aos envolvidos.

A cultura do medo é bastante comum no setor de tecnologia e se prolifera em ambientes onde tudo aparentemente vai bem. Mas não se deixe enganar por circunstâncias externas que incentivam esse mau comportamento. Quando você é temido, mas respeitado, a empresa está crescendo e a equipe vem trabalhando em problemas interessantes, essa situação pode se estender durante algum tempo sem problemas. Contudo, se um desses elementos desaparecer, prepare-se para observar de camarote a migração de profissionais em busca de locais mais aprazíveis. Com base na minha experiência, não é suficiente que uma equipe tenha temor e respeito pelo gerente quando os profissionais estão frustrados com outros aspectos do ambiente de trabalho. Portanto, melhore sua conduta, preze o lado humano dos colaboradores e seja curioso. Desenvolver uma cultura de confiança é um processo demorado, mas os resultados compensam esse esforço.

Norte Verdadeiro

Existe uma importante missão da liderança sênior que, às vezes, não é levada em consideração. Essa atribuição, que cabe ao líder sênior de uma área funcional (o CTO para o setor de tecnologia, o CFO para o setor de finanças etc.), consiste em definir os parâmetros de excelência para cada função. É o que chamo de "Norte Verdadeiro".

O Norte Verdadeiro indica os princípios fundamentais que devem orientar as ações de um profissional que ocupa um cargo funcional. Para um líder de produtos, o Norte Verdadeiro está em pensar antes de mais nada nos usuários e nas suas demandas, avaliar e experimentar sempre que possível e adiar projetos que não estejam relacionados com as metas estabelecidas para a equipe. Para o CFO, o Norte Verdadeiro está em analisar números, custos do trabalho e valor potencial e verificar se esses dados estão sendo utilizados em benefício da empresa, se as despesas não excedem os valores previstos e se a equipe sabe quando há risco de estourar o orçamento.

Para um líder técnico, o Norte Verdadeiro está em confirmar se você conseguiu encaminhar efetivamente o processo para a produção. Isso inclui o cumprimento das políticas estabelecidas para revisão, supervisão operacional e testes. Em outras palavras, você não deve produzir algo até que esteja pronto para ser experimentado pelos usuários. Ou seja, deve criar software e sistemas dos quais tenha orgulho.

Os líderes de tecnologia devem colaborar na definição do Norte Verdadeiro padrão em suas organizações em relação aos diferentes tipos de projetos e exposições.

Outro modo de abordar essa questão é pela perspectiva da análise de riscos. A análise de riscos não nos impede de assumir riscos. Algumas ações geralmente consideradas como "ruins" podem ser tomadas sem problemas em determinadas circunstâncias. Por exemplo:

- Ter um único ponto de falha
- Ter bugs e problemas conhecidos
- Ser incapaz de tolerar muito trabalho
- Perder dados
- Comercializar código sem os devidos testes
- Apresentar desempenho lento

Há situações e empresas em que é aceitável correr esses riscos. Dito isso, o Norte Verdadeiro nos ajuda a compreender que todos esses pontos devem ser considerados com muita atenção antes de o código seguir para a produção. Não devemos nos esquecer dessas regras só porque há exceções a elas.

Chamei este conceito de "Norte Verdadeiro" porque é importante compreendê-lo como uma corrente subjacente, como um instinto de orientação que os líderes desenvolveram ao longo do tempo e buscam incutir na equipe como um todo. Quando desenvolverem esse instinto, as equipes certamente serão capazes da atuar segundo as diretrizes estabelecidas sem recorrerem demais a orientações ou advertências.

Como o Norte Verdadeiro é um pouco diferente em cada área funcional, haverá uma certa tensão natural na organização. Talvez os gerentes de produtos se importem mais com a experiência do que com a carga do suporte de produção. Já a equipe de finanças pode dar mais atenção ao custo geral da infraestrutura e menos aos riscos de disponibilidade. Essa tensão é saudável porque nos leva a considerar todos os riscos e não apenas aqueles que importam à nossa função específica.

Quando examinar sua função como líder, determinar como você define o Norte Verdadeiro pode ajudá-lo a compreender seus pontos fortes e áreas de competência. Parte do trabalho do líder técnico consiste em estabelecer o Norte Verdadeiro para aspectos expressivos da tecnologia crítica. Atuando como CTO em uma empresa comercial, defini o Norte Verdadeiro para o processo mais básico e fundamental de tomada de decisões técnicas relacionadas à disponibilidade de produção, escala, design de sistema, arquitetura, testes e escolha de linguagem. Isso não quer dizer que tomei todas essas decisões, mas que coordenei a elaboração dos padrões que servem de referência para a avaliação dessas decisões. Deleguei a função de estabelecer o Norte

Verdadeiro para questões pertinentes ao desenvolvimento de UIs [sigla em inglês para Interface do Usuário] específicas e recursos móveis, mas garanti que a equipe técnica sênior nessas áreas articulasse um formato para esses padrões.

Guiados pelo Norte Verdadeiro, os líderes utilizam a sabedoria que desenvolveram com a experiência para tomar decisões rápidas quando não há tempo para se aprofundar em detalhes. Para se tornar um líder como esses, *dedique* tempo suficiente no início da sua carreira a aperfeiçoar esses instintos até se sentir à vontade para decidir questões rapidamente. É necessário permanecer ligado à área técnica; acompanhar projetos, linguagens ou estruturas até assimilar mais do que suas noções básicas e se esforçar para continuar aprendendo novos temas mesmo que sua rotina diária não envolva programação.

Bibliografia Recomendada

- Arbinger Institute, *Leadership and Self-Deception: Getting Out of the Box* (São Francisco: Berrett-Koehler, 2000).

- Brené Brown, *A Coragem de Ser Imperfeito: Como Aceitar a Própria Vulnerabilidade, Vencer a Vergonha e Ousar Ser Quem Você É* (Rio de Janeiro: Sextante, 2013).

- Peter F. Drucker, *O Gestor Eficaz* (São Paulo: LTC, 2011).

- Marshall Goldsmith e Mark Reiter, *Reinventando o Seu Próprio Sucesso: Como Pessoas de Sucesso Tornam-se Mais Bem-Sucedidas* (Rio de Janeiro: Elsevier, 2007).

- Andrew S. Grove, *High Output Management* (Nova York: Vintage Books, 1983).

- L. David Marquet, *Turn the Ship Around! A True Story of Turning Followers into Leaders* (Nova York: Portfolio, 2012).

Avalie Sua Experiência

- Nesse nível, você provavelmente receberá orientação e mentoria de agentes externos à empresa. Não terá um gerente e sim um chefe. Você dispõe de um instrutor profissional pago pela empresa ou com seus recursos? Esse é um bom investimento, mesmo que a organização não cubra os gastos. Um instrutor oferece orientações e feedback direto e, ao contrário dos seus amigos, é pago para ouvi-lo.

- Além do instrutor, você conta com uma rede de suporte formada por colegas de fora da empresa? Conhece outros gerentes seniores nas empresas das proximidades? Em um grupo de colegas, você pode saber como seu cargo é exercido em outras empresas, além de compartilhar experiências e receber orientações.

- Você nutre uma admiração especial por algum gerente sênior de tecnologia? O que você admira nele? Ele tem alguma característica que você deseja reproduzir?

- Lembre-se da última vez que você precisou alterar as prioridades para parte ou toda a equipe. Como foi? O que deu certo e o que não deu? Como você comunicou a mudança para a equipe? Qual foi a reação dos integrantes? Se tivesse que fazer novamente, o que faria diferente?

- Você compreende bem como sua empresa se sairá em um futuro próximo? Entende a estratégia de tecnologia necessária para atingir esse ponto? Quais são as áreas críticas de foco para a equipe, como velocidade de recursos, desempenho, inovação técnica e contratações, que devem evoluir para que as metas da empresa sejam concretizadas? Onde estão os gargalos e as oportunidades para a evolução do setor de tecnologia que possam promover o avanço da empresa?

- Como é sua relação com os outros membros da equipe de liderança sênior da empresa? Quais relações são boas e quais são ruins? O que você pode fazer para melhorar essas relações ruins? Você compreende bem as prioridades desses profissionais? Eles compreendem bem suas prioridades?

- Se eu perguntasse à sua equipe com quais executivos você se dá bem e com quais não se dá bem, você acha que os integrantes saberiam dizer sem hesitação? Quando o CEO ou a equipe de liderança chega a uma decisão da qual discorda, você é capaz de deixar essa divergência para trás e apoiar a determinação diante da empresa?

- Você está se portando de maneira exemplar diante da equipe? Ficaria satisfeito se os colaboradores começassem a reproduzir seu comportamento no dia a dia? Quando participa de reuniões com a equipe, você domina a conversa ou se dispõe mais a escutar e observar?

- Quando foi a última vez que você perguntou para alguém com quem não tem muito contato sobre sua vida pessoal? Na última vez que alguém enviou um e-mail dizendo que estava doente e ia faltar ao trabalho, você parou um pouco e escreveu de volta desejando uma rápida recuperação?

- Quais são os princípios fundamentais que seus engenheiros seniores devem considerar ao avaliarem serviços e tomarem decisões? Ou, caso sua prioridade seja a organização e não a tecnologia, quais são os princípios fundamentais de gestão que os gerentes devem adotar quando lideram suas equipes?

Implementação da Cultura

Parte do trabalho do líder de engenharia sênior consiste em definir a cultura da respectiva função. Uma falha comum de CTOs novatos é subestimar a importância de expressar de forma clara e consciente a cultura da equipe de engenharia. Se você pretende desenvolver uma nova equipe ou reformar uma equipe existente, negligenciar a cultura do grupo certamente impõe grandes dificuldades a seu serviço. À medida que a equipe cresce e evolui, é importante abordar a cultura como mais um elemento importante da infraestrutura de sustentação.

Na Rent the Runway, tive a oportunidade de estabelecer muitos elementos culturais para a equipe de engenharia. Como o grupo ainda trabalhava com base em um modelo clássico e desestruturado de "startup em desordem" quando assumi o cargo, pude introduzir diversas práticas e estruturas culturais na equipe e seus membros. Esse processo foi uma ótima experiência de aprendizado para mim.

Muitos daqueles que estavam apegados a uma cultura de startup achavam as ideias de "estrutura" e "processo", na melhor das hipóteses, inúteis e, na pior, nocivas. Já vi estudos sobre equipes de startup em que a simples menção à ideia de introduzir uma estrutura evocava descrições como "lenta demais" e "perniciosa a inovações". Os entrevistados acreditavam que a estrutura é responsável pela lentidão de grandes empresas, além de incentivar a formação de burocracias e, em geral, criar locais entediantes de trabalho para pessoas inteligentes.

Quando converso com céticos sobre estrutura, tento reformular a discussão. Em vez de abordar a estrutura, falo sobre aprendizado. Em vez de abordar processos, falo sobre transparência. Não configuramos sistemas devido ao valor inerente da estrutura e do processo. Fazemos isso porque queremos aprender com nossos erros e acertos, compartilhar os resultados e assimilar essas lições de modo transparente. Quando as organizações aprendem e compartilham, ganham mais estabilidade e mais possibilidades de atuação com o tempo.

Pretendo ajudá-lo a desenvolver uma filosofia pessoal para a cultura empresarial e orientá-lo sobre como estabelecer processos e estruturas. Para criar equipes saudáveis, é necessário definir o que importa para você, para sua empresa e para seu crescente grupo de colegas. Determine não só os itens em que tem interesse, mas também um modo de ampliar essas informações e atuar com eficácia à medida que a empresa e a equipe crescem e evoluem. Você precisa tentar diversas estruturas e processos e aprender com cada tentativa, algo difícil quando não há uma teoria básica a ser testada e, portanto, não se pode provar ou refutar hipóteses baseadas nesse referencial teórico. Sendo assim, vamos utilizar uma abordagem científica nesse exercício de criação de uma cultura para determinar como podemos considerar seus elementos essenciais de forma lógica.

Logo no início, startups atraem profissionais capazes de lidar com volumes extremamente altos de incerteza e risco em troca de níveis igualmente altos de liberdade para operar. Não há garantia de longo prazo que assegure o sucesso ou mesmo a continuidade da empresa por um período extenso, mesmo que a ideia seja excelente no papel. Geralmente, o mercado não foi devidamente sondado. Alguns sinais parecem bons; outros, ruins. Talvez haja concorrência acirrada com outras empresas, de pequeno e grande porte. Além disso, muitas vezes temos pouca base para avançar no trabalho. O código não foi escrito. As normas comerciais ainda estão por definir. Não posso deixar de destacar o número de decisões que devem ser tomadas no contexto de uma startup, mesmo nos primeiros anos de desenvolvimento. Das estruturas de tecnologia à decoração dos escritórios, tudo ainda precisa de definição.

Muitas dessas decisões iniciais serão anuladas algumas vezes antes de se chegar a uma determinação. É fácil pensar em alterar uma estrutura incompatível com as demandas de tecnologia da empresa, mas itens como política de férias, horário de trabalho padrão e até mesmo os valores da organização podem mudar e evoluir nos primeiros anos de uma startup.

Nesses estágios iniciais, a ação mais importante para os *líderes* (que, em geral, incluem todos na empresa e não apenas os fundadores e executivos) é estabelecer uma estratégia e implementá-la. Cultive uma postura de determinação diante desse número excessivo de opções. Apareceu um problema? Identifique uma solução e corrija. A solução não funciona? Tente outra coisa. Você não precisa encontrar a solução perfeita, mas algo que o leve à próxima etapa, que pode ser uma nova liberação, surto de crescimento, rodada de financiamento ou contratação.

Às vezes, as empresas optam por limitar suas possíveis decisões, como as organizações que decidem abolir cargos. Embora essa seja uma decisão, não dispor de cargos sugere que você nunca precisará definir o cargo dos profissionais e, portanto, não terá que promovê-los. Além disso, não será preciso desenvolver a estrutura necessária para tomar futuras decisões sobre cargos, porque essa opção não existe. Optar por não optar agora é uma opção muito popular entre novas empresas, pois algumas decisões importam muito pouco em organizações com poucas pessoas.

Um dos melhores textos sobre política organizacional é o artigo "The Tyranny of Structurelessness" [*http://www.jofreeman.com/joreen/tyranny.htm*, conteúdo em inglês] de Jo Freeman. Embora trate dos primeiros coletivos feministas/anarquistas, o texto de Freeman traz insights que também se aplicam muito bem à cultura das startups. Uma pretensa falta de estrutura tende a criar estruturas de poder ocultas em razão da natureza da comunicação humana e dos desafios de ampliar o raio desse processo. Curiosamente, Freeman descreve um quadro de circunstâncias em que um grupo pode atuar na prática sem qualquer estrutura:

1. O grupo deve ser orientado a tarefas. *Sua função tem que ser muito delimitada e específica, como organizar uma conferência ou publicar um jornal. Essencialmente, é a tarefa que estrutura o grupo. A tarefa determina o que deve ser feito e quando. É por meio dela que as pessoas podem avaliar suas ações e planejar suas futuras atividades.*

2. O grupo deve ser relativamente pequeno e homogêneo. *Essa homogeneidade é necessária para que os participantes utilizem uma "linguagem comum" em suas interações. Pessoas de origens totalmente diferentes trazem uma maior diversificação a um grupo de conscientização, onde podem aprender com as experiências umas das outras. Porém, uma diversidade excessiva entre os membros de um grupo orientado a tarefas estabelece apenas uma constante falta de compreensão entre os indivíduos. Pessoas muito diversas entre si interpretam palavras e ações de maneira diferente. Têm expectativas variadas sobre o comportamento das outras pessoas e avaliam resultados com base em critérios distintos. Quando todos se conhecem suficientemente bem a ponto de compreender as particularidades, podem se organizar adequadamente. Contudo, na maioria das vezes, isso só resulta em confusão e horas sem fim dedicadas a resolver conflitos que ninguém conseguirá prever.*

3. Deve haver um alto grau de comunicação. *As informações devem ser transmitidas a todos; as opiniões, verificadas; o trabalho, dividido; e a participação nas decisões importantes, viabilizada. Isso só é possível em grupos pequenos, quando as pessoas vivem praticamente juntas nas fases mais cruciais da tarefa. Nem preciso dizer que o número de interações necessárias para envolver todos aumenta geometricamente com o número de participantes. Isso inevitavelmente limita o número de membros do grupo a aproximadamente cinco ou acaba por excluir alguns indivíduos de certas decisões. Grupos bem-sucedidos podem ter 10 ou 15 participantes, mas apenas quando forem, na prática, compostos de diversos subgrupos menores responsáveis por partes específicas*

da tarefa. *Além disso, os membros desses subgrupos devem ter contato para que as informações sobre as ações em andamento sejam compartilhadas mais facilmente.*

4. *Deve haver um baixo grau de especialização. Nem todos precisam fazer tudo, mas todo o processo deve ser dominado por mais de uma pessoa. Portanto, ninguém é indispensável. No que for possível, as pessoas devem se tornar peças substituíveis.*

Aqui Freeman descreve uma situação comum para muitas startups nos estágios iniciais. Mesmo quando a empresa como um todo cresce para além do pequeno grupo do começo, a equipe de engenharia muitas vezes pressiona para continuar sem estrutura. Logo, contratar engenheiros polivalentes, exclusivamente entre indivíduos ligados às redes profissionais e sociais da equipe atual, resulta em baixa especialização e alta homogeneidade. Impor coesão à equipe reduz o número de obstáculos à comunicação. Por último, e mais importante, para aumentar intensamente a orientação do grupo a tarefas, é necessário dispor de uma equipe de engenharia que opere apenas como braço executivo do setor de produtos ou do fundador.

Tenho a sensação de que alguns leitores vão reclamar dessa caracterização da típica organização de tecnologia de uma startup. Afinal, as equipes de engenharia são formadas pelos profissionais mais bem pagos da empresa! Ainda assim, uma organização sem estrutura pode funcionar com base em uma dinâmica de poder ou hierarquia oculta ou apresentar características que, em última análise, acabam por reduzir sua autonomia, apesar das boas intenções dos seus membros. Em alguns casos, observamos essas duas situações.

O exemplo da equipe sem estrutura também se aplica aos processos e decisões técnicas. Esse é um dos motivos de haver muito código espaguete [programas complicados cuja escrita não é estruturada] em novas startups. Quando uma equipe de integrantes permutáveis executa uma tarefa em uma base de código unificada, muitas vezes não se obtém uma estrutura grande e inteligente como resultado. Na verdade, os profissionais se limitam a fazer um ajuste aqui e um hack ali, enfim, qualquer coisa que resolva o problema e avance o processo. Sem nenhuma surpresa, geralmente temos que promover a refatoração do código espaguete quando trabalhamos na sua escalabilidade, porque a refatoração comumente envolve identificar e esquematizar expressamente a estrutura para facilitar a leitura e manipulação da base de código.

Em síntese, esse é o valor da estrutura. A estrutura indica o modo como escalamos, diversificamos e assumimos tarefas de longo prazo mais complexas. Aplicamos esse conceito no software, nas equipes e nos processos. Assim como ótimos designers de sistemas técnicos identificam e adaptam as estruturas subjacentes dos sistemas, líderes fortes também podem identificar e adaptar a dinâmica e as estruturas subjacentes das equipes de modo a atender às metas de longo prazo da equipe e viabilizar o desempenho máximo dos profissionais.

Nada é mais ridículo do que uma pequena equipe com uma hierarquia rígida. Convenhamos que uma equipe com cinco pessoas, em que a quinta é subordinada à quarta, que é subordinada à terceira, que é subordinada à segunda, que é subordinada à primeira, parece muito estranha e provavelmente desnecessária. Da mesma forma, quando a empresa está em dificuldades e uma equipe com cinco colaboradores passa a maior parte do tempo em reuniões para definir o papel higiênico que deve ser colocado nos banheiros, suas prioridades parecem um pouco distorcidas. A estrutura pode ser implementada cedo demais e acabar prejudicando e atrasando um grupo que deveria estar focado em outras coisas.

Contudo, mais comumente observamos que a estrutura chega tarde demais às pequenas empresas. Os problemas se acumulam lentamente. Então, alguém se acostuma a tomar todas as decisões e a mudar de ideia com frequência. Essa estratégia funciona bem quando o grupo é formado apenas por esse profissional e algumas pessoas. Mas se ele continuar com essa mesma atitude à frente de uma equipe com 10, 20 ou 50 profissionais, você observará um alto grau de confusão e desperdício de energia. O custo de mudar de ideia fica cada vez mais caro.

Uma das melhores analogias que já ouvi sobre liderança de startups veio de um amigo, On Freud, que já atuou na engenharia de gestão para diversas startups. Segundo On, novas startups são como dirigir um carro de corrida. Você está colado ao solo e sente cada movimento. Está no controle, pode dar uma guinada rápida e tem a sensação de que tudo se move rapidamente. Evidentemente, há o risco de se acidentar a qualquer momento, mas isso só depende de você. Depois de um certo ponto, o carro de corrida dá lugar a um avião comercial. Você fica muito mais longe do solo e passa a ser responsável pelas vidas de outras pessoas. Portanto, deve prestar muita atenção a seus movimentos, embora ainda tenha controle e possa alterar o curso da aeronave com relativa rapidez. No último estágio, vem a espaçonave. Nela, você não pode fazer movimentos bruscos e tem que definir a rota com muita antecedência. No entanto, pode ir muito longe e levar muita gente na jornada.

Como Avaliar Sua Função

Determine o porte da embarcação que você deve conduzir. Para isso, utilize uma combinação entre o número de colaboradores, a idade, o tamanho da infraestrutura atual (software, processos e itens semelhantes) e a tolerância a riscos da empresa:

Colaboradores

Quanto maior for o número de colaboradores, mais você precisará de uma estrutura inteligente para que todos sigam na direção correta. Líderes que pretendem ter um alto nível de controle sobre a organização tendem a exigir uma estrutura mais consolidada para que seus objetivos sejam concretizados. Em geral, empresas modernas direcionam seu foco estrutural para a definição de metas em vez de concentrar todas as decisões no topo da hierarquia, mas não subestime a estrutura necessária para efetivamente definir e comunicar seus objetivos.

Idade

Quanto maior o tempo de atividade da empresa, mais arraigados são seus hábitos. Por outro lado, ela tende a continuar sobrevivendo.

Tamanho da infraestrutura existente

Se você dispõe de algumas regras comerciais estabelecidas (do tipo "é assim que determinamos o que cobrar dos clientes") e alguma infraestrutura física (como lojas, depósitos ou estoque) e de código, a necessidade de estrutura é menor. Por outro lado, quanto mais normas comerciais e infraestrutura você tiver, maior será a necessidade de definir objetivamente como utilizá-las.

Tolerância a riscos

Você atua em um setor altamente regulamentado? Tem muito a perder caso cometa determinados tipos de erros? Suas estruturas e processos devem se orientar por esses pontos. Em geral, quanto maior o número de colaboradores que dependem de você em uma empresa de grande porte, sua disposição para correr riscos será menor, mesmo que não haja disposições regulatórias aplicáveis.

A estrutura cresce à medida que a empresa cresce e envelhece. Na verdade, existe até uma lei que descreve esse fenômeno no livro *Systemantics*[1], de John Gall:

> *Invariavelmente, constatamos que um sistema complexo que funciona evoluiu a partir de um sistema simples que funcionava. Um sistema complexo projetado desde o início não funcionará, a despeito das tentativas de corrigi-lo. É necessário recomeçar utilizando um sistema simples que funcione.*

---

[1] John Gall, *Systemantics: How Systems Really Work and Especially How They Fail* (Nova York: Quadrangle/The New York Times Book Co, 1975).

Sua empresa começou como um sistema muito simples que contava com poucas pessoas. À medida que mais e mais pessoas, regras e infraestrutura foram sendo incorporadas, a organização evoluiu para um sistema complexo. Não vejo muita vantagem em trabalhar demais no design do processo ou estrutura da equipe quando o grupo é pequeno e está funcionando bem. Contudo, quando certamente se deparar com um fracasso, aproveite essa oportunidade para investigar e identificar o local em que sua estrutura precisa de alterações. No exemplo do plano de carreira, um único pedido de demissão de um colaborador por falta de perspectiva de crescimento profissional pode não ser suficiente para que você crie um plano. Mas talvez isso mude quando muitos profissionais resolverem se desligar ou não ingressar na empresa. É necessário avaliar o valor proporcionado à equipe pela falta de estrutura em comparação com o custo de perder profissionais que você gostaria de ter na organização.

Tenho uma recomendação simples para o líder: sempre que ocorrerem fracassos, examine todos os aspectos da realidade que estejam contribuindo para esses eventos. Os padrões observados são oportunidades para que a estrutura evolua por meio da criação de estruturas adicionais ou diferentes, ou da eliminação de estruturas. Determine a frequência e os custos do fracasso e utilize seu bom senso para definir as mudanças necessárias. Oriente a evolução com base no fracasso para aplicar a estrutura no nível correto. Caso o fracasso esteja ocorrendo em apenas parte do sistema, como uma equipe, você pode tentar abordar a estrutura dessa equipe sem necessariamente alterar a estrutura maior. Mas como analisar o sucesso? Bem, *podemos* aprender com o sucesso, mas ele em geral é um professor ruim. Ironicamente, mesmo que a sorte seja um fator nos dois casos, tendemos a atribuir o fracasso ao azar e o sucesso às nossas próprias ações. De acordo com a lei de Gall, um sistema simples que funciona pode evoluir para um sistema complexo, mas isso não significa que as lições aprendidas com um sistema complexo bem-sucedido permitem a replicação desse sucesso em outros locais. Os seres humanos tendem a recorrer ao azar para explicar seu fracasso até que seja impossível ignorar suas próprias contribuições ao evento. Portanto, ficamos menos propensos a estruturar excessivamente nossas equipes quando tiramos lições dos fracassos. Por outro lado, o sucesso sugere a tentação da bala de prata, um truque esquisito que pode deixar tudo perfeito. Para aprender com o sucesso, procure identificar efetivamente a melhoria que você pretende fazer ao aplicar essas lições de forma mais ampla e compreenda o contexto necessário para reproduzir o sucesso em questão.

A idade da empresa e o tamanho da equipe também influenciam essa questão. Se sua empresa já está no mercado há um certo tempo e tem grande possibilidade de continuar operando no futuro, utilizar, adicionar ou remover uma estrutura para melhorar a eficiência é bastante recomendável, mesmo que a implementação exija algum investimento inicial. Isso faz parte do truque. O aprendizado quase nunca é de graça. Analisar situações e definir boas concessões exige tempo. Caso o valor do seu tempo futuro seja menor do que o valor do seu tempo presente, economizar tempo futuro não será sua maior prioridade. O fato de sua empresa ser grande, antiga e estável não o autoriza a implementar toda estrutura rígida e imutável que quiser. Muitas vezes, as mudanças na tecnologia diminuem o risco de algumas ações em comparação com alternativas mais lentas. Um bom exemplo disso é a frequência das liberações de software. Durante muito tempo, liberar software com frequência era difícil e caro, em grande parte porque se enviava o software para o usuário. No mundo SaaS [sigla em inglês para Software como Serviço, uma forma de distribuição e comercialização desses produtos] de hoje, bugs podem ser facilmente corrigidos, e o risco de se enviar um bug é muito menor do que o de não ampliar rapidamente os recursos para se manter à frente da concorrência. Esse tipo de apego incondicional às velhas estruturas deixa muitos profissionais hesitantes em adotar qualquer espécie de estrutura. Mas, se você não adotar uma estrutura quando necessário, tudo pode dar errado.

Quando todo colaborador recém-contratado atrasa a equipe em alguns meses porque não há processo de integração, esse fracasso se deve à falta de estrutura. Quando os profissionais se desligam regularmente da empresa por falta de perspectiva de avanço na carreira, esse fracasso se deve à falta de estrutura. Quando pela terceira vez ocorre uma interrupção na produção porque alguém logou diretamente no banco de dados e apagou acidentalmente uma tabela crítica, esse fracasso se deve à falta de estrutura. Como disse antes, prefiro falar sobre aprendizado e transparência do que empregar a palavra *estrutura*. Isso porque o assunto principal aqui é identificar as causas dos fracassos, especialmente quando são frequentes, e tentar definir mudanças que resolvam esses problemas. Portanto, estamos falando essencialmente de aprendizado.

Como Criar uma Cultura

Cultura é um modo de fazer o trabalho sem que os profissionais tenham que pensar muito.

— **FREDERICK LALOUX, *REINVENTANDO AS ORGANIZAÇÕES: UM GUIA PARA CRIAR ORGANIZAÇÕES INSPIRADAS NO PRÓXIMO ESTÁGIO DA CONSCIÊNCIA HUMANA***

Cultura é um tópico muito discutido no desenvolvimento de startups. Quais são os valores principais da empresa? O que é uma cultura empresarial? Os colaboradores recém-contratados têm "compatibilidade cultural"? Essa "compatibilidade cultural" é um ardil ou um conjunto de práticas de contratação discriminatórias?

Hoje em dia não tenho nenhuma dúvida: cultura é real e incrivelmente importante, embora muitos não compreendam esse conceito. Pode ser uma consequência natural e fácil da evolução da empresa ou se tornar rapidamente um problema quando não levada a sério. Parte do trabalho do líder consiste em orientar conscientemente a cultura da equipe. Mas, para obter sucesso, você deve primeiro compreender seu significado.

O que é cultura? Em geral, cultura é o conjunto de regras implícitas de uma comunidade. Por exemplo, nos Estados Unidos, a cultura indica que devemos apertar as mãos quando conhecemos alguém. Já em outras culturas, é muito esquisito tocar em pessoas desconhecidas. Sua cultura se expressa nos diferentes tratamentos que você dispensa às pessoas com base no cargo e na relação que tem com elas. Isso não significa que todos devem ter exatamente os mesmos valores, mas a cultura tende a favorecer posturas gerais e cria várias regras de interação que eliminam a necessidade de análises excessivas para quem participa ativamente do espaço cultural.

É possível tomar decisões com base em métodos em vez de valores culturais, como, por exemplo, padrões de contratos formais ou informais. Os profissionais podem realizar uma análise exclusivamente baseada em dados e determinar o melhor resultado possível. Mas em ambientes complexos, onde as demandas coletivas devem se sobrepor às individuais, os valores culturais são um fator de coesão para que a equipe trabalhe em grupo e tome decisões diante de incertezas. Por isso, identificar e orientar a cultura é tão importante para o sucesso de uma empresa.

Quando iniciamos uma nova empresa, não há nenhuma garantia de que ela terá uma cultura saudável predeterminada. Talvez você queira fundar uma comunidade planejada, formada por indivíduos com os mesmos interesses que, juntos, desenvolverão produtos e um local de trabalho excelentes. Mas a realidade é muito mais complexa do que isso. No mundo real, há uma corrida pela sobrevivência, e só pensamos a cultura *a posteriori* ou como uma justificativa pontual. Os colaboradores da primeira leva formam a cultura, para o bem ou para o mal ou, mais provavelmente, como uma mistura de aspectos positivos e negativos.

Nem todos são compatíveis com qualquer empresa, e quanto antes você perceber isso, melhor. Às vezes, hesitamos em adotar valores fundamentais por receio de estabelecer práticas discriminatórias. Na minha opinião, quando desenvolvido com inteligência, um conjunto de *valores* pode reduzir as manifestações superficiais de discriminação que muitas vezes ocorrem em empresas de tecnologia e criar uma comunidade real de profissionais que compartilham princípios fundamentais e modos de comunicação. É vantajoso criar uma cultura que permita a integração de uma ampla diversidade de pessoas à sua comunidade. Uma seita de "engenheiros formados pelo MIT" não é uma cultura. Já um grupo de "pessoas que valorizam inovações tecnológicas, dedicação profissional, inteligência, processo científico e dados" pode ser. Na primeira situação, apenas um subconjunto microscópico da humanidade pode ser integrado com sucesso. Na segunda, um espectro muito mais amplo de profissionais podem ser compatíveis, contanto que, de fato, tenham os mesmos valores.

Nas empresas que adotam valores fundamentais, esses valores provavelmente foram criados pelos fundadores, com ou sem os colaboradores da primeira leva, e refletem a cultura de cada organização. É importante compreender esse ponto porque, querendo ou não, você será avaliado com base nesses valores. Os valores da equipe fundadora serão reforçados, reconhecidos e recompensados no âmbito da empresa. Pela minha experiência, os profissionais que realmente adotam e demonstram sua adesão aos valores fundamentais de uma empresa tendem a se sair bem naturalmente. São facilmente compatíveis. Podem ficar estressados ou trabalhar demais, mas são admirados e geralmente estão satisfeitos. Já os colaboradores que não se adaptam a todos os valores com tanta facilidade terão dificuldades. Isso não significa que eles se darão mal, mas vivenciarão um atrito maior e talvez tenham que se esforçar muito para se adaptar e se sentir aceitos.

Porém como isso se aplica a seu caso? Se você é um executivo técnico, cofundador ou CTO, essas informações têm grande utilidade. Quando ingressamos ou fundamos uma empresa com valores muito diferentes dos nossos, vivenciamos um alto nível de atrito e dificuldade. Nos níveis mais altos, a harmonia cultural influencia todas as ações, pois passamos grande parte do tempo em negociações, colaborações e trabalhos com equipes de diversas funções. Mas isso não significa que você não pode se sair bem em uma empresa que adota alguns valores diferentes dos seus. Na verdade, é muito raro ter uma compatibilidade perfeita com cada valor de cada integrante da equipe sênior de uma empresa. Você provavelmente não concorda com todos os valores nem mesmo dos seus amigos e familiares! Ainda assim, o grau de correspondência entre as características que mais valorizamos e as valorizadas pela empresa determina, em grande parte, a facilidade da adaptação.

Como Aplicar Valores Fundamentais

Compreender e cultivar a cultura é uma parte essencial do seu trabalho como líder, fundador ou executivo. Portanto, indico aqui algumas sugestões para abordar essa questão.

Primeiro, defina sua cultura. Se a empresa dispõe de um conjunto de valores, você deve esquematizá-lo para a equipe. É possível adicionar alguns valores que o grupo considera especiais ou interpretá-los de uma forma que a equipe compreenda. Na equipe de tecnologia que eu gerenciava na Rent the Runway, por exemplo, valorizávamos expressamente a diversidade. Em outras palavras, estávamos mais interessados no que o profissional podia fazer e no seu potencial do que no preenchimento de um determinado número de requisitos durante o processo de triagem. Estabelecemos uma cultura de aprendizado no topo dos valores da empresa porque isso era importante para nós como engenheiros. O objetivo dessa ação era possibilitar que cada subgrupo tivesse um cultura própria, um pouco diferente das demais. Algumas equipes apresentavam uma conduta mais profissional, atuando no horário normal de trabalho e de forma bastante disciplinada. Outras preferiam começar a trabalhar mais cedo ou mais tarde, adotavam culturas de reuniões menos formais e abriam mais espaço para conversas e interações sociais.

Segundo, reforce a cultura recompensando os profissionais por demonstrarem valores de modo positivo. Os colaboradores podem compartilhar histórias que envolvam valores fundamentais nas reuniões gerais da empresa. Nessas ocasiões, os profissionais do nosso departamento de tecnologia incentivavam uns aos outros a se superarem com gritos de "manda ver". Alguns colaboradores acham esse exercício desconfortável, inclusive eu. Essa prática esbarra naquela sua parte que é tímida demais para elogiar pessoas e compartilhar seus sentimentos, mas encoraja a outra parte que preza pelos colegas de trabalho. É possível compartilhar essas histórias de modo que não pareçam forçadas ou artificiais. Tenha em mente que as histórias que contamos consolidam os laços da nossa comunidade.

Uma das utilidades mais importantes das avaliações de desempenho é determinar a sintonia entre os valores dos membros das equipes e os valores da empresa e, portanto, definir quais valores devem integrar o processo de avaliação de desempenho. Elogie quando os profissionais empregarem alguns dos valores fundamentais da equipe e o modo como expressam essa conduta. Essa prática reforça o comportamento esperado de modo positivo e possibilita identificar quem adota a maioria ou todos os valores e quem não o faz.

Aprenda a identificar profissionais cujos valores são opostos aos da empresa ou da equipe. Se sua empresa tem uma política de "arregaçar as mangas e se envolver", o profissional que sempre empurra trabalho para os outros não está realmente adotando esse valor. Se o lema "felicidade e positividade são escolhas" for um dos seus valores, o profissional que joga para baixo todas as ideias e critica tudo terá problemas para se adaptar. Às vezes, as pessoas mudam e passam a adotar os valores. Embora o lema "felicidade e positividade são escolhas" seja um dos valores fundamentais da Rent the Runway, não posso dizer que minha carreira teve um início voltado para a felicidade. Na verdade, sou produto de uma cultura muito profissional e crítica, mas aprendi a apreciar o valor de encarar as coisas com uma perspectiva mais positiva. Com certeza, não perdi meu senso crítico e nunca foi fácil assimilar esse valor integralmente, mas também não foi o fim do mundo. Utilizar os valores fundamentais para orientar os profissionais da sua área que estiverem fora de sintonia pode ajudá-lo a articular uma situação que, de outro modo, seria interpretada como um atrito ambíguo.

Por último, utilize esses valores no seu processo de entrevista. Oriente os entrevistadores sobre os valores da equipe para que identifiquem pontos em que o entrevistado demonstre sintonia ou oposição a esses valores. Muitas entrevistas tentam determinar a compatibilidade cultural com base no que chamo de marcadores de "amizade", ou seja, algo como: "Seria uma boa esperar um voo com esse cara no aeroporto?" Definitivamente, você não deve contratar profissionais que sua equipe não suporta, mas compatibilidade cultural não tem nada a ver com contratar amigos. Já tive excelentes relações de trabalho com pessoas com quem não gostaria de conversar por algumas horas fora da empresa e péssimas relações de trabalho com pessoas com quem adoraria esperar um voo no aeroporto. Além disso, quando determinada com base em testes de amizade, a compatibilidade cultural quase sempre é, de alguma forma, discriminatória. Os seres humanos formam amizades com pessoas com quem compartilham experiências importantes, que tendem a estar relacionadas com escolaridade, raça, classe e gênero. Geralmente, as vantagens de contratar amigos não correspondem aos valores essenciais à formação de uma equipe forte.

Portanto, não seja vago ao discutir compatibilidade. Seja específico. Quais são os valores da equipe? Em que pontos há compatibilidade e incompatibilidade? Um engenheiro muito inteligente que valoriza independência pode não ser compatível com uma equipe em que todos os integrantes colaboram extensivamente em todos os projetos. Um profissional inclinado a defender sempre o argumento mais analítico pode não trabalhar bem em uma empresa que valoriza empatia e intuição em comparação com uma pura habilidade analítica. Nesses exemplos, fica claro que todos os valores mencionados aqui são compatíveis em determinadas situações e incompatíveis em outras, daí sua grande eficácia como medida. Compreenda os valores da sua empresa e da sua equipe e determine o que você realmente valoriza. Se não estiverem escritos, escreva os valores e tente expressá-los objetivamente. Utilize essa lista específica para avaliar candidatos, elogiar colaboradores e orientar seu processo de avaliação de desempenho.

Como Criar uma Política Cultural

Criar uma política cultural pode ser difícil por conta da complexidade de se elaborar um documento como esse do zero. Felizmente, vem caindo o número de documentos que precisam ser criados desde o início, pois há uma tendência crescente ao compartilhamento de políticas e processos aplicáveis a itens tão diversos quanto planos de carreira, quadros salariais e gestão de incidentes. Contudo, copiar um documento inicial nem sempre é suficiente. Aprendi essa lição do modo mais difícil quanto tentei elaborar meu primeiro plano de carreira para engenharia. Como vimos antes neste capítulo, existe um momento para incluir a estrutura, e essa geralmente é uma situação complicada. O fracasso que me impulsionou a criar o plano de carreira surgiu quando nossa equipe de RH realizava a revisão salarial da equipe de engenharia. Foi aí que constatei que não havia nenhuma estrutura salarial. Por conta da ausência dessa estrutura, a maioria dos profissionais era paga com base em uma combinação entre salário de cargos anteriores e habilidades de negociação. Além disso, havia uma grande dificuldade em definir novas contratações. Devíamos contratar apenas engenheiros "seniores"? O que isso significava? Não precisávamos de ninguém para a gerência ou outras funções?

Depois de uma cutucada da equipe de RH, comecei a criar um plano de cargos e salários [*http://dresscode.renttherunway.com/blog/ladder*, conteúdo em inglês], que cito em diversas partes deste livro. Primeiro, perguntei a alguns amigos que atuavam em outras startups se alguém tinha um plano. Um deles tinha e compartilhou comigo. Naquele plano havia oito níveis, que iam do engenheiro iniciante ao executivo, divididos em quatro categorias: habilidades técnicas, produtividade, impacto e comunicação e liderança. Peguei esse plano, adicionei mais detalhes, renomeei os níveis e apresentei o resultado. Esse plano tapa-buraco era muito básico. Para cada nível, em cada habilidade, havia uma ou talvez duas frases que caracterizavam o profissional que atuava no nível em questão. Mesmo com as informações adicionais que incluí, o plano continha quatro pontos a serem observados para cada categoria. Os níveis iniciais eram os piores, pois apresentavam apenas informações muito básicas e bem poucas orientações aos engenheiros em início de carreira. Apresentei o novo plano à equipe e utilizei o mesmo estilo de comunicação que o meu amigo. Disse que aquilo servia para expressar nossa transparência diante de itens como remuneração e que os colaboradores utilizassem como referência para discutir seu nível com o gerente e obter informações sobre como crescer. Destaquei para a equipe que o plano não era nada demais e que não havia porque ficar obcecado pelo próprio nível. Em seguida, abordei um post do blog de John Allspaw intitulado "On Being a Senior Engineer", [*http://www.kitchensoap.com/2012/10/25/on-being-a-senior-engineer/*, conteúdo em inglês] para tentar inspirar a equipe a avançar no trabalho.

Para resumir, meu primeiro plano de cargos e salários foi um fiasco.

Por que um plano que parecia funcionar tão bem para o meu amigo falhou tão terrivelmente para mim? Só posso especular, mas havia enormes diferenças entre nossas empresas. Minha organização era diversa quanto aos profissionais. A maioria dos integrantes da minha equipe vinha de pequenas empresas e startups, mas havia alguns profissionais, como eu, que tinham passagem por grandes empresas de finanças e apenas dois com grande experiência em empresas de tecnologia de grande porte. Na prática, não havia hábitos culturais compartilhados para serivrem de base devido a essa variedade de experiências profissionais. Por outro lado, meu amigo gerenciava uma equipe formada por um grupo numeroso e consistente de profissionais que haviam trabalhado para a mesma grande empresa de tecnologia. Portanto, na outra equipe existia uma compreensão compartilhada muito maior que não precisava ser estabelecida expressamente.

Estou compartilhando essa história por um motivo muito importante: onde meu amigo obteve sucesso, eu fracassei, apesar de utilizarmos o mesmo modelo. Essa lição é crucial para todos que pretendem criar uma boa cultura em equipes. O que funciona em uma empresa (uma organização que cria um determinado tipo de produto ou atua em um determinado setor) nem sempre pode ser bem traduzido para outra empresa, mesmo que as duas tenham muito em comum. Nós dois gerenciávamos startups quando elaboramos nossos respectivos planos e o tamanho das nossas equipes era semelhante, mas precisávamos de coisas diferentes para o sucesso de cada grupo. O fiasco do meu primeiro plano de cargos e salários ocorreu porque minha equipe precisava de mais detalhes. Aquele plano superficial tinha como objetivo evitar que a equipe ficasse obcecada por níveis e promoções, mas, em vez disso, a ausência de detalhes só fez alimentar a obsessão de muitos colaboradores. Os engenheiros passaram a alegar que mereciam estar nos níveis mais altos devido à imprecisão dos detalhes. Isso causou uma série frequente de dores de cabeças.

Como Elaborar um Plano de Carreira

Indico aqui alguns pontos importantes a serem considerados durante a elaboração do plano de carreira da sua organização:

- **Solicite a participação da equipe.** Para desenvolver um plano melhor, tive que mudar minha abordagem. Primeiro, em vez de fazer tudo sozinha, contei com o auxílio de engenheiros e gerentes seniores da equipe que me ofereceram feedback e indicaram detalhes. Pedi que os colaboradores destacassem itens que não compreendiam. Pedi sugestões de reformulações, adições, edições e detalhes. Discutimos tudo em grupo e organizamos subgrupos para trabalhar nas partes do plano em que tinham mais interesse. Por exemplo, os colaboradores individuais seniores atuaram na formulação das expectativas de competência técnica e habilidades estabelecidas para os níveis dos colaboradores individuais.

- **Pesquise exemplos.** Também consegui mais exemplos de planos com amigos que atuavam em outras empresas e reuni mais ideias para os detalhes. Hoje em dia, há muitos materiais disponíveis que podem servir de base para a elaboração de qualquer plano de carreira. Mas na época tive que pesquisar e pedir cópias impressas de tudo que pudesse ser compartilhado e de anotações com informações relevantes. Os melhores detalhes que obtive vieram de amigos que trabalhavam em empresas maiores, especialmente nas que tinham uma sólida reputação técnica. Como pode ser difícil explicar o escopo de trabalho previsto para níveis técnicos muito seniores, dispor desses exemplos de empresas maiores nos ajudou bastante a incluir os detalhes no documento.
- **Seja detalhista.** Um dos maiores desafios na formulação de um bom plano é esquematizar os detalhes. Você quer algo que seja inspirador e descritivo, mas que represente sua empresa. Não faz sentido determinar que um diretor à frente de uma equipe de engenharia com 50 profissionais em uma startup também atue na gestão de, digamos, uma divisão inteira, embora essa seja uma expectativa razoável em uma grande corporação multinacional. Defina quais detalhes você apreciaria ao decidir pela contratação ou promoção de um profissional para um determinado nível e tente incluir esses detalhes conforme o caso.
- **Utilize descrições extensas e sumários.** Dividi o plano em dois documentos. A primeira versão era uma planilha de consulta rápida que possibilitava a visualização dos atributos dos diversos níveis lado a lado e da sua evolução até os níveis superiores. Esse documento foi útil porque, enquanto elaborava o plano, pude observar o desenvolvimento de um nível ao outro e a ampliação do escopo, habilidades e responsabilidades das funções. A segunda versão era a íntegra do plano. Elaborar esse documento extenso foi útil porque pude contar a história completa dos profissionais de cada nível. Ao contrário da visualização de um nível como um conjunto de habilidades e atributos, o documento extenso do plano lembra uma avaliação de desempenho de um colaborador que opera bem em cada nível. Você e sua equipe podem observar como essas habilidades atuam em conjunto para formar uma função completa. O plano deve ter quantos níveis? Para chegar a uma conclusão, é necessário responder a duas perguntas. Primeira, como os profissionais são pagos? Segunda, como você reconhece as conquistas dos colaboradores?
- **Determine a relação entre plano e salário.** O departamento de RH deve usar o plano de carreira para definir expectativas salariais. Geralmente, cada nível terá uma faixa salarial ou um intervalo entre os valores máximo e mínimo do

salário-base a ser recebido por um profissional no nível em questão. Se não houver muitos níveis, serão necessárias faixas salariais mais amplas. Isso porque dois colaboradores no mesmo nível podem atuar de forma muito diferente e os engenheiros geralmente esperam obter aumentos salariais frequentes, especialmente nos estágios iniciais da carreira.

- **Estabeleça muitas oportunidades para avanço nos níveis iniciais.** É comum a orientação de incluir diversos níveis no início do plano para atender aos engenheiros, que esperam aumentos e promoções frequentes. Talvez você queira promover um colaborador todo ano nos primeiros dois ou três anos da carreira. Se esse for o caso, crie diversos níveis para a função de *engenheiro de software* e estabeleça faixas salariais relativamente estreitas para eles, com base na expectativa de que os profissionais nessas funções deverão ser promovidos rapidamente ou se desligarão da empresa.

- **Adote faixas salariais estreitas nos estágios iniciais da carreira.** Dispor de muitos níveis e faixas salariais estreitas significa que você pode promover colaboradores rapidamente e justificar a concessão de aumentos, enquanto mantém relativamente equilibrados os salários de todos os profissionais em mesmo nível. Essa é uma boa prática quando há interesse em isonomia salarial e na eliminação de vieses que podem levar, digamos, à atribuição de salários maiores para homens em relação às mulheres em um mesmo nível. Infelizmente, é incrivelmente difícil criar, entre dois níveis próximos, detalhes tão específicos que possibilitem uma fácil distinção entre profissionais nesses dois estágios.

- **Adote faixas salariais amplas quando e onde houver menos níveis.** Dispor de faixas salariais amplas e menos níveis estabelece uma distinção clara entre as habilidades de cada nível e facilita a identificação dos colaboradores que operam em cada nível. Caso haja níveis bastante espaçados, você deve utilizar faixas salariais extensas e sobrepostas. Por exemplo, a faixa para engenheiros de software pode ser de US$50.000 a US$100.000, enquanto a faixa para engenheiros de software seniores ficaria entre US$80.000 e US$150.000. Esse procedimento é necessário porque abre espaço para a retenção de talentos que apresentam bom desempenho nos níveis atuais, mas que não estão prontos para assumir as responsabilidades adicionais dos níveis seguintes. Esse espaço também serve para a contratação de profissionais indecisos com base na proposta de entrar em um nível mais baixo com a possibilidade de uma rápida promoção.

- **Determine níveis-limite.** É comum que as empresas estabeleçam determinados níveis como de "promoção ou demissão". São funções de início de carreira, em que a inércia indica que o profissional não atingiu a maturidade ou independência necessárias para permanecer na organização. Essa política tende a ser traduzida no plano como um nível-limite expresso ou tácito. Qual é o nível mais baixo em que um colaborador pode ficar por tempo indefinido, sem nunca obter promoção, mas com desempenho aceitável? Esse é o nível-limite. Em muitas empresas, esse parâmetro fica em torno do cargo de engenheiro sênior. Quando um profissional chega a esse ponto, certamente é um integrante consistente da equipe, mas pode continuar nesse nível indefinidamente por vontade própria. Tenha sempre uma noção de onde está esse ponto, pois poderá utilizá-lo como referência para dificultar o acesso aos níveis superiores. Sua equipe certamente se concentrará em torno desse nível, com poucos integrantes acima e abaixo dele.

- **Reconheça as conquistas dos colaboradores.** Algumas empresas tentam manter seus níveis em segredo, mas isso quase nunca é possível. As pessoas falam. Contudo, você pode se empenhar bastante para divulgar determinados níveis, enquanto mantém outros em segredo, sem comunicar essa informação nem mesmo para os colaboradores. Alguns departamentos de RH dispõem de números de tabelas salariais que utilizam para rastrear salários que não têm nenhuma relação com planos de carreira. Não estou recomendando essa prática. Contudo, estabeleça o acesso a alguns dos seus níveis como promoções especiais, que poderão ser compartilhadas e celebradas. Acredito que a promoção para o cargo de engenheiro sênior é um grande passo, assim como a chegada às funções de engenheiro da equipe técnica e engenheiro-chefe, quando houver esse cargo. Na gerência, vale a pena comemorar promoções para a diretoria e VP. Quando estabelecemos níveis especiais a uma distância razoável uns dos outros, alimentamos a sede de conquistas dos colaboradores, que passam a não pensar apenas no próximo aumento, mas em chegar a esses níveis importantes para suas carreiras em longo prazo.

- **Separe a carreira técnica da gerência.** Hoje em dia, é bastante óbvio que devemos separar a gerência da carreira dos colaboradores. Os colaboradores não devem achar que o avanço só pode ser concretizado pela gestão de pessoas, pois nem todo mundo se adapta a essa função. Em geral, haverá uma divisão acima do cargo de engenheiro sênior, em que as organizações começam as especificar níveis técnicos e gerenciais. Contudo, você não deve necessariamente esperar o mesmo número de colaboradores nos níveis técnicos seniores e nos níveis gerenciais seniores. A gerência sênior na maioria dos casos é uma demanda baseada no volume. Você precisa de uma quantidade suficiente de gerentes para atuarem na gestão dos colaboradores da equipe. Já a área técnica sênior depende da complexidade e do escopo da liderança que suas equipes e produtos exigirem. É possível que uma equipe grande tenha apenas alguns técnicos seniores e que uma equipe pequena com muitos técnicos seniores tenha poucos gerentes. Um equilíbrio perfeito nesse ponto não ocorre comumente.

- **Determine as habilidades de gestão de pessoas como um requisito na metade da carreira.** Incentive todos os profissionais a terem algum tipo de experiência com gestão ou mentoria antes de serem promovidos para os níveis acima da separação de carreiras. Na maioria das empresas, as carreiras devem ser separadas quando os colaboradores começarem a demonstrar liderança na gestão de pessoas ou no design de software. Mas até mesmo no design de software é preciso lidar com pessoas e suas demandas. Excelentes colaboradores individuais seniores ainda precisam saber como executar a gestão de projetos e oferecer mentoria para membros recém-integrados à equipe. Portanto, determine a experiência de liderança (geralmente por meio da atuação como líder de tecnologia) como um requisito da promoção para os níveis seniores aplicáveis aos colaboradores individuais.

- **Anos de experiência.** Ninguém gosta de impor obstáculos artificiais aos profissionais, e anos de experiência pode parecer o obstáculo mais artificial de todos. Dito isso, recomendo abordar essa questão com inteligência. Nos meus planos, diferencio níveis especiais com base em uma expectativa de aumento na maturidade, que tende a estar relacionada com os anos de experiência no setor e, até certo ponto, com a idade. Vamos pegar o caso do engenheiro da equipe técnica como exemplo. É necessário ter muita maturidade individual para analisar projetos de grande escala, o que, na minha opinião, representa o grande diferencial do engenheiro da equipe técnica. Um brilhante programador não será necessariamente um excelente engenheiro da equipe técnica. Você deve ter um histórico profissional que inclua a conclusão e suporte de alguns projetos de longa duração para justificar sua indicação ao cargo.

- **Não tenha receio de evoluir com o tempo.** Ao elaborar um plano como esse, você está criando um documento vivo que deve evoluir de acordo com o crescimento da sua empresa. Provavelmente, alguns detalhes serão esquecidos. Os desenvolvedores centrados no front-end tiveram dificuldades de interpretar o meu plano devido ao foco que mantive no desenvolvimento de infraestrutura. Então, tivemos que ajustar o documento para que ele correspondesse à realidade dos profissionais seniores da área.

Um bom plano de carreira é um elemento crítico para a contratação, avaliação de desempenho e, evidentemente, promoção. Se você não tiver a oportunidade de criar esse documento, não hesite em mobilizar a equipe. Os melhores processos e documentos refletem a equipe como um todo e não apenas seu viés no momento da elaboração. Uma das maiores vantagens de definir esses planos em uma empresa pequena é a possibilidade de mobilizar muitos profissionais sem esbarrar em uma tonelada de burocracia ao longo do processo.

Equipes Interfuncionais

Com quem você trabalha? A quem está subordinado? Com quem colabora? As respostas são óbvias em empresas muito pequenas (resposta: todos) e empresas muito grandes (resposta: há uma estrutura muito bem definida que foi estabelecida antes de você ingressar na organização). Como líder de uma empresa em crescimento, você deve ajudar a equipe e a organização a responderem a essas perguntas pelo menos uma vez, mas provavelmente terá que fazer isso várias vezes. Quais serão as respostas?

Agora vou falar um pouco sobre uma das melhores experiências que tive quando trabalhava na Rent the Runway: a evolução da nossa organização de engenharia de produtos. Quando entrei na empresa, a equipe de engenharia estava divida em dois grupos: *vitrine*, responsável pelo desenvolvimento do site voltado para os clientes, e *depósito*, que dava suporte ao software que controlava as operações de armazenagem. Rapidamente promovemos a evolução da vitrine, que passou a operar front-end e back-end, porque reescrevemos o código, que foi de um monolito em PHP [linguagem de código aberto de uso geral] para uma arquitetura de microsserviços baseada em Java e Ruby.

Na reta final do meu primeiro ano, realizamos um experimento. Queríamos desenvolver um novo produto: um recurso baseado nas avaliações de fotos dos clientes. Para nossa clientela, encontrar um vestido que caísse bem era um desafio. Portanto, nosso objetivo era permitir que os compradores visualizassem fotos carregadas por outras clientes em que elas apareceriam usando os vestidos e viabilizar o acesso a informações fornecidas pelas clientes sobre o tamanho da roupa, altura, peso e "porte" (atlética, pera, curvilínea etc.). Para implementar esse recurso, criamos uma equipe interfuncional com engenheiros especializados no desenvolvimento da experiência dos clientes no front-end e engenheiros que trabalhavam com serviços de back-end. Havia um gerente de produtos, designers, um analista de dados e até mesmo um representante da equipe de atendimento aos clientes. Essa equipe interfuncional atuava em grupo no design e entrega do recurso aos nossos clientes.

O projeto foi um enorme sucesso. Entregamos um bom recurso em um tempo razoável, e todos os colaboradores compreenderam as metas do projeto e atuaram bem na equipe interfuncional. Antes desse serviço, estávamos atolados em um padrão de "nós contra eles", em que nossa função comercial específica (tecnologia, produtos, análise, marketing etc.) era o "nós" e o resto da organização o "eles". Criar essas unidades de colaboração foi uma oportunidade para que os profissionais percebessem o grupo inteiro como "nós". Partindo dessa vitória incontestável para a saúde organizacional, promovemos a evolução da organização como um todo e estabelecemos que os serviços de engenharia de produtos deveriam ser realizados por equipes interfuncionais. Não importa o nome que você utiliza ("time", "turma" ou "comunidade"), há um bom motivo para a popularidade da estrutura de grupos interfuncionais de desenvolvimento de produtos. Quando se reúnem todos os colaboradores necessários ao sucesso de um projeto em um único grupo, os integrantes das equipes passam a se concentrar mais no projeto em questão e a comunicação do grupo como um todo fica mais eficaz.

A lei de Conway [*http://www.melconway.com/Home/Conways_Law.html*, conteúdo em inglês] muitas vezes é citada em discussões sobre esse tipo de estrutura. Segundo Conway: "Organizações que projetam sistemas se limitam a produzir designs que são cópias das suas estruturas de comunicação."

Quando reunimos equipes interfuncionais, indicamos que a forma mais importante e prioritária de comunicação é a que resulta em iteração e desenvolvimento de produtos. Mas saiba que essa estrutura não produz necessariamente a tecnologia mais eficaz! Na verdade, provavelmente serão produzidos sistemas com algumas ineficiências se comparados com os de empresas que dispõem de uma estrutura de equipes mais centrada em engenharia. Portanto, caso opte por adotar essa estrutura, você deve decidir em que ponto está disposto a abrir mão de alguns itens de design de sistemas para criar produtos com maior eficácia.

COMO ESTRUTURAR EQUIPES INTERFUNCIONAIS

Como funcionam essas estruturas de "comunidades" no plano mais básico? Sempre causa ansiedade a questão de quem está gerenciando quem. Quando adotamos essa forma de organização de equipes, não alteramos as estruturas da gestão. Os engenheiros eram coordenados por gerentes de engenharia e estavam subordinados a mim. Os gerentes de produtos respondiam ao diretor de produtos. Mas a determinação das responsabilidades pelos serviços cabia, em grande parte, à própria comunidade. Em outras palavras, o gerente de engenharia ainda estava a cargo da supervisão e orientação técnica, mas a rotina profissional dos colaboradores era determinada pelas coordenadas do mapa da comunidade.

Evidentemente, toda função tem suas próprias prioridades. Em geral, observamos isso quando um profissional do setor de engenharia tem que examinar alguns dos principais sistemas mais críticos, e quando você precisa de alguns especialistas para alguns serviços relacionados à plataforma web principal, recursos móveis e engenharia de dados. Costumo deixar essas funções em uma pequena organização de infraestrutura sem ligação com o desenvolvimento de produtos. Mas, mesmo com um grupo de infraestrutura independente, os engenheiros que atuam nas comunidades de produtos ainda precisam de algum tempo para executar tarefas específicas de engenharia, como plantões, entrevistas e engenharia de suporte (ou dívida técnica). Recomendo separar 20% do tempo total da engenharia para esses serviços, com base exclusivamente na minha experiência pessoal e na experiência dos meus colegas na engenharia de gestão.

A estrutura interfuncional não é uma característica exclusiva de pequenas startups. Muitas empresas grandes também estruturam suas equipes dessa forma. Bancos, por exemplo, geralmente dispõem de equipes de tecnologia ligadas a áreas de negócio específicas. Nesse caso, embora a estrutura de gestão seja formada por engenheiros, o mapa e a rotina profissional são determinados pelas demandas da unidade comercial e da equipe de engenharia associada. Muitas vezes, há uma equipe de infraestrutura centralizada que dá suporte a sistemas fundamentais, e tecnologias e estruturas de grande porte que serão utilizadas por diversas equipes na empresa. De fato, muitas empresas de tecnologia adotam essa estrutura, em que as "unidades de negócio" podem ser coordenadas por ex-engenheiros, que atuam como gerentes comerciais ou de produtos em vez de especialistas em negócios.

As implicações da estrutura interfuncional são sutis. Os valores de todos os profissionais das equipes começam a mudar. Nas estruturas centradas em tecnologia, em que só atuam engenheiros de um mesmo "tipo" (especializados em recursos móveis, back-end, middleware [softwares para aplicações adicionais às oferecidas pelo sistema operacional] etc.), ser o melhor engenheiro, de acordo com alguma medida de excelência na área, é a maior prioridade. Os colaboradores que projetam sistemas complexos ou que conhecem os detalhes do iOS mais recente são os líderes e modelos das equipes. Já em uma estrutura centrada em produtos, o foco da liderança é diferente. Nela, os engenheiros com o melhor faro para produtos, capazes de produzir recursos rápida e eficientemente e que melhor se comunicam com outras funções começam a emergir como os líderes da equipe.

Não pretendo emitir nenhum juízo de valor, mas recomendo estabelecer a distinção entre o foco na área de negócios/de produtos e o foco na tecnologia e aplicar essa diferenciação sempre que for necessário. O que realmente importa para o sucesso da sua empresa ou organização? Caso o fator mais importante seja a evolução do produto em função do trabalho coordenado de diversas áreas da empresa, é necessário contar com líderes que estejam em sintonia com essa ideia. Por outro lado, nas áreas em que a tecnologia deve ser muito segura, excepcionalmente inovadora e de ponta, convoque equipes com um foco maior em engenharia e lideradas por profissionais competentes no design de sistemas complexos. Não é preciso seguir exclusivamente por um desses caminhos, mas saiba que uma dessas abordagens influenciará a empresa como um todo. Especialmente se você estiver atuando na gerência sênior, dedique seu conjunto de habilidades à opção mais valorizada pela empresa e contrate profissionais para suprir a outra alternativa.

Como Desenvolver Processos de Engenharia

Ao longo dos anos, tive que lidar com muitos tipos diferentes de processos de engenharia. Lembro da primeira vez que trabalhei em uma base de código com testes unitários que deviam ser executados antes da verificação do código. Eu levava esse procedimento muito a sério e ficava bastante frustrada quando alguém quebrava a compilação porque não havia verificado se sua mudança podia prejudicar os testes. Também lembro da primeira vez que recebi a contragosto um processo de engenharia que odiava. Depois de anos sem solicitações de revisões de código, tickets e acompanhamento, uma burocracia central determinou que todos deviam adotar essas medidas de uma só vez, visando implementar a gestão do ciclo padrão de desenvolvimento de softwares. A medida era desnecessária, lenta e complexa, e ninguém nos explicou por que essas mudanças estavam sendo feitas.

Os processos de engenharia são pontos cruciais para a implementação de estruturas. Não há nada difícil em planos de carreira, valores e estruturas de equipes se comparados com a angústia e a frustração que a adoção dos processos de engenharia errados pode causar nas equipes. Sem nenhum processo, suas equipes terão dificuldades com a escalabilidade. Com os processos errados, suas equipes ficarão mais lentas. Equilibrar o tamanho atual e a tolerância a riscos da equipe com os processos em execução é essencial para o estabelecimento de um bom desenvolvimento de software e diretrizes operacionais eficientes.

Pergunte ao CTO: Processo de Engenharia

Atuo como diretor de engenharia em uma startup que, embora seja pequena, está em rápido crescimento. No momento, temos bem poucos processos: não há revisões de código; utilizamos o Trello para gerenciar tarefas, mas raramente carregamos todas as informações nesse sistema, e nossas decisões de arquitetura tendem a ser tomadas pelo responsável por cada projeto e aprovadas por mim.

Há pouco tempo, alguns engenheiros reclamaram que os novos colaboradores andavam inserindo código incorreto nos sistemas. Agora, querem que a empresa introduza revisões de código para todas as alterações. Além disso, descobri recentemente que um colaborador está desenvolvendo um novo sistema em Scala, apesar de todo nosso código estar em Ruby. Como ele é o único integrante da equipe que domina Scala, fico apreensivo com o volume de trabalho do suporte. Mas o projeto já está muito avançado, e eu não posso simplesmente cancelar tudo agora.

O que devo fazer? Fico nervoso só de pensar em sair de uma situação em que não há nenhum processo para um contexto lotado de processos, mas algo tem que mudar!

Pense no processo como gestão de riscos.

À medida que as equipes e sistemas crescem, saber tudo sobre os sistemas fica progressivamente menos possível. Como há muitos profissionais coordenando os serviços, promovemos a evolução dos processos em torno da coordenação dessas atividades para destacar eventuais riscos.

Segundo uma das abordagens correntes, os processos de engenharia indicam como a ocorrência de algo é um evento difícil ou raro. Um processo complexo deve ser dedicado apenas a atividades infrequentes ou que não apresentam riscos óbvios para ninguém. Nesse caso, a palavra "complexo" não sugere só a longa duração do processo. Às vezes, a complexidade está em obter a aprovação de um grupo de profissionais muito ocupados ou em uma reunião de padrão muito elevado.

Isso tem duas implicações importantes. Primeira, você não deve dedicar um processo complexo a uma atividade que precisa ser executada rapidamente ou quando o risco de mudança nessa atividade for baixo ou óbvio para a equipe como um todo. Ao implementar a revisão de código para todas as alterações, verifique se o processo correspondente não é pesado a ponto de prejudicar de forma expressiva a velocidade da equipe em mudanças pontuais, pois isso influenciará a produtividade do grupo inteiro.

Segunda, é necessário estar atento aos pontos que podem conter riscos ocultos, que devem ser destacados sempre que encontrados. Nos Estados Unidos, os políticos costumam dizer que, mesmo meio "crua", uma boa ideia funciona bem. Isso também vale para os processos de engenharia. Mesmo se não forem seguidos à risca, os processos devem ter valor, que dependerá essencialmente do ato de socializar mudanças e riscos à equipe como um todo.

Orientação Prática: Despersonalize a Tomada de Decisões

Existem três processos importantes que você deve adotar à medida que sua equipe cresce. Para obter o rendimento máximo desses processos, suplemente os detalhes técnicos com expectativas comportamentais.

REVISÃO DE CÓDIGO

Para o bem e para o mal, a revisão de código é um padrão moderno. Quando, em uma equipe de determinado tamanho, um certo número de profissionais atua em uma base de código, a revisão de código pode ser uma ferramenta importante para assegurar a estabilidade e a qualidade em longo prazo da base de código em questão. Contudo, como a revisão de código será uma etapa crítica da execução do serviço, o processo deve ser objetivo e eficiente. Além disso, muitas vezes o comportamento dos engenheiros uns com os outros durante a revisão de código deixa a desejar, e a ocasião é utilizada como plataforma para críticas e sugestões de padrões inviáveis. Indico aqui algumas práticas excelentes para suavizar esse processo:

- **Defina claramente as expectativas da revisão de código.** Na maioria dos casos, e ao contrário dos testes, as revisões de código não servem para identificar bugs. Como exceções a essa regra, as revisões de código podem apontar a ausência de atualizações necessárias nos comentários ou na documentação, ou mudanças que não foram feitas em recursos relacionados. Às vezes, os revisores podem indicar a realização de testes inadequados no código novo ou alterado. Em grande parte, a revisão de código é um exercício de socialização em que muitos integrantes das equipes tomam contato ou reveem o código alterado.

- **Utilize um linter para uniformizar o estilo.** Os engenheiros podem desperdiçar uma quantidade absurda de tempo em questões de estilo, especialmente na formatação. Esse ponto não deve ser discutido na revisão de código. Determine um estilo e utilize um linter [um software] para formatar automaticamente o código de acordo com o estilo determinado. Abrir espaço para discussões sobre estilo na revisão de código geralmente resulta em reclamações e críticas desnecessárias e improdutivas e, nos casos mais extremos, bullying.

- **Fique atento à lista de pendências da revisão.** Algumas empresas limitam o número de solicitações de revisão pendentes atribuídas a cada profissional e bloqueiam novas solicitações para colaboradores que excedem esse limite. Determine o modo de processamento dessas solicitações no sistema e formas de atribuir tempo suficiente para cada código a todos os profissionais.

POST MORTEM DE INTERRUPÇÕES

Não vou abordar os detalhes da gestão de incidentes, mas o processo *post mortem* é um elemento crítico para uma boa engenharia. Na verdade, em vez de chamar esse processo de *post mortem*, muitos já adotam a expressão "revisão de aprendizado" para indicar que sua finalidade não consiste em determinar a causa da morte, mas em tirar lições do incidente. Como muito já foi escrito sobre esse tópico, vou destacar apenas os elementos que considero mais críticos, especialmente para equipes pequenas:

- **Resista ao impulso de procurar culpados.** Depois de uma interrupção estressante, é incrivelmente tentador sair em busca de culpados e perguntar aos profissionais por que ninguém previu as consequências daquele comportamento. Por que aquele comando foi executado naquela caixa? Por que ninguém realizou um teste? Por que todos ignoraram aquele alerta? Infelizmente, toda essa culpabilização só resulta na disseminação do medo de cometer erros.

- **Analise as circunstâncias em que o incidente ocorreu e compreenda o contexto dos eventos.** Você deve identificar e entender os fatores que contribuíram para o incidente, como testes que poderiam ter detectado o problema ou ferramentas que talvez pudessem ter facilitado a gestão do incidente. Obtenha uma boa lista dos elementos circunstanciais para detectar padrões ou áreas para melhoria e concretizar o objetivo da revisão de aprendizado.

- **Seja realista ao determinar quais itens são importantes e quais são dispensáveis.** Tome cuidado para não passar a impressão de que os profissionais devem resolver todos os problemas que identificarem ao longo do exercício. Muitas revisões de aprendizado produzem uma lista extensa de itens que podem ser melhorados, desde alertas de limpeza à inclusão de restrições a funções, do acompanhamento de fornecedores externos à compreensão do seu API. É improvável que você resolva tudo e, na verdade, se tentar fazer isso, acabará não resolvendo nada. Escolha um ou dois itens que efetivamente apresentem alto risco e grande probabilidade de causar problemas futuramente e identifique os itens que vai deixar passar por enquanto.

REVISÃO DE ARQUITETURA

A revisão de arquitetura deve incluir todas as mudanças que a equipe pretende fazer nos principais sistemas e ferramentas. O objetivo da revisão de arquitetura é auxiliar na socialização das grandes mudanças pelo grupo pertinente e definir claramente os riscos associados a essas mudanças. Você pode orientar seus colaboradores a prepararem com antecedência as respostas das seguintes perguntas:

- Quantos integrantes da equipe se sentem confortáveis em utilizar esse novo sistema/programar nessa nova linguagem?
- Há normas de produção estabelecidas para esse novo recurso?
- Qual é o processo aplicável à implementação desse recurso e ao respectivo treinamento dos colaboradores para utilizá-lo?
- Há alguma nova instrução operacional para utilizar esse recurso?

Indico aqui algumas diretrizes:

- **Seja específico sobre os tipos de mudanças que exigem uma revisão de arquitetura.** Em geral, isso vale para novas linguagens, estruturas, sistemas de armazenamento e ferramentas de desenvolvedores. Os colaboradores muitas vezes solicitam uma revisão de arquitetura para que as equipes não projetem novos recursos de maneira insatisfatória. No entanto, quase sempre é inviável abordar o design de novos recursos nos estágios iniciais do processo em uma empresa pequena. Na verdade, isso é difícil até em uma organização de grande porte. Esse procedimento também prejudica a velocidade do trabalho, e, como vimos antes, você provavelmente não pretende dedicar um processo pesado a uma atividade comum como o design de recursos.
- **O valor da revisão de arquitetura está na preparação para a revisão.** Solicitar a revisão de grandes mudanças ou itens adicionados aos sistemas força os profissionais a pensarem em por que querem fazer essas mudanças. Novamente, uma das vantagens desses processos está em informar os colaboradores sobre os riscos que talvez tenham ignorado. Você pode optar ou não por perguntar aos integrantes da equipe por que a mudança deve ser feita. Já pude observar

que, quando as pessoas estão dispostas e aptas a explicarem os requisitos que fundamentam a mudança, o porquê é óbvio.

- **Escolha os membros do comitê de revisão com inteligência.** O comitê de revisão deve incluir os profissionais mais impactados pela mudança e não apenas um grupo estático de gurus eleitos. Parte do objetivo aqui consiste em compartilhar a responsabilidade pelas decisões técnicas e informar aos corresponsáveis que devem não apenas lidar com os resultados da decisão como também avaliá-la. As decisões têm que considerar e apoiar a equipe como um todo. Não é necessário que a empresa inteira oriente a tomada de decisões. Os profissionais mais impactados pela decisão são os mais indicados para lidar com o escopo do grupo decisor. Não há nada mais desmoralizante do que ter um projeto vetado por alguém sem nenhuma relação com a área em questão.

Avalie Sua Experiência

- Quais políticas você adota no momento? Quais práticas? Alguma delas está na forma escrita? Quando foi a última vez que você releu esses documentos?

- Sua empresa tem valores? Quais são? É possível identificar esses valores na sua equipe? Como?

- Você adota um plano de carreira? Esse documento reflete corretamente sua equipe atual? Ele reflete a equipe que você pretende ter no futuro? Se não, é possível melhorá-lo?

- Quais são os riscos mais preocupantes para sua equipe? E para sua empresa? Como você pode reduzir esses riscos sem sobrecarregar sua equipe com uma burocracia e processos desnecessários?

| 10

Conclusão

Então, chegamos ao fim. Percorremos juntos o caminho que vai do gerente ao líder sênior, passando pela mentoria. Espero que você tenha aprendido alguns truques ao longo do caminho, identificado algumas das armadilhas mais comuns e se inspirado a encarar o desafio do seu cargo atual.

A lição mais importante que aprendi na minha vida profissional é que devemos primeiro gerenciar nós mesmos para podermos gerenciar outras pessoas com eficiência. Quanto mais tempo você dedica à compreensão da sua personalidade, das suas reações e de tudo que pode inspirá-lo e irritá-lo, melhor será sua experiência.

Excelentes gestores são mestres na arte de administrar conflitos. Logo, para dominar essa habilidade, você deve afastar seu ego dos diálogos. Para assimilar objetivamente uma situação complexa, é necessário superar suas próprias interpretações e narrativas. Se quiser ter conversas difíceis com os colaboradores de modo que eles realmente ouçam o que você está dizendo, apresente o assunto sem ornamentá-lo com histórias inventadas. Os profissionais que chegam à gerência em geral possuem opiniões fortes sobre como as coisas devem ser. Apesar de ser uma boa qualidade, a determinação pode impedir que você perceba sua interpretação pelo que realmente é: apenas uma interpretação de uma determinada situação.

Aprender a reconhecer a voz do seu ego é um dos benefícios da meditação. A primeira versão deste livro incluía uma série de meditações em cada nível. Para mim, a prática da meditação foi essencial para que eu pudesse desenvolver habilidades de autogestão e autopercepção. Com certeza, meditação não é a cura de todos os males, mas pode ser um exercício útil para praticar a percepção das suas próprias reações. Por isso, recomendo tentar um pouco se você estiver interessado. Alguns dos meus recursos favoritos são os podcasts do site *tarabrach.com* [conteúdo em inglês] e as obras de Pema Chödrön.

Outro truque que utilizo para me afastar do ego é a curiosidade. Também tenho o hábito de escrever diariamente uma página ou duas de texto livre toda manhã para limpar a mente e me preparar para o dia. Sempre termino com o mantra: "Seja curiosa." Tive que passar por uma série de lições difíceis, erros e desafios para me tornar uma excelente líder. Não foi nada fácil, e muitas vezes me senti frustrada com as situações interpessoais que precisei encarar. Invariavelmente, quando conversava com minha instrutora sobre esses eventos, sua recomendação era que eu analisasse a situação pela perspectiva da outra pessoa. O que ela estava tentando fazer? O que valorizava? O que queria e do que precisava? Seu conselho era sempre o mesmo: seja curiosa.

Deixo esse pensamento para o leitor. Procure conhecer o outro lado da história. Pense nas outras perspectivas em jogo. Investigue suas reações emocionais e observe quando elas dificultam sua percepção objetiva do que está à sua volta e do que precisa ser dito. Direcione essa curiosidade às pessoas. Direcione ao processo. Direcione à empresa, estratégia e tecnologia. Faça perguntas e ponha à prova suas convicções.

Seja sempre curioso. E boa sorte ao trilhar seu caminho!

Índice

A

administração de indivíduos xiv
analista comercial 32
anticomunicador 92
aprendiz 19
arquiteto de sistemas 32
arte do equilíbrio 31, 77
autoavaliação anual 4
autoavaliações 64
autoconhecimento 8
autonomia 59
avaliação de desempenho 61, 64
avaliações
  360 graus 64
  de desempenho 64

B

babaca brilhante 90
bibliografia recomendada 187

C

código espaguete 194–218
coesão da equipe 89
colaboração 100–124
colaborador
  sem respeito 92
  tóxico 90
  babaca brilhante 90
colaboradores
  com potencial 68
  temporários 12
como atuar sob gestão 7
compatibilidade cultural 142–144
conduta exemplar 161
conjunto de valores 199
consensos e votações 87
contatos pessoais regulares 28
contratação
  de estagiários 23
  de gerentes 140
crescimento na carreira 5
criação
  de cultura 198
  de políticas 112
CTO 166
cultura
  de excelência 20–26
  de feedback contínuo 61
  do medo 20–26, 183
  focada em dados 84

D

definição
  da estratégia 171
  de expectativas 149
delegação 59–60, 107–109
delegador 57–74

depuração
  de equipes disfuncionais 78
  de organizações disfuncionais 145
desenvolvedor de softwares 33
desenvolvimento ágil de softwares 35–48
dever do gerente 8
diagrama de Gantt 38
dicas para o mentor 24
diretor de engenharia 99

E

empatia com a equipe 85
enfoque técnico 77
equipe de tecnologia 99–124
equipes interfuncionais 209
exame pre mortem 39
excesso de trabalho 137
executivo comercial 163

F

faixas salariais
  amplas 206
  estreitas 206
falácia da política de portas aberta 127
falhas na entrega 79
feedback 3–10
  contínuo 62
  periódico 28
  positivo 63
foco na equipe principal 121
frequência
  das verificações de código 117
  de incidentes 118
  de liberações 115
funções do líder de tecnologia 32

G

geek alfa 19
gerente
  da equipe
    função 75
  de operações técnicas e de infraestrutura 163
  novato 106
  organizacional 162–190
gestão
  avançada de projetos 93
  como equilíbrio de pratos 107
  de conflitos 87
  de equipe 75
  de gerentes 125
  de gerentes experientes 139
  de múltiplas equipes 99
  de novos gerentes 136
  de pessoas xiv, 49
  de projetos 34
  do tempo 103
  intermediária 151

H

habilidades de gerente
  capacidade de se adaptar 15
  comunicar 14
  ouvir 13
habilidades intangíveis 22–23
hierarquia rígida 195

I

implementação da cultura 191
incentivo a boas decisões 84
inflexibilidade 120–124
infraestrutura 35
inovações tecnológicas 100–124

insatisfação por excesso de
  trabalho 80
instabilidade no mapa de
  produtos 131
interação humana 23
investimento técnico 154

L

lei de Conway 210
líder
  da equipe 23–26, 33
  de engenharia 75
  de tecnologia 27
  características 46
liderança sênior de
  tecnologia 159, 162

M

mapa de ações estratégicas e
  táticas 100–124
más notícias 174
me ajude a dizer sim 112–124
mentoria
  de carreira 18
  de estagiários 12
  de recém-contratados 16
  sobre 11
  técnica 18
método 45–48
  ágil 45–48
  cascata 45–48
  Kanban 45–48
  lean 45–48
  scrum 45–48
microgerente 57–74
modelo 360 graus 64

N

não positivo 111–124
nerd-chefe 167
níveis-limite 207
norte verdadeiro 185

O

orçamento 112
organizações disfuncionais 145–158
orientação profissional 3

P

padrões para código e sistemas 60
pesquisa e desenvolvimento
  (R&D) 162
pessoas dramáticas 80
planejador de projetos 32
plano
  de 30/60/90 dias 51
  de carreira 204
  de melhoria do desempenho 71
plataforma 35
política cultural 202
pontos obscuros 38
post mortem 126, 215
posturas do mentor 24
principais funções do líder de tecnologia 32
principal prioridade 169
princípio de Peter 71
princípios do Manifesto Ágil 46
priorização do tempo 104
problemas de colaboração 81
processo
  de engenharia 212
  de promoção 5
  objetivo 87

profissional agradador 133
programas de mentoria 23–26

R

receptividade a mudanças 121
rede de contatos profissionais 6
regra do dobro 95
regras de ouro da gestão de
  projetos 93
relação com novos funcionários 50
relacionamento com o gerente 8
relevância técnica 154
representante externo de
  tecnologia 163
responsabilização de gerentes 131
retrospectivas de processos 85
reuniões
  diretas 128
  pessoais 2–10, 52
revisão
  de arquitetura 216
  de código 214
rotinas diárias 85

S

saúde da equipe de
  desenvolvimento 115
segurança psicológica 90
serviços genéricos de suporte à
  engenharia 94
sinais de aviso 110
sistema 35
sprint 35–48
surpresas inconvenientes 67

T

tolerância a riscos 196
tomada de decisões xiv, 160
trabalho emocional 22–26
treinamento 5

U

um bom gerente 1

V

valor da estrutura 194
valores fundamentais 200
vinculação
  baseada em objetivos 121
  rasa 119
virtudes da preguiça e da
  impaciência 122
visionário/estratégia de
  tecnologia 162
VP de engenharia 164